Espagnol 2de A2+

PURA VIDA

El placer de aprender español

Auteurs

Jenny Allemand
Professeure certifiée
Lycée Français International de Delhi (Inde)

Thomas Bailleul
Professeur certifié et formateur
Lycée et collège Lakanal (92)

Inès Bourassi
Professeure agrégée
Lycée Antoine de Saint-Exupéry (94)

Patricia Corral Suárez
Professeure agrégée
Collège Appel du 18 juin (971)

Milagros Carolina Hamon-Díaz
Professeure certifiée
Lycée Notre Dame du Kreisker (29)

Félix Pérez
Professeur certifié
Lycée Camille Pissarro (95)

Cendrine Piedra Perotti
Professeure certifiée
Lycée Jean-Pierre Vernant (31)

Raquel Piñeiro
Professeure certifiée
Collège Édouard Manet (92)

Pages *Más documentos para disfrutar*

Francisco Aguilar
Professeur certifié
Lycée François Truffaut (85)

Coraline Ricard
Professeure certifiée
Lycée Eugénie Cotton (93)

Relecture pédagogique

Francisco Aguilar
Professeur certifié
Lycée François Truffaut (85)

Alexis Henri
Professeur certifié
Lycée Madame
de Sévigné (08)

Delphine Rouchy
Professeure certifiée
Collège Roland Vasseur (95)

Leen Roussel-Decaluwé
Professeure certifiée
Lycée français international
Georges Pompidou (Dubaï)

Remerciements

Les Éditions Maison des Langues tiennent à remercier les élèves des classes de Seconde 3 et 4 de Madame Milagros Carolina Hamon-Díaz et toute l'équipe pédagogique d'espagnol du lycée Notre Dame du Kreisker de Saint-Pol-de-Léon (29) qui ont bien voulu tester plusieurs unités de ce manuel durant l'année scolaire 2018-2019. Nous remercions également Anouck Ducrocq, Catherine Le Calvé et Natacha Godaillier pour leurs conseils méthodologiques.

ÉDITIONS maison des langues

Coordination pédagogique : Florence Pitti • Eduard Sancho • Laia Sant
Coordination éditoriale : Ana Escourido • Noemí Martínez • Laia Sant
Édition : Gema Ballesteros • Carolina Domínguez • Ana Escourido • Noemí Martínez • Laia Sant
Création d'activités : Édith Cuéllar
Relecture et correction : Martine Chen • Gaëlle Suñer • Sílvia Jofresa
Conception graphique couverture : Samanta Bares • Difusión (Óscar García, Luis Luján)
Conception graphique intérieur : Leticia Ucín
Mise en page : Samanta Bares • Marta Prat
Illustrations : Mar Guixé, David Revilla
Cartographie : Netmaps
Iconographie et droits : Miguel Cano

Réimpression : mai 2020
ISBN : 978-2-35685-541-1
EAN 13 : 3260500004763

ÉDITIONS maison des langues

FSC www.fsc.org MIXTE Papier issu de sources responsables FSC™ C134275

Bienvenue dans PURA VIDA Seconde !

Chères et chers élèves,

Nous sommes heureux de vous accueillir dans la découverte de votre manuel d'espagnol.

Vous avez débuté cette langue il y a quelques années déjà et elle vous est devenue peu à peu familière. Vous avez acquis des mots et des tournures pour comprendre et pour vous exprimer, ainsi que des stratégies pour contourner les obstacles et, bien sûr, vous avez approfondi votre connaissance du monde hispanophone.

Quelles que soient les compétences que vous avez développées jusqu'ici, nous vous proposons de **prendre un nouveau départ** et de **vous accompagner, pas à pas, à votre rythme**, vers les objectifs qui étaient déjà les vôtres au collège et qui restent d'actualité : **comprendre, exprimer, interagir, créer**. Les atteindre nécessite un entraînement sur la durée ainsi que la maîtrise du vocabulaire, de la grammaire et de la prononciation. Pour **vous permettre de réussir**, vous trouverez dans votre livre de nombreuses **aides à l'expression**, des **cartes mentales illustrées**, des **fiches de méthodologie** et **des activités conçues pour s'adapter au niveau et aux compétences de chacun(e)**.

Ce qui vous attend ? **16 unités**, ni plus ni moins, pour assouvir votre **curiosité**. Nous les avons souhaitées courtes afin que vous puissiez en faire le tour aisément, sans jamais vous ennuyer. Elles s'organisent autour d'un thème commun à toutes les langues vivantes : « **L'art de vivre ensemble** ». Une belle entrée pour aborder des questions très diverses. Quelle place occupe le football en Argentine ? Comment la guerre civile et la dictature ont-elles transformé la société espagnole ? Le tourisme à Barcelone : construction ou destruction ? Autant de **problématiques** qui s'inscrivent dans les **huit axes culturels au programme** et auxquelles nous vous invitons à **réfléchir ensemble**.

Les **documents** que nous avons choisis – extraits de romans, articles de journaux, infographies, dessins humoristiques, photos, enregistrements audio, vidéos… – s'adressent à des hispanophones et non à des élèves français. N'ayez crainte : vous les comprendrez grâce aux **stratégies** que nous allons vous aider à développer. Mais **apprendre, c'est aussi prendre des risques** ! Celui de se tromper ou de chercher en vain. N'hésitez donc pas à vous aventurer sur des chemins plus ardus. Les progrès sont toujours à ce prix et la satisfaction de faire de nouvelles découvertes est forcément au bout.

« Pura vida », au Costa Rica, c'est une expression très courante pour se saluer ou se dire au revoir, mais aussi une philosophie de vie orientée vers la joie, l'enthousiasme, l'optimisme. Nous l'avons choisie parce qu'elle résume bien ce que nous vous souhaitons : **beaucoup de plaisir et de réussite** tout au long de cette année de Seconde en notre compagnie !

¡Pura vida!

L'équipe de PURA VIDA

Tableau des contenus

EJE 1 ► REPRESENTACIÓN DE UNO MISMO Y RELACIÓN CON LOS DEMÁS p. 17

EJE 2 ► LA CREACIÓN Y LA RELACIÓN CON LAS ARTES p. 35

Gramática	Léxico y pronunciación	Tarea final	Evaluación
• *Le présent de l'indicatif (I) : les verbes à diphtongue et à affaiblissement* • *Les verbes de type* **gustar** • *Les pronoms COD et COI à la 3e personne* • **Ser** *et* **estar** *(I)* • **Estar** *+ gérondif (I)*	• La adolescencia • Los prefijos: **in-**, **im-**, **mal-** y **des-** • Hablar de habilidades: **costar** y **dársele bien / mal** **Haz oír tu voz** • La pronunciación de vocal + **n** y vocal + **m**	Escribir una página del diario personal de un(a) adolescente **Méthodologie** *Comment rendre plausible un texte de fiction*	LIVRE PROF. **Evaluación** CO, EE, IO

Gramática	Léxico y pronunciación	Tarea final	Evaluación
• *Le présent de l'indicatif (II) : les verbes à diphtongue* • *L'imparfait (I)* • *Le passé simple (I)* • **Ir a** *– infinitif*	• El pueblo gitano • Familias de palabras: **marginar, la marginación, marginado(a)**... • Construcciones con el verbo **luchar** **Haz oír tu voz** • La pronunciación y la ortografía de **b** y **v**	Escribir y cantar una canción para una campaña contra la discriminación del pueblo gitano **Méthodologie** *Comment écrire les paroles d'une chanson*	LIVRE PROF. **Evaluación** CE, EO, IO

Gramática	Léxico y pronunciación	Tarea final	Evaluación
• *Le présent de l'indicatif (III) : quelques verbes irréguliers* • *Un emploi du gérondif : la manière* • *Le participe passé* • *Le superlatif relatif :* **el más vendido**	• La música y la filosofía de vida • Construcciones para hablar de vivencias **Haz oír tu voz** • La pronunciación de **g**	Crear una exposición sobre músicos y cantantes latinos **Méthodologie** *Comment créer les panneaux d'une exposition*	LIVRE PROF. **Evaluación** CO, EE, IO

Gramática	Léxico y pronunciación	Tarea final	Evaluación
• *Le passé simple (II) : quelques verbes irréguliers* • *L'expression de la durée (I) :* **desde que, desde hace** • *La traduction de « devenir » (I) :* **volverse, ponerse** • *L'expression de la cause (I) et du but (I)*	• La creación artística • Construcciones con el verbo **tocar** **Haz oír tu voz** • La acentuación (I)	Concebir el disco de música peruana de la clase con su libreto **Méthodologie** *Comment réaliser le livret d'une compilation musicale*	LIVRE PROF. **Evaluación** CE, EO, IO

Gramática	Léxico y pronunciación	Tarea final	Evaluación
• *L'imparfait (II)* • *Le présent du subjonctif* • *L'expression du conseil :* **aconsejar que** + *subjonctif* • **Lo** + *adjectif*	• La vejez • Construcciones con el verbo **llevar** **Haz oír tu voz** • Los hiatos y los diptongos	Escribir la sinopsis de una serie de televisión española protagonizada por gente de la tercera edad **Méthodologie** *Comment résumer l'intrigue d'une série ou d'un film*	LIVRE PROF. **Evaluación** CE, EO, IO

Gramática	Léxico y pronunciación	Tarea final	Evaluación
• *L'imparfait (III)* • *Le passé composé (I)* • *L'expression de la durée (II) :* **desde**, **desde que** • *La comparaison* • *L'expression de l'opposition*	• La infancia • Construcciones para hablar de relaciones **Haz oír tu voz** • La pronunciación de **ll** e **y**	Debatir sobre si era mejor la infancia de antes o la de ahora **Méthodologie** *Comment participer à un débat*	LIVRE PROF. **Evaluación** CO, EE, IO

Gramática	Léxico y pronunciación	Tarea final	Evaluación
• *L'impératif* • *L'impératif négatif* • *L'enclise à l'impératif, à l'infinitif et au gérondif (I)*	• El consumo • Familias de palabras: **producir**, **producto**, **productor**... **Haz oír tu voz** • La pronunciación de **r** y **rr**	Crear un vídeo para una campaña de consumo responsable para España **Méthodologie** *Comment créer une vidéo de sensibilisation*	LIVRE PROF. **Evaluación** CE, EO, IO

Gramática	Léxico y pronunciación	Tarea final	Evaluación
• *L'expression du but (II)* • **Seguir** + *gérondif* • **Estar** + *gérondif (II)* • *Les quantifieurs (I) :* **muy**, **mucho**, **poco**...	• Los espacios verdes y los animales en la ciudad • Familias de palabras: **defender**, **la defensa**... **Haz oír tu voz** • La pronunciación de **s**, **z** y **c**	Crear una página web sobre Buenos Aires y la naturaleza **Méthodologie** *Comment structurer le contenu d'un site Internet*	LIVRE PROF. **Evaluación** CO, EE, IO

Más documentos para disfrutar p. 106

Gramática	Léxico y pronunciación	Tarea final	Evaluación
• *Le passé composé (II)* • *L'enclise à l'infinitif (II)* • *L'expression de l'opinion et du goût :* **gustar que** *+ subjonctif* • **Ser** *et* **estar** *(II)*	• El deporte • Construcciones con **estar**, **sentir** y **sentirse** • *La preposition* **hasta** **Haz oír tu voz** • La pronunciación de **ch**	Representar una entrevista a un(a) atleta que ha ganado una medalla en los Juegos Suramericanos **Méthodologie** *Comment préparer et réaliser une interview*	LIVRE PROF. **Evaluación** CO, EE, IO

Gramática	Léxico y pronunciación	Tarea final	Evaluación
• *Le passé simple (III) : quelques verbes irréguliers* • Les démonstratifs • *La traduction de « devenir » (II) :* **llegar a ser, convertirse en** • *La traduction de « on » :* **se** *+ 3ᵉ personne* • **A** *+ COD de personne*	• El fútbol • Construcciones para hablar de devoción y pasión **Haz oír tu voz** • La acentuación (II)	Participar en un concurso de relatos breves sobre fútbol **Méthodologie** *Comment écrire un récit*	LIVRE PROF. **Evaluación** CE, EO, IO

Más documentos para disfrutar p. 124

Gramática	Léxico y pronunciación	Tarea final	Evaluación
• *Le futur* • *L'expression de l'obligation (I) :* **deber** *+ infinitif* • *Les indéfinis :* **cualquier, ningún, alguien, nadie...** • **Ya (no)** *et* **todavía (no)**	• Las profesiones tecnológicas • Los verbos **aprender** y **enseñar** • Los verbos **dedicar** y **dedicarse** **Haz oír tu voz** • La entonación	Dar una conferencia sobre profesiones del futuro en un foro sobre el trabajo **Méthodologie** *Comment faire une présentation orale*	LIVRE PROF. **Evaluación** CO, EE, IO

Gramática	Léxico y pronunciación	Tarea final	Evaluación
• *L'expression de la volonté (I) :* **querer que** *+ subjonctif* • *L'expression de l'opinion :* **es importante que** *+ subjonctif* • **Cuando** *+ subjonctif* • *L'expression de l'hypothèse :* **quizá** *+ indicatif / subjonctif*	• El mundo laboral • Los verbos **estudiar**, **trabajar** y **dedicarse a** **Haz oír tu voz** • La pronunciación de **g** y **j**	Representar un programa de radio con entrevistas sobre el futuro laboral de los jóvenes **Méthodologie** *Comment réaliser une émission de radio*	LIVRE PROF. **Evaluación** CE, EO, IO

Más documentos para disfrutar p. 142

Gramática	Léxico y pronunciación	Tarea final	Evaluación
• *Le conditionnel* • *L'expression du but (III) :* **para que** + *subjonctif* • *L'expression de la volonté (II) :* **querer / desear que** + *subjonctif* • *Les quantifieurs (II) :* **muy, mucho, poco...**	• La ciudad • Construcciones para hablar de la participación **Haz oír tu voz** • La pronunciación de **d** en posición final	Grabar un vídeo con entrevistas a jóvenes opinando sobre su localidad **Méthodologie** *Comment réaliser une série d'interviews filmées*	LIVRE PROF. **Evaluación** CO, EE, IO

Gramática	Léxico y pronunciación	Tarea final	Evaluación
• *L'expression de la demande et de la volonté :* **pedir / querer que** + *subjonctif* • *L'expression de l'obligation (II) :* **hay que / tener que / deber** + *infinitif* • *La préposition* **por** • *La numération*	• El turismo • Construcciones para hablar de cantidades • Construcciones con el verbo **estar** **Haz oír tu voz** • Las vocales en contacto	Escribir una carta al director de un periódico sobre la situación del turismo en Barcelona **Méthodologie** *Comment rédiger une lettre pour le courrier des lecteurs*	LIVRE PROF. **Evaluación** CE, EO, IO

Más documentos para disfrutar p. 160

Gramática	Léxico y pronunciación	Tarea final	Evaluación
• *Les temps du passé (I) : passé simple et plus-que-parfait* • *Les subordonnées relatives* • *Le superlatif absolu :* **riquísimo** • *Les dates*	• La conquista de América • Familias de palabras: **conquistar, la conquista, el conquistador...** **Haz oír tu voz** • La pronunciación de vocal + **n** y vocal + **m**	Escribir el editorial de un número de una revista de historia dedicado a la conquista de América **Méthodologie** *Comment écrire l'éditorial d'un magazine*	LIVRE PROF. **Evaluación** CO, EE, IO

Gramática	Léxico y pronunciación	Tarea final	Evaluación
• *Les temps du passé (II) : passé composé, imparfait, passé simple et plus-que-parfait* • *L'enclise à l'infinitif (III) et au gérondif (II)* • *L'expression de la cause (II) :* **a causa de (que), por, porque**	• La Guerra Civil española • Los verbos **acordarse, recordar, olvidar(se)** y **echar de menos** • Expresar la repetición **Haz oír tu voz** • La pronunciación de **u** (**vergüenza, guardar**)	Crear un audiolibro de relatos sobre la Guerra Civil española **Méthodologie** *Comment mettre un texte en voix*	LIVRE PROF. **Evaluación** CE, EO, IO

Pour tout savoir sur PURA VIDA...

Les pictos

	prof. : 07 **élève :** 04 — Renvoi aux MP3 classe du **pack de ressources numériques** et aux MP3 élève sur www.espacelangues.emdl.fr	FICHA PÉDAGOGIE DIFFÉRENCIÉE — Renvoi aux fiches de pédagogie différenciée.
	vidéo : 15 — Renvoi aux vidéos du **pack de ressources pour la classe**	FICHA Image / FICHA Carte — Renvoi à une fiche avec un visuel en grand format ou une carte géographique.
Anticipa — Activité d'anticipation	Prepara la tarea — Activité de préparation à la tâche finale	FICHA Métho-do. / FICHA BAC — Renvoi à la fiche méthodologique d'aide à la réalisation de la tâche.
Mediación — Activité de médiation	espace langues — Cahier interactif (plus d'activités) — Renvoi à des **activités interactives et autocorrectives supplémentaires** sur www.espacelangues.emdl.fr	FICHA Grille autoév. / FICHA Grille éval. — Renvoi aux fiches d'évaluation élève et professeur(e) de la tâche finale.

Les unités

Ouverture

La **problématique**, c'est-à-dire la question qui sous-tend toute l'unité.

Les **objectifs grammaticaux, lexicaux et phonologiques** de l'unité.

L'annonce de la **tâche finale**.

L'**axe d'étude** au programme.

Des **visuels authentiques** pour découvrir la thématique de l'unité.

Des **activités** pour entrer en douceur dans le thème.

Le **lexique** utile pour réaliser les activités.

Trois pages de documents

Des **fiches de pédagogie différenciée**.

Des **informations culturelles ou civilisationnelles**.

Les **activités langagières** travaillées.

Des **supports authentiques** (vidéos, chansons, émissions de radio, affiches, articles...).

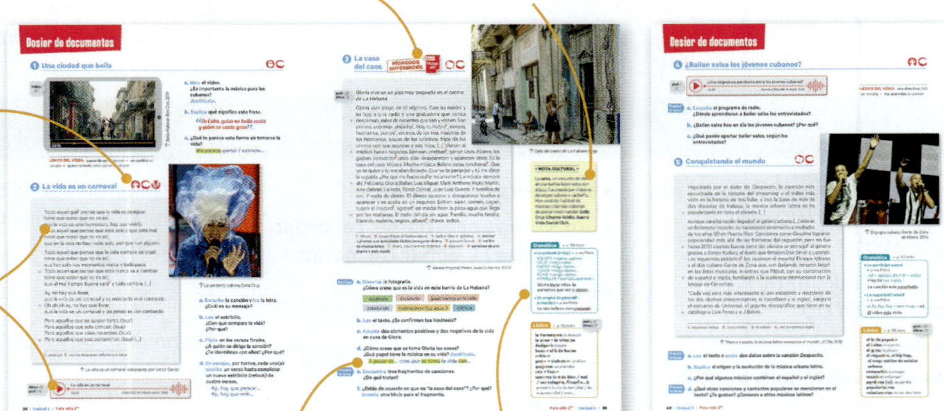

Des **amorces** pour enrichir l'expression et donner des idées.

Les **points de grammaire** à retenir, des **exemples clairs**, et un **renvoi au précis grammatical et à la banque d'activités** de fin d'ouvrage.

Une page de carte mentale

Un **renvoi aux exercices lexicaux** de la banque d'activités de fin d'ouvrage.

Une **carte mentale** pour visualiser les mots utiles de l'unité en un coup d'œil. Organisé de façon thématique, le lexique est plus facile à mémoriser.

Une activité pour **créer sa propre carte mentale** à partir des mots vus dans l'unité.

Une page de lexique et phonologie

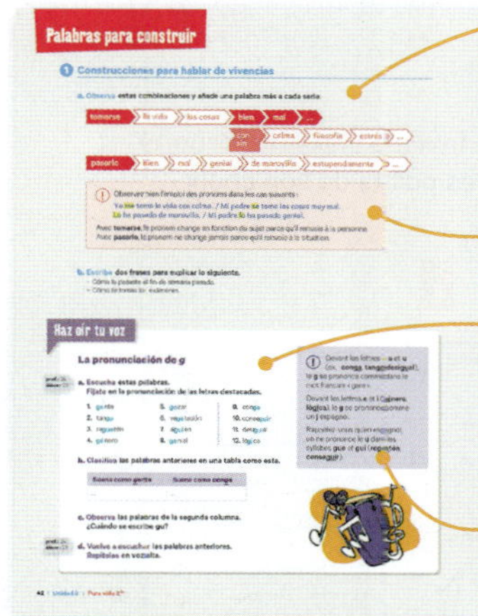

Un travail systématique de **mise en réseau** (dérivation, composition…) et d'**enrichissement du vocabulaire** de la séquence.

Des **conseils** pour apprendre à travailler le vocabulaire.

Une rubrique pour travailler les **sons**, les **intonations**, et l'**orthographe** de l'espagnol à partir des mots de l'unité.

Des **aides et des astuces** pour améliorer sa prononciation et son orthographe.

Une page de tâche finale

L'**objectif de la tâche finale** qui clôt l'unité.

Des **étapes claires à suivre** pour atteindre l'objectif pas à pas.

Un renvoi à la **fiche de conseils méthodologiques** pour réussir la tâche finale en toute autonomie.

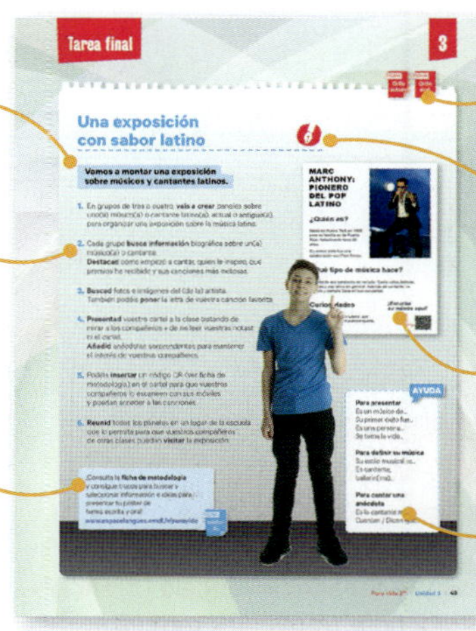

Un renvoi à la **fiche d'auto- et de coévaluation** pour l'élève et à la **fiche d'évaluation** pour l'enseignant(e).

La ou les **activités langagières** principalement travaillées.

Un **exemple**, des **amorces** ou des **idées** pour trouver plus facilement l'inspiration.

Une **aide lexicale** pour rendre les productions écrites et orales aussi authentiques que possible.

Une page de documents additionnels

Une page idéale pour **poursuivre l'apprentissage de l'espagnol hors de la classe.**

Pour chaque axe d'étude, une **banque d'idées de documents authentiques attrayants** (romans, films, séries, chansons…) pour approfondir les thèmes des unités.

Les annexes

La banque d'activités

Des **exercices de grammaire et de lexique classés par unité et par thème** pour s'entraîner sur les points de son choix.

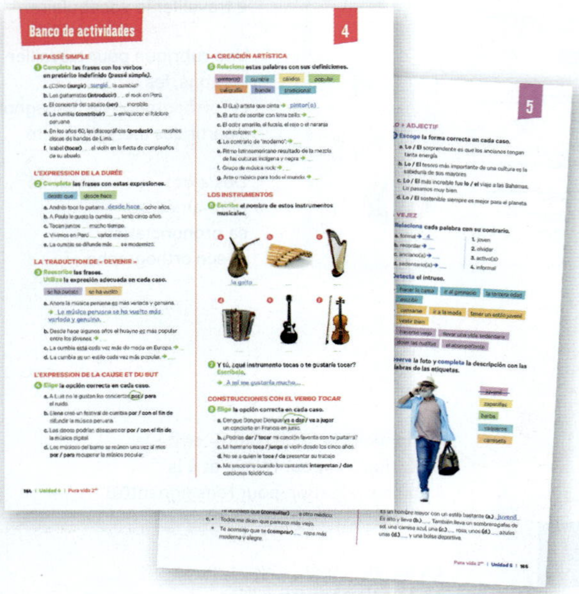
Banco de actividades

Le dossier de méthodologie

Six fiches pratiques pour apprendre à bien relire ses devoirs, à faire des recherches sur Internet, à devenir médiateur(trice)…

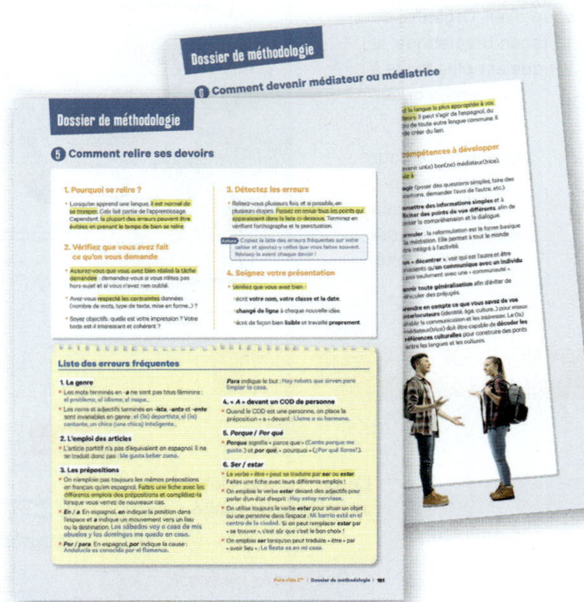
Dossier de méthodologie

Le précis grammatical

Des **explications visuelles et claires et des exemples concrets** pour comprendre et mémoriser les faits de langue des unités.

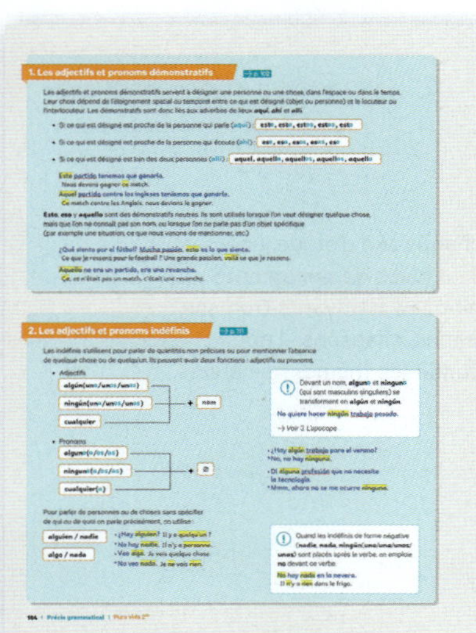

Le lexique bilingue

Un **lexique espagnol-français / français-espagnol** pour trouver les termes à mobiliser ou à élucider dans les unités.

Lexique
Español > Francés

Les tableaux de conjugaison

Des tableaux pour **retrouver aisément toutes les formes verbales** dont vous avez besoin.

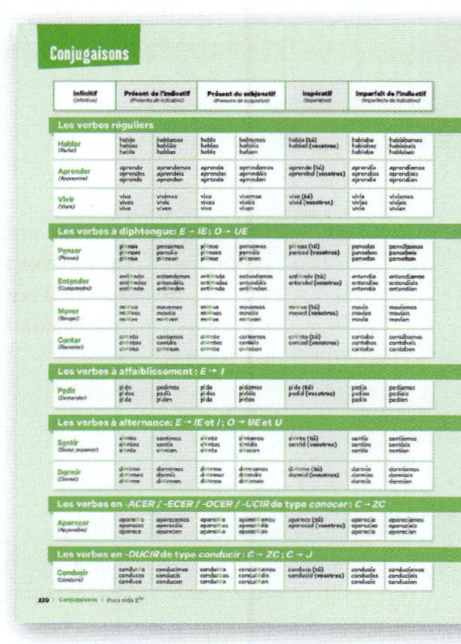
Conjugaisons

Les fiches photocopiables, imprimables et vidéoprojetables

Le **pack de fiches photocopiables pour la classe** de Pura vida 2de :
un complément utile, pratique et efficace !

Les fiches sont également disponibles au **format numérique** pour l'impression ou la vidéoprojection dans le **pack de ressources numériques pour la classe** de la collection.

FICHA
PÉDAGOGIE DIFFÉRENCIÉE

Des propositions clé en main de pédagogie différenciée : pour une même activité, différents niveaux de réalisation, avec plus ou moins d'aide.

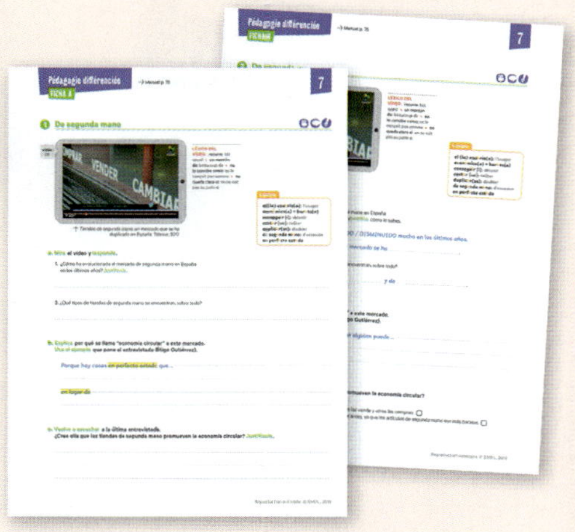

FICHA
Métho-do

Des conseils de méthodologie concrets et des activités d'application pour s'assurer de réussir la tâche finale en toute autonomie.

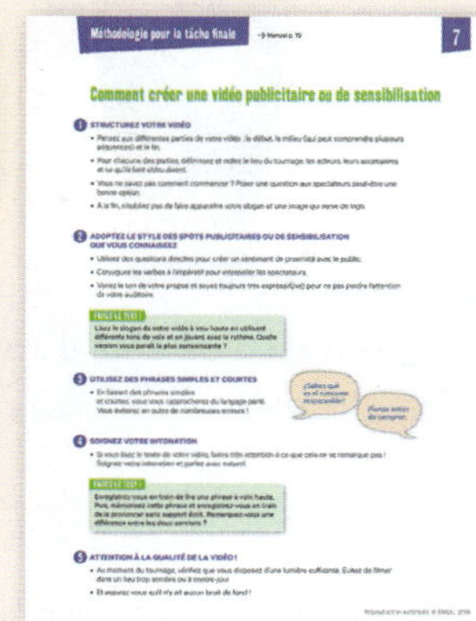

FICHA
Grille éval.

Pour chaque tâche finale, une fiche d'évaluation prête à l'emploi pour l'enseignant(e).

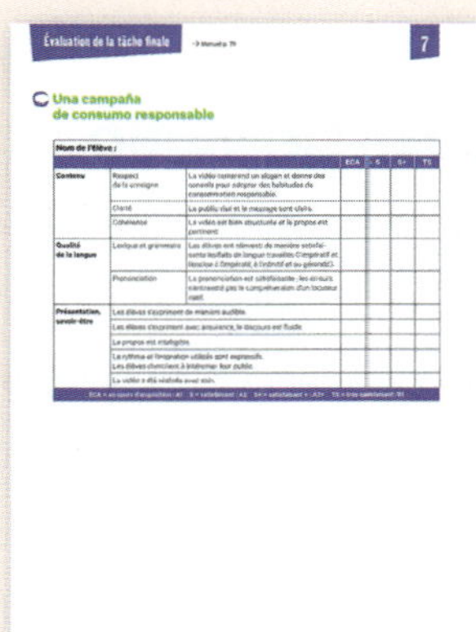

FICHA
Grille autoév.

Une fiche d'auto- et de coévaluation pour prendre connaissance des critères de réussite de chaque tâche finale.

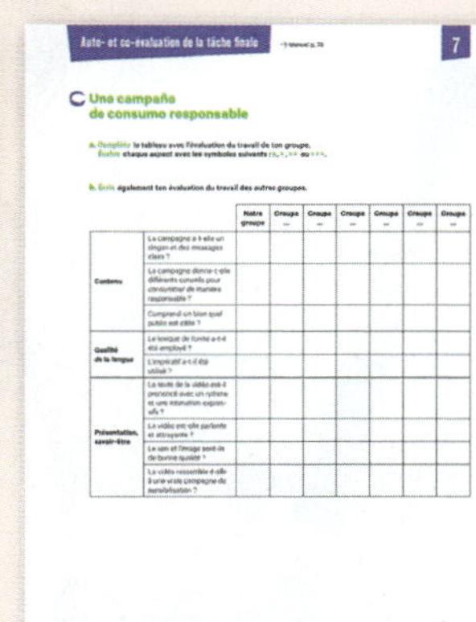

FICHA
Image

La reproduction en grand format d'un document iconographique de l'unité pour pouvoir l'étudier dans le détail.

FICHA
Carte

Une carte pour mieux situer le(s) pays ou la zone géographique traités dans l'unité.

Preguntas para conocernos

a. Observa las imágenes y elige una en cada pareja.
En grupos de tres, justificad vuestra elección o proponed una alternativa.

• Yo prefiero los perros.
- Yo no. A mí me gustan los gatos.
◦ Pues yo, ni los perros ni los gatos: a mí me gustan más los caballos.

¿Refresco de cola o zumo de naranja?

¿Gatos o perros?

¿Rock o música electrónica?

b. Lee el cuestionario y responde por escrito.
En grupos de tres, poned vuestras respuestas en común.

• Una cualidad que tenéis.
- Yo soy bastante ordenada.
◦ Y yo creo que soy una persona generosa.

CUESTIONARIO

1. Una cualidad que tienes
2. Una mala costumbre
3. ¿Qué necesitas para ser feliz?
4. ¿Cuál es tu palabra favorita?
5. Un lugar que te gusta mucho
6. ¿A dónde te gustaría viajar?
7. Un libro
8. Un(a) cantante o un grupo
9. Un color
10. Un(a) escritor(a)
11. Tu comida favorita
12. Algo que haces todos los días
13. Algo que quieres hacer en el futuro
14. ¿Cuál es tu personaje de ficción favorito?
15. ¿Cuáles son tus referentes en la vida real?

EJE 1

REPRESENTACIÓN DE UNO MISMO Y RELACIÓN CON LOS DEMÁS

1 ¡Etiquétame!

TAREA FINAL

Escribir una página del diario personal de un(a) adolescente

2 Rompiendo moldes

TAREA FINAL

Escribir y cantar una canción para una campaña contra la discriminación del pueblo gitano

1

¡Etiquétame!

Adolescentes españoles: ¿singularizarse o encajar?

GRAMÁTICA
- *Le présent de l'indicatif : les verbes à diphtongue et à affaiblissement*
- *Les verbes de type* **gustar**
- *Les pronoms COD et COI à la 3e personne*
- **Ser** *et* **estar**
- **Estar** + *gérondif*

LÉXICO
- La adolescencia
- Los prefijos **in-**, **im-**, **mal-** y **des-**
- Hablar de habilidades: **costar** y **dársele bien / mal...**

PRONUNCIACIÓN
- La pronunciación de vocal + **n** y vocal + **m**

TAREA FINAL

Escribir una página del diario personal de un(a) adolescente

A

Material promocional de la película española *El club de los incomprendidos*, Carlos Sedes, 2014

B

Material promocional de la película española *El club de los incomprendidos*, Carlos Sedes, 2014

C

Fotograma de la serie *Skam España*, 2018

¡EMPECEMOS!

a. Observa los documentos A y B.
¿Cómo son los miembros del "club de los incomprendidos"?
Relaciona los adjetivos del documento B con estas descripciones.

1. Viene de otro instituto, se está acostumbrando a otros amigos y compañeros.
2. Es inconformista, siempre hace lo que quiere. No le importan las reglas.
3. Es la estrella del instituto, todo el mundo quiere ser su amigo.
4. Se siente diferente, le cuesta hacer amigos. La llaman *friki*.
5. Es mona, educada, deportista y saca muy buenas notas. Los profes le adoran.
6. Es muy distraído. Siempre está en la luna y le cuesta relacionarse con los demás.

1. Valeria es la nueva. Viene de otro instituto y...

Prepara la tarea

b. Fíjate en las chicas del documento C.
Imagina qué "etiqueta" tienen en el grupo.
Argumenta tu respuesta.

Yo creo que la primera es la rebelde... porque lleva...

c. Observa de nuevo el documento B.
¿Cuál es el subtítulo de la película?
¿Te parece un buen consejo? ¿Por qué?

Yo creo que es importante ser...
Depende, porque a veces no es tan fácil...

Léxico ► p. 161 Activ. prof.: 06 élève: 06

educado(a): poli(e)
inconformista: non-conformiste
mono(a): mignon(ne)
raro(a): bizarre
soñador(a): rêveur(euse)
le cuesta: il (elle) a du mal à
hacer amigos: se faire des amis
llevarse bien / mal: s'entendre / ne pas s'entendre
llevar maquillaje: être maquillé(e)
llevar un peinado...: avoir une coiffure...
llevar velo: porter un foulard
relacionarse con los demás: fréquenter les autres
sentirse [ie] diferente
ser uno(a) mismo(a): être soi-même

espace langues — Cahier interactif (compréhension écrite)

1 ¿Qué les mola a los jóvenes españoles?

PARA EL 71 % DE LOS JÓVENES ESPAÑOLES MOLAR ES SER ÚNICO, ORIGINAL Y SIN COPIAS, SIN SEGUIR PATRONES.

¿QUÉ SIGNIFICA SER ÚNICO, ORIGINAL Y SIN COPIAS?

1 APRENDER COSAS NUEVAS QUE LES PERMITAN DIFERENCIARSE

PARA ELLO, UTILIZAN ESTAS HERRAMIENTAS DE INTERNET

VIDEO TUTORIALES Y *REVIEWS*

FOROS DE EXPERTOS

ARTÍCULOS DE WIKIPEDIA

Al **72 %** de los jóvenes les mola aprender un *hobby* mediante tutoriales y *reviews*.

2 USAR UN CÓDIGO DE COMUNICACIÓN PROPIO

SU CÓDIGO COMUNICATIVO, A TRAVÉS DEL CUAL SE IDENTIFICAN Y DEFINEN, ES EL LENGUAJE Y HUMOR DE INTERNET

68 % LES MOLAN LOS MEMES

51 % LES MOLA PODER DECIR CUALQUIER COSA CON UN *EMOJI*

3 SER Y MOSTRARSE REALES

EXPOSICIÓN EMOCIONAL

Les mola poder manifestarse tristes, asustados, ansiosos, cabreados…

COSTUMBRISMO

Lo diario se pone en valor frente al postureo. Mola no tapar lo vergonzoso del día a día, la espontaneidad, la naturalidad.

MODA *SPORTY CHIC*

La comodidad y cotidianeidad de la ropa deportiva se combinan con elementos lujosos y elegantes, "pasando" de los códigos de vestimenta preimpuestos.

FEÍSMO

Los cánones de belleza se rompen y se valora lo que antes era estridente o feo.

Anticipa **a.** Para ti, ¿cómo hay que ser para molar?

b. Lee la primera frase de la infografía. ¿Qué es "molar" para los jóvenes españoles? ¿Coinciden contigo?

Para ellos (también) es…

c. Lee los subtítulos 1, 2 y 3 de la infografía. ¿Qué elementos permiten a los jóvenes españoles diferenciarse?

d. Lee el resto de la infografía. Justifica estas afirmaciones con una información o un ejemplo.

1. Son curiosos y les gusta especializarse en temas concretos.
2. Les encanta internet.
3. Utilizan imágenes y el humor para comunicarse.
4. No tienen miedo a mostrar sus sentimientos.
5. No intentan ser perfectos.
6. No les importan ni la moda ni los cánones de belleza establecidos.

e. ¿Te parecen especialmente originales los jóvenes españoles?

En mi opinión, los jóvenes españoles (no) son tan originales como piensan porque…

Prepara la tarea **f.** ¿A ti te gustan las mismas cosas que a los jóvenes españoles? Escribe cuatro frases sobre ti.

A mí (también) me mola(n)…
A mí no me mola(n)…
A mí (no) me importa…
Yo (no) tengo miedo a…

LÉXICO DE LA INFOGRAFÍA: foros: forums • cualquier cosa: n'importe quoi • asustados: effrayés • ansiosos: anxieux • cabreados: énervés • Lo diario: (ici) Le quotidien • tapar lo vergonzoso: cacher ce qui est honteux • lujosos: luxueux

Informe *Marcas e influencers: lo que les mola a los jóvenes en España*, La Despensa, 2018

Cartel de la película *Cobardes*, José Corbacho y Juan Cruz, 2008

2 No quiero llorar

PÉDAGOGIE DIFFÉRENCIÉE | FICHA Pédago. diff.

prof.: 07 élève: 07

El tiempo parece detenerse, mientras regresan a su mente Nacho y los demás. De nuevo están en el patio durante el recreo, en el rincón más alejado[1]. Otra vez, rodeado por ellos, que se esfuerzan por ocultarlo de la mirada del grupo de profesores [...].

Nacho [...] empuja [a Santiago] una y otra vez contra la pared mientras lo insulta [...]. De vez en cuando dirige divertidas miradas alrededor, buscando la aprobación de los demás chicos. Santiago puede ver cómo varios de ellos lo enfocan con el móvil, mientras sueltan alguna risita de regocijo[2]. Ni siquiera se plantea defenderse; sabe que cualquier gesto hostil por su parte podría terminar con una paliza[3] en toda regla. Así que, con la cabeza baja, tratando de cubrirse avergonzado la cara con las manos, se limita a soportar en silencio el aluvion de golpes[4] que vienen a continuación. Esta vez no se permite ni una lágrima[5]. Con el paso de los meses ha aprendido a reprimirlas, a fin de privar a sus verdugos[6] de cualquier extra de diversión [...].

Finalmente [Nacho] lo arroja[7] al suelo y, tras arrebatarle[8] el bocadillo del almuerzo, lo restriega[9] por su cara, manchándola de restos de tomate y atún. [...] Santiago escucha perfectamente las estridentes risas de los chicos [...] en torno a ellos. Quiere despertar, pero le resulta imposible. Hoy no se trata de una pesadilla, es todo muy real.

Al final no puede evitarlo; gruesas lágrimas de vergüenza y dolor resbalan por su rostro. Tiene miedo. Miedo a que lo vean llorar otra vez. Miedo a que esto no termine nunca.

1. dans le coin le plus éloigné 2. avec de petits rires réjouis 3. une râclée 4. la pluie de coups 5. une larme 6. ses bourreaux 7. le jette 8. lui arracher 9. il le frotte

El niño que no quiso llorar, Juan Antonio Jiménez-Barbero, 2016

Anticipa **a. Observa el cartel y responde.**

1. ¿Cuál crees que es el tema de la película?
2. ¿A quién(es) puede referirse la palabra "cobardes"?

   Me imagino que se refiere a...

Prepara la tarea **b. Lee el texto y responde.**

1. ¿Cómo acosa Nacho a Santiago?
2. ¿Qué hacen los otros chicos?
3. ¿Cuál es el estado de ánimo de Santiago?

   Santiago está... y tiene...

4. ¿Por qué Santiago no quiere llorar? ¿Lo consigue al final?

Prepara la tarea **c. Reflexiona. ¿Qué te parece la actitud de Santiago? ¿Y la de los otros chicos?**

Para mí, Santiago es... porque tiene...
Los otros chicos me parecen...

Gramática

► p. 161 Activ.

- **Les verbes à diphtongue et à affaiblissement**
  ► p. 189 Précis
  SENTIRSE > 3e pers. se siente, se sienten
  REÍRSE > 3e pers. se ríe, se ríen
  Santiago tiene miedo.
- **Les verbes de type *gustar***
  ► p. 196 Précis
  me / te / le... mola + inf. / nom sing.
  me / te / le... molan + nom pluriel
  Les molan los memes.
- **Les pronoms COD et COI à la 3e personne** ► p. 188 Précis
  COD: lo / la / los / las
  COI: le / les
  Nacho lo tira al suelo y le quita el bocadillo.

Léxico

► p. 161 Activ.

prof.: 08 élève: 08

el acoso escolar = el bullying
estar avergonzado(a): avoir honte
cobarde: lâche
golpear: frapper
grabar: filmer
llorar: pleurer
molar (fam.): être super / kiffant
ocultar = tapar: cacher
reírse [i] **de = burlarse de:** se moquer de
tener [ie] **miedo a:** avoir peur de

espace langues Cahier interactif (compréhension orale)

3 Somos jóvenes y venimos con fuerza

Ariel Nepomuk, *20 minutos*, 2017

vidéo : 01

"¿La juventud es cada vez más machista?", *Pikara Magazine*, 2017

LÉXICO DEL VÍDEO: **el empeño:** (ici) la volonté • **la enfermedad:** la maladie • **se han criado:** ils ont été élevés • **relacionarse:** fréquenter les autres • **hemos retrocedido hacia atrás:** on a fait marche arrière • **influidos:** influencés • **los chavales:** les gamins • **concienciados:** sensibilisés • **infravalorar:** sous-estimer

Anticipa **a. Observa la viñeta y responde.**

1. ¿Dónde están los jóvenes? ¿Qué están haciendo?
   Los cuatro jóvenes están en… / están…
2. Imagina cuál es el problema de la juventud de hoy según el hombre.
   Quizá para él, los jóvenes nunca… / siempre están…
3. Y para la mujer, ¿cuál es el verdadero problema?

Prepara la tarea **b. Mira el vídeo y responde.**

1. ¿Qué opinan los adultos entrevistados sobre los jóvenes de hoy?
   Los adultos opinan que los jóvenes son… / (no) tienen…
2. ¿Qué dicen los jóvenes sobre estos temas? Toma nota.
   los estudios | el trabajo | sus aficiones | sus habilidades
3. Según la última chica, ¿qué necesitan los jóvenes?
   La chica quiere que los adultos escuchen…
   Dice que los jóvenes necesitan tener…

c. ¿Estás de acuerdo con los jóvenes del vídeo? ¿Cómo definirías tú a la juventud de hoy? ¿Qué necesitan los jóvenes de Francia?

Yo creo que, en general, los jóvenes somos…
En Francia los jóvenes necesitamos…

Gramática
► p. 161 Activ.

- **Ser et estar** ► p. 199 Précis
  ser + caractère
  estar + localisation
  Los jóvenes son maleducados.
  Los jóvenes están en la plaza.
  Míralos, están ahí tirados.
- **Estar + gérondif** ► p. 197 Précis
  Los chicos se están riendo.
  Los jóvenes se está buscando su identidad.

Léxico
► p. 161 Activ.

prof. : 09 élève : 09

- **se me da bien…:** je suis bon(ne) en / à
- **escuchar:** écouter
- **esforzarse [ue] por:** s'efforcer de
- **estar concienciado(a):** être sensibilisé(e)
- **estar dispuesto(a):** être prêt(e)
- **estar sentado(a):** être assis(e)
- **estar tirado(a):** être affalé(e)
- **pasárselo bien:** s'amuser
- **tener [ie] envidia de:** être jaloux(ouse) de
- **tomar en serio:** prendre au sérieux
- **valorar:** valoriser

Banco de actividades p. 161

LA ADOLESCENCIA

LA PERSONALIDAD

ser
- un(a) incomprendido(a)
- educado(a) ≠ maleducado(a)
- cobarde ≠ valiente
- conformista ≠ inconformista
- curioso(a)
- original
- perfecto(a) ≠ imperfecto(a)
- popular
- raro(a)
- rebelde
- soñador(a)

estar
- asustado(a)
- ansioso(a)
- cabreado(a)

EL ASPECTO

llevar
- maquillaje
- ropa llamativa
- un peinado raro
- velo

ser mono(a) ≠ feo(a)

LAS AFICIONES

- costarle
- dársele bien / mal
- esforzarse (por)
- estar dispuesto(a) a
- interesarse por
- pasárselo bien
- preocuparse por
- tomarse (algo) en serio

LAS RELACIONES

EL ACOSO ESCOLAR

- cobarde
- estar concienciado(a)
- insultar
- llorar
- ocultar = tapar
- pegar
- reírse (de) = burlarse (de)
- sentirse avergonzado(a) = sentir vergüenza
- ser cómplice
- ser víctima
- tener envidia (de)
- tener miedo (a)

SINGULARIZARSE

- diferenciarse de los demás
- molar
- sentirse diferente
- ser uno(a) mismo(a)

ENCAJAR

- identificarse con
- imitar un estilo
- formar parte de
- hacer amigos
- llevarse bien / mal
- relacionarse con
- valorar

¡Crea tu propio mapa mental!
Adáptalo a tu personalidad y a tus aficiones.
Busca las palabras que necesites y **añádelas** a tu mapa.

Palabras para construir

Banco de actividades p. 161

1 Los prefijos *in-*, *im-*, *mal-* y *des-*

a. Observa los antónimos de estos adjetivos.

conformista	inconformista
perfecto(a)	imperfecto(a)
educado(a)	maleducado(a)
confiado(a)	desconfiado(a)

> ! Les préfixes indiquant la négation ne sont pas toujours identiques en espagnol et en français. Par exemple : **inconformista** > **non-conformiste**.

b. Busca en un diccionario los antónimos de: agradable, paciente y maduro(a).

2 Hablar de habilidades: *costar* y *dársele bien / mal*

a. Observa estas construcciones para hablar de habilidades.
Escribe dos frases sobre ti.

dársele > bien / mal > escuchar a la gente > los estudios > a alguien

costarle > relacionarse con los demás > los estudios > a alguien

Haz oír tu voz

La pronunciación de vocal + *n* y vocal + *m*

prof.: 10
élève: 10

a. Lee estas palabras en voz alta.
Luego, escúchalas y fíjate en la pronunciación de las letras marcadas.

1. antes	4. identidad	7. inconformista	10. concienciar	13. puntuar
2. manchar	5. juventud	8. impopular	11. afición	14. anuncio
3. también	6. diferente	9. imperfecto	12. conformista	15. nunca

b. Lee de nuevo las palabras anteriores en voz alta.
Imita la pronunciación de la audición.

prof.: 11
élève: 11

c. Escucha y repite este trabalenguas.
¿Quién consigue decirlo sin equivocarse?

Cuando cuentes cuentos,
cuenta cuántos cuentos contaste,
porque si no cuentas cuántos contaste,
nunca sabrás cuántos cuentos cuentas.

> ! En espagnol, lorsqu'un mot comprend l'ensemble « voyelle + **n** » ou « voyelle + **m** » (ex. : **antes**, **impopular**), vous devez prononcer les deux lettres séparément. La voyelle doit s'entendre clairement.

FICHA Grille autoév.

FICHA Grille éval.

Un diario personal

Vamos a escribir una página del diario personal de un(a) adolescente.

1. **Escoge** uno de los personajes del *Club de los incomprendidos* o de la serie *Skam España*. **Vas a escribir** el diario de este(a) chico(a).

2. **Imagina** cómo es: su personalidad, su aspecto, sus inquietudes, qué se le da bien, qué le cuesta, etc.

3. **Imagina** también cuál es su relación con los demás: ¿Le resulta fácil relacionarse? ¿Tiene muchos o pocos amigos?

4. **Escribe** la primera página de su diario personal en primera persona. **No olvides**:

   - **presentarte**
   - **hablar de tus aficiones**
   - **hablar de lo que se te da bien / mal**
   - **hablar de tu relación con los demás**

5. **Puedes** decorar tu diario con fotos, dibujos o pegatinas.

¡Consulta la **ficha de metodología** para saber cómo hacer más interesante un diario personal!
www.espacelangues.emdl.fr/puravida

FICHA Métho-do.

AYUDA

Para hablar de uno(a) mismo(a)
soy una persona...
me gusta(n)...
me mola(n)...
se me da(n) bien / mal...
me cuesta(n)...

Para hablar de las relaciones
me siento diferente...
(no) me llevo bien con...

Para conectar ideas
por un lado... por otro
además
pero
por eso
porque

2 Rompiendo moldes

Gitanos en España: ¿cómo rompen los estereotipos sin perder la identidad?

GRAMÁTICA
- *L'imparfait*
- *Le passé simple*
- *Le présent de l'indicatif : les verbes à diphtongue*
- **Ir a** + *infinitif*

LÉXICO
- El pueblo gitano
- Familias de palabras: **marginar**, **marginación**, **marginado(a)**...
- Construcciones con el verbo **luchar contra** y **luchar por**

PRONUNCIACIÓN
- La pronunciación y la ortografía de **b** y **v**

TAREA FINAL

Escribir y cantar una canción para una campaña contra la discriminación del pueblo gitano

A

Amarí, revista cultural gitana, 2016

B

Jóvenes gitanos reunidos en un barrio de Alicante, 2013

C

Marta Balparda, bailaora sevillana, 2018

¡EMPECEMOS!

Anticipa **a. Reflexiona y comenta.**

1. ¿Hay gitanos en Francia? ¿Qué sabes de ellos?
   Es un pueblo que…
2. ¿Qué visión tiene la gente de los gitanos?
   A veces se dice que los gitanos…
   Algunas personas piensan que…

b. Observa las tres imágenes.
¿Qué elementos de la cultura gitana aparecen?

Prepara la tarea **c. Fíjate en la portada de la revista *Amarí*.**
Describe la foto.
Explica qué crees que significa "Avanzar sin olvidar".
Yo creo que significa que los jóvenes…

Léxico ► p. 162 Activ. **prof.:** 12 **élève:** 12

el (la) anciano(a): le vieil homme, la vieille femme
el (la) bailaor(a): le (la) danseur(euse) de flamenco
el cante flamenco: le chant gitan andalou
la familia
el pueblo: le peuple
las raíces: les racines
el respeto (por)
la tradición
preservar
progresar
transmitir valores

espace langues — Cahier interactif (compréhension orale)

1 El pueblo gitano

PÉDAGOGIE DIFFÉRENCIÉE — FICHA Pédago. diff.

prof.: 13
élève: 13

Los gitanos provienen de los rom. Llegaron a España alrededor de 1425. [...]

Durante casi los dos primeros siglos desde que llegaron a España, los gitanos sufrieron la ola de represión, persecución y hambre que había en la península ibérica. En esos años nació el cante gitano-andaluz. Los gitanos mezclaron[1] su música y su danza con las de los moriscos y los judíos. La raíz[2] de su arte era común y, además, todas eran comunidades perseguidas[3]. [...] La marginación[4] de los gitanos en España continuó todavía hasta el siglo XVIII. Los habitantes de la península ibérica rechazaban[5] al pueblo gitano por sus diferencias culturales: la lengua caló, el nomadismo, la ropa y sus costumbres. [...]

El pueblo gitano no sabía leer ni escribir y por eso no ha tenido historia escrita hasta hace muy poco. Ha transmitido su cultura de forma oral y el cante es su canal de transmisión más importante y más bonito. El cante cuenta la historia del pueblo gitano-andaluz. El flamenco también se llama arte gitano-andaluz porque el pueblo gitano decidió quedarse en Andalucía. A partir de ese momento, la cultura andaluza comenzó a mezclarse con la gitana.

1. ont mélangé 2. racine 3. persécutées 4. marginalisation 5. rejetaient

Flamenco, Clara de la Flor, 2011

vidéo: 02

"Reporteros 360: Pueblo gitano", Telemacrid, 2017

LÉXICO DEL VÍDEO: **con carrera (universitaria):** ayant fait des études (universitaires) • **el poblado (de chabolas):** le bidonville • **una nave:** un hangar • **soy okupa:** je squatte • **la chatarra:** la ferraille • **pegar una paliza:** battre • **un payo:** un gadjo (non gitan) • **la nuera:** la belle-fille • **una mancha:** une tache • **minifalda:** minijupe

a. Lee el texto sobre el pueblo gitano. Resume la información sobre estos temas en una o dos frases.

- Su llegada a España
- El cante gitano-andaluz y el flamenco
- La marginación

b. Observa el fotograma del vídeo. ¿Qué puedes decir de estas dos mujeres?

La mujer mayor puede ser..., lleva...
Y la joven parece...

c. Mira el vídeo y responde.

1. ¿Dónde viven los gitanos del vídeo?
2. ¿A qué se dedica la chica?
3. ¿Qué educación tiene la madre?
4. ¿A qué se han dedicado tradicionalmente los gitanos?

d. Vuelve a ver el vídeo. Toma nota de las diferencias entre la madre y su hija (ropa, educación, costumbres...).

La madre no tuvo..., en cambio, la hija...

e. Reflexiona. ¿De qué manera crees que está cambiando la vida de los gitanos?

Antes, los gitanos...
Ahora, muchos jóvenes...

espace langues — Cahier interactif (compréhension écrite)

2 Perspectivas de una joven gitana

Noelia estudia Farmacia, escribe poesía y tiene 22 años.

VICE: ¿Qué hay, Noelia? ¿Sois los gitanos ladrones, estafadores[1], gente de la que no hay que fiarse y, en última instancia, incultos?

Los que hablan de incultura del pueblo gitano supongo que no conocen a Papusza o a Manuel Molina, a Antonio Salazar, a Elena Lacková... Estos falsísimos estereotipos se curarían[2] estudiando la historia gitana en los colegios.

VICE: ¿Has vivido alguna situación incómoda por ser gitana?

Sí, claro. Lo que más recuerdo es que en el primer año de instituto escucharon que me apellido Cortés y me dijeron que el autobús era solamente de los payos[3] y que no querían verme subir. Me dio un poco igual porque yo entendía que eso no tenía sentido, pero a otra niña que se lo tomase distinto[4] podrían haberle hecho sufrir mucho. ¿Qué no habrán escuchado unos niños de 11/12 años para decir esas cosas? Luego está la gente con la que te llevas bien, pero que suelta: "Ay, qué sucia y despeinada[5], hoy vengo hecha[6] una gitana" y expresiones similares. ¿Qué haces en ese momento? [...] Son cosas muy distintas a las bromas[7] sobre gitanos que me pueden hacer mis amigos y de las que yo misma me sé reír.

VICE: ¿Vais los gitanos a vuestra bola[8] y os cuesta "integraros"?

Los gitanos no se relacionan solamente con gitanos, ni necesitan "integrarse". Esa palabra sugiere un paternalismo terrible, como si fuesen algo extraño e inferior que necesitase aceptación de la gente "normal" para vivir como tal. Los centros del problema están en el hecho de que nadie quiere escucharnos, solo explicarnos.

1. escrocs 2. se soigneraient 3. gadjos (non-gitans) 4. qui l'aurait pris différemment 5. sale et décoiffée 6. je ressemble à 7. blagues 8. ir a su bola: n'en faire qu'à sa tête

"10 preguntas que siempre has querido hacer a una mujer gitana", revista *Vice*, 2018

Anticipa **a.** **Mira** la foto de Noelia e **imagina** cómo es ella.

Noelia parece una chica...

b. **Lee** la entrevista.
Apunta los estereotipos sobre los gitanos que se mencionan.
Explica con tus propias palabras qué le pasó a Noelia cuando era pequeña.

Cuando estaba en el instituto, unos chicos...

c. Según Noelia, ¿de dónde vienen estos estereotipos?

Según Noelia, el problema es que la gente...

Prepara la tarea **d.** **Reflexiona**. ¿Dirías que la vida de los gitanos es más difícil por el hecho de ser gitanos? **Justifica** tu respuesta.

Yo creo que un(a) gitano(a) puede...

e. En tu entorno, ¿hay otros grupos de personas que sufren una discrimación parecida a la de los gitanos? ¿Quiénes?

Gramática ► p. 162 Activ.

- **L'imparfait** ► p. 192 Précis
  CANTAR > (ella) cantaba
  ENTENDER > (ella) entendía
  SENTIR > (ella) sentía

  Eso no tenía sentido.

- **Le passé simple** ► p. 191 Précis
  LLEGAR > 3e pers. llegó, llegaron
  NACER > 3e pers. nació, nacieron
  SUFRIR > 3e pers. sufrió, sufrieron
  irréguliers:
  TENER > 3e pers. tuvo, tuvieron
  DECIR > 3e pers. dijo, dijeron

  Los gitanos sufrieron una ola de represión.

Léxico ► p. 162 Activ.

prof.: 14 élève: 14

las costumbres: les coutumes
el (la) ladrón(ona): le (la) voleur(euse)
la venta ambulante
analfabeto(a) ≈ inculto(a)
sucio(a): sale
casarse: se marier
ser como cualquiera: être comme tout le monde
sufrir discriminación: faire l'objet de discrimination

3 Borrar prejuicios

FICHA Image

El prejuicio es el tatuaje que más duele

El Día Internacional para la Tolerancia, Amanda Silva, una joven gitana, se tatuó un prejuicio para visibilizar la discriminación que sufre su comunidad. La frase SOY GITANA Y NO SOY DE FIAR, tatuada en su brazo, solo se transformaría en un mensaje positivo si más de diez millones de personas mostraban su apoyo en las redes sociales. El reto fue superado con creces[1] y Amanda le da la vuelta[2] a su tatuaje y a nuestros prejuicios.

1. largement dépassé 2. renverse

↑ *El Tatuaje Que Más Duele*, Fundación Secretariado Gitano, 2016

vídeo: 03

← *Telarañas*, Gitanas en estéreo, 2018

LÉXICO DEL VÍDEO: **el ansia:** le désir • **está ardiendo:** est en train de brûler • **romper con mis cadenas:** briser mes chaînes • **estallar:** éclater • **quitarme telarañas:** me débarrasser des toiles d'araignée • **las pestañas:** les cils • **huir:** fuir • **una carga sobre mi espalda:** une charge sur mon dos • **el andar:** la démarche, l'allure

a. Observa el cartel y su texto, y contesta.

1. ¿Qué hizo Amanda, la chica de la foto? ¿Para qué?
2. ¿Por qué dicen que un prejuicio es como un tatuaje?
3. ¿Funcionó esta campaña?

b. Mira el videoclip *Telarañas* de Gitanas en estéreo.

1. ¿Qué profesiones tienen las mujeres del vídeo? ¿Qué tienen en común?
2. ¿Qué pueden ser las "telarañas" y la "carga" de las que hablan?
3. ¿Qué van a hacer estas mujeres?

c. Resume el mensaje de la canción.

Prepara la tarea

d. Explica qué tienen en común la campaña gráfica y la del vídeo.

Gramática ► p. 162 Activ.

- **Les verbes à diphtongue** ► p. 189 Précis

  DOLER > 3e pers. duele, duelen
  SENTIR > 3e pers. siente, sienten

  El tatuaje que más duele.
  Siento mi libertad.

- ***Ir a* + infinitif** ► p. 197 Précis

  Algo bueno va a pasar.

Léxico ► p. 162 Activ.

prof.: 15
élève: 15

el actor (la actriz)
el (la) abogado(a)
el reto: le défi
cambiar la mentalidad de
demostrar [ue] su valor
doler [ue]: avoir / faire mal
expresarse
liberarse de
luchar por / contra
romper con los estereotipos: casser les stéréotypes
(no) ser de fiar: (ne pas) être digne de confiance

Banco de actividades p. 162

EL PUEBLO GITANO

LA CULTURA

- el baile = la danza
- el cante
- las costumbres
- el flamenco
- la familia
- la identidad
- el nomadismo
  - nómada
- las raíces
- el respeto por los ancianos
- la transmisión oral
- preservar
  - las costumbres
  - la tradición
- transmitir valores

LOS ESTUDIOS Y LAS PROFESIONES

- estudiar
- dedicarse a
  - la chatarra
  - la venta ambulante
  - pedir (limosna)
- ser
  - abogado(a)
  - actor (actriz)
  - bailaor(a)
  - estudiante
  - farmacéutico(a)
- tener
  - una carrera universitaria
  - estudios

LA REIVINDICACIÓN

- el reto
- cambiar la mentalidad
- demostrar su valor
- denunciar
- expresarse
- liberarse (de)
- luchar
  - contra
  - por
- progresar
- romper
  - moldes
  - con
    - las cadenas
    - los estereotipos
    - el silencio
- ser como cualquiera

EL RECHAZO

LOS PREJUICIOS Y ESTEREOTIPOS

- el (la) estafador(a)
- el (la) ladrón(ona)
- analfabeto(a) ≈ inculto(a)
- despeinado(a)
- sucio(a)
- casarse joven
- tener hijos
- (no) ser de fiar

LA MARGINACIÓN

- la persecución
- la represión
- doler
- sufrir discriminación
- vivir en un poblado de chabolas

¡Crea tu propio mapa mental! Selecciona las treinta palabras más importantes para ti para hablar del pueblo gitano. Puedes reorganizarlas utilizando otras categorías.

Palabras para construir

1 Familias de palabras

a. Observa estas series de palabras de la misma familia.
Crea otras familias relacionadas con palabras de la unidad.

marginar	la marginación	marginado(a)
perseguir	la persecución	perseguido(a)
rechazar	el rechazo	rechazado(a)
discriminar	…	…

Pour enrichir votre vocabulaire et mémoriser plus facilement, pensez à chercher les mots de la même famille que ceux que vous connaissez déjà et à créer des séries comme celles présentées ci-contre !

2 Construcciones con el verbo *luchar*

a. Observa las palabras que suelen acompañar al verbo luchar.
Complétalas con conceptos de la unidad.

luchar	contra	la discriminación	el rechazo	…
luchar	por	la igualdad	la libertad	…

Haz oír tu voz

La pronunciación y la ortografía de *b* y *v*

prof.: 16
élève: 16

a. Escucha estos versos de la canción *Telarañas*.
¿Las letras destacadas se pronuncian como en francés la b (bon, beaucoup) o la v (vacances, vin)?

Voy a buscar mi libertad porque mi voz ya va a estallar.

En espagnol, les lettres **b** et **v** se prononcent exactement de la même façon.

b. Relaciona los ejemplos con las frases correspondientes.

a. pueblo, costumbre, brazo, hablar
b. cantaba, pensaba, mostraba, estudiaba
c. festivo(a), activo(a), creativo(a), pasivo(a)

1. Delante de **l** y **r**, se escribe **b**.
2. En las terminaciones del imperfecto, se escribe **b**.
3. La terminación **-if / -ive** (**actif / active**) del francés se escribe con **v**.

prof.: 17
élève: 17

c. Escucha y repite estos trabalenguas.
¿Quién consigue decirlos sin equivocarse?

¿Qué vende Benito? Benito vende botas bonitas verdes.

El ave no vuela bien, porque el viento viene al revés.

FICHA Grille autoév.

FICHA Grille éval.

Una campaña contra la discriminación

Vamos a inventar una canción para una campaña contra la discriminación del pueblo gitano en España.

1. **Buscad** canciones o temas de algún artista gitano (Rosario Flores, Camarón de la Isla, Los Chunguitos, Niña Pastori, Ketama, Remedios Amaya...).
2. En grupos, **repasad** la unidad y **pensad** en los temas relacionados con el pueblo gitano que pueden aparecer en vuestra canción.

   su historia | su cultura | su identidad | la marginación | los estereotipos | ...

3. Siguiendo el ritmo de la música, **cread** vuestra propia letra contra la discriminación.
4. **Ensayad** la canción y **grabadla** o **cantadla** frente a la clase.
5. ¡Podéis **elegir** la mejor canción, la mejor interpretación y también crear un disco de canciones!

¡Consulta la **ficha de metodología** para obtener ideas para crear una canción!
www.espacelangues.emdl.fr/puravida

FICHA Métho-do.

AYUDA

el reto
luchar por...
romper con...
los prejuicios
los estereotipos
el silencio
voy a / vamos a... + inf.

Más documentos para disfrutar

Unidad 1. ¡Etiquétame!

CANCIONES

Stop Bullying, Subze, 2018

Somos, OT, 2018

Sé incomprendido, Morrigans, 2015

Tú mismo, Rayden, 2014

CORTOMETRAJE

Pistoja, Afioco Gnecco, 2018

LITERATURA

Cuando me veas, Laura Gallego, 2017

El club de los incomprendidos, Blue Jeans, trilogía, 2016

Las leyes de la frontera, Javier Cercas, 2012

PELÍCULA

Cobardes, José Corbacho y Juan Cruz, 2018

SERIES

Élite, Netflix, desde 2018

Skam España, Movistar+, desde 2018

CÓMICS

Nina, diario de una adolescente, Agustina Guerrero, 2013

Tu futuro empieza aquí, Isaac Rosa, 2017

Unidad 2. Rompiendo moldes

CANCIONES

Soy gitano, Camarón de la Isla, 1989

No estamos solos, Ketama, 1995

FOTOGRAFÍA

Flamenco, Pilar Molina Llorente, serie de fotografías sobre el baile flamenco, 1989
isabelmunoz.es/album/flamenco

POEMA

"Romance de la luna, luna", ***Romancero gitano***, García Lorca, 1928

CAMPAÑA

La pregunta de Samuel, Fundación Secretariado Gitano, 2017

CÓMIC

El pueblo gitano en la historia, Miguel y Nekane, 2011

PELÍCULA

Carmen y Lola, Arantxa Echevarría, 2018

CORTOMETRAJE

Partir de cero, Máximo Huerta y Carlos Salgado, 2017
www.partirdecero.org

DOCUMENTALES

Alalá, Remedios Málvarez, 2016

Gitanos, aquí y ahora, Ángel Navarro, 2016

ARTE

Camarón, Lita Cabellut, serie de pinturas alrededor del cantaor flamenco Camarón de la Isla, 2012

LA CREACIÓN Y LA RELACIÓN CON LAS ARTES

EJE 2

3 Sabor latino

TAREA FINAL

Crear una exposición sobre músicos y cantantes latinos

4 Perú, fusión creativa

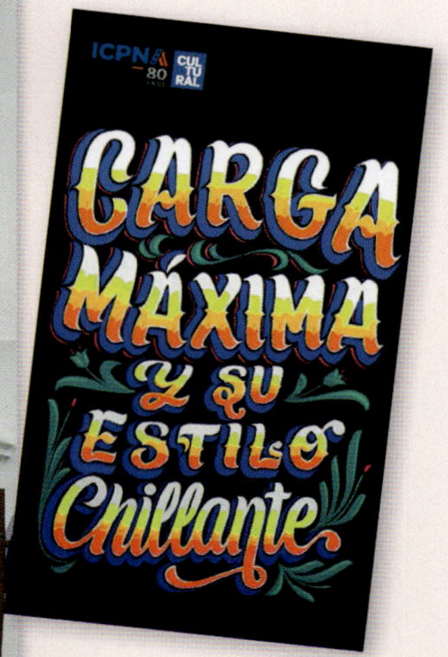

TAREA FINAL

Concebir el disco de música peruana de la clase con su libreto

3 Sabor latino

¿Cómo se vive la música en Cuba y cómo se exporta?

GRAMÁTICA

- *Le présent de l'indicatif : quelques verbes irréguliers*
- *Un emploi du gérondif : la manière*
- *Le participe passé*
- *Le superlatif relatif :* **el más vendido**

LÉXICO

- La música y la filosofía de vida
- Construcciones para hablar de vivencias

PRONUNCIACIÓN

- La pronunciación de **g**

TAREA FINAL

Crear una exposición sobre músicos y cantantes latinos

A

Músicos tocando en una calle de La Habana (Cuba), 2010

B

Bailarines en La Habana (Cuba), 2018

C

La conga, Evelio García Mata (artista cubano), 1930

¡EMPECEMOS!

FICHA
Carte

a. Observa el mapa que te dará tu profesor(a) y sitúa Cuba. ¿Qué otros nombres de países caribeños conocías? ¿Con cuáles de estas palabras los asocias? Di dos más.

playa | estrés | baile | tristeza | ...

Prepara la tarea

b. Elige qué dos tipos de música proceden de esta zona.

salsa | rock | tango | vals | reguetón | flamenco

c. Observa y describe las imágenes. ¿Qué tienen en común? ¿Qué ambiente reflejan?

En la imagen A se ve a...

d. ¿Te sorprende algo en estas escenas? ¿Te gustaría asistir a un concierto o bailar en la calle?

Léxico

p. 163 Activ.

prof.: 18
élève: 18

la alegría ≈ la felicidad: la joie
el (la) bailarín(ina): le (la) danseur(euse)
el baile: la danse
la banda de músicos: le groupe de musiciens
el (la) cantante: le (la) chanteur(euse)
la calma
la palmera: le palmier
la vegetación tropical
alegre: joyeux(euse)
bailar en pareja: danser en couple

1 Una ciudad que baila

vidéo : 04

Baila Habana, Ben Cox, 2018

LÉXICO DEL VÍDEO: costumbres: coutumes • un pueblo: un peuple • quien no baila: celui qui ne danse pas

a. Mira el vídeo.
¿Es importante la música para los cubanos?
Justifícalo.

b. Explica qué significa esta frase.

> *“En Cuba, quien no baila canta y quien no canta goza.”*

c. ¿Qué te parece esta forma de tomarse la vida?

Me parece genial / extraño...

2 La vida es un carnaval

Todo aquel que[1] piense que la vida es desigual
tiene que saber que no es así,
que la vida es una hermosura, hay que vivirla.
Todo aquel que piense que está solo y que está mal
tiene que saber que no es así,
que en la vida no hay nadie solo, siempre hay alguien.

Todo aquel que piense que la vida siempre es cruel
tiene que saber que no es así,
que tan solo hay momentos malos y todo pasa.
Todo aquel que piense que esto nunca va a cambiar
tiene que saber que no es así,
que al mal tiempo buena cara[2] y todo cambia. [...]

Ay, no hay que llorar,
que la vida es un carnaval y es más bello vivir cantando.
Oh oh oh ay, no hay que llorar,
que la vida es un carnaval y las penas se van cantando.

Para aquellos que se quejan tanto. (bua)
Para aquellos que solo critican. (bua)
Para aquellos que usan las armas. (bua)
Para aquellos que nos contaminan. (bua) [...]

1. celui qui 2. contre mauvaise fortune bon cœur

La vida es un carnaval, compuesta por Víctor Daniel

élève : 19
prof. : 19

La vida es un carnaval
04:38
Celia Cruz, *Mi vida es cantar*, 1998

La cantante cubana Celia Cruz gana un Grammy a la mejor actuación de salsa, 2000

a. Escucha la canción y lee la letra.
¿Cuál es su mensaje?

b. Lee el estribillo *(refrain)*.
¿Con qué compara la vida? ¿Por qué?

c. Fíjate en los versos finales.
¿A quién se dirige la canción?
¿Te identificas con ellos? ¿Por qué?

d. En parejas, por turnos, cada uno(a) escribe un verso hasta completar un nuevo estribillo de cuatro versos.

Ay, hay que pensar...
Ay, hay que reír...

3 La casa del caos

PÉDAGOGIE DIFFÉRENCIÉE — FICHA Pédago. diff.

Calle del barrio de La Habana Vieja

prof.: 20 élève: 20

Gloria vive en un piso muy pequeño en el centro de La Habana.

Gloria vive abajo, en el séptimo. Con su madre y su hijo, y una radio y una grabadora que nunca descansan, miles de parientes que van y vienen. Son primos, sobrinos, ahijados[1], tíos, cuñados[2], nueras, hermanos, yernos[3], vecinos de los tíos, hijastros de los hermanos, novias de los sobrinos, hijos de los primos con sus esposas y sus hijos. [...] Vienen al médico, hacen negocios, bisnean, jinetean[4], ganan unos dólares, los gastan, pernoctan[5] unos días, desaparecen y aparecen otros. Es la casa del caos. Música. Mucha música. Bolero, salsa, rancheras[6]. Que yo te quise y tú me abandonaste. Que yo te perseguí y tú me diste la espalda. ¿Por qué me haces sufrir, mi amorrrr? La música siempre ahí. Feliciano, Gloria Stefan, Luis Miguel, Mark Anthony, Ricky Martin, Ana Gabriel, La India, Rocío Dúrcal, Juan Luis Guerra. Y botellas de ron. Y nada de dinero. El dinero aparece y desaparece. Vuelve a aparecer y se acaba en un segundo. Entran, salen, comen, cagan, tupen el inodoro[7], agotan[8] en media hora la poca agua que llega por las mañanas. El resto del día sin agua. Familia, mucha familia, blancos, mulatos, negros, jabaos[9], chinos, indios.

1. filleuls 2. beaux-frères et belles-sœurs 3. belles-filles et gendres 4. *bisnear* y *jinetear* son actividades ilícitas para ganar dinero 5. passent la nuit 6. estilos de música latina 7. chient, bouchent les toilettes 8. épuisent 9. personas de piel blanca y pelo rizado

Animal tropical, Pedro Juan Gutiérrez, 2000

Anticipa **a. Observa la fotografía.**
¿Cómo crees que es la vida en este barrio de La Habana?

agradable | incómodo(a) | pasar tiempo en la calle | deteriorado(a) | instalaciones (luz, agua...) | pobreza

b. Lee el texto. ¿Se confirman tus hipótesis?

c. Apunta dos elementos positivos y dos negativos de la vida en casa de Gloria.

d. ¿Cómo crees que se toma Gloria las cosas?
¿Qué papel tiene la música en su vida? Justifícalo.

A pesar de... creo que se toma la vida con...

Prepara la tarea **e. Encuentra tres fragmentos de canciones.**
¿De qué tratan?

f. ¿Estás de acuerdo en que es "la casa del caos"? ¿Por qué?
Inventa otro título para el fragmento.

*** NOTA CULTURAL ***

La **salsa**, un conjunto de ritmos afrocaribeños fusionados con el jazz, fue creada por músicos de origen caribeño. Han existido multitud de músicos y bandas cubanas de primer nivel mundial: **Celia Cruz**, **Chucho Valdés**, **Buena Vista Social Club**...

Gramática

► p. 163 Activ.

- **Le présent de l'indicatif (v. irréguliers)** ► p. 189 Précis

VOLVER > vuelvo, vuelves...
SALIR > salgo, sales...
HACER > hago, haces...
TENER > tengo, tienes...
VENIR > vengo, vienes...
APARECER > aparezco, apareces...

Gloria tiene miles de parientes que van y vienen.

- **Un emploi du gérondif : la manière** ► p. 197 Précis

Lo más bello es vivir cantando.

Léxico

► p. 163 Activ.

prof.: 21 élève: 21

la hermosura: la beauté
la pena ≈ la tristeza
desigual: injuste
buscar el lado bueno
criticar
gozar = disfrutar: profiter
quejarse: se plaindre
reír ≠ llorar
tomarse la vida bien / mal / con (alegría, filosofía...): prendre la vie du bon côté / du mauvais côté / avec...

espace langues — Cahier interactif (compréhension orale et écrite)

4 ¿Bailan salsa los jóvenes cubanos?

prof.: 22

¿Una asignatura pendiente entre los jóvenes cubanos?
01:56 — Juventud Rebelde Podcast, 2018

LÉXICO DE LA AUDICIÓN: una directiva: (ici) un modèle • me acercaba: je passais

Prepara la tarea

a. Escucha el programa de radio. ¿Dónde aprendieron a bailar salsa los entrevistados?

b. ¿Bailan salsa hoy en día los jóvenes cubanos? ¿Por qué?

c. ¿Qué puede aportar bailar salsa, según los entrevistados?

El grupo cubano Gente de Zona en Miami, 2014

5 Conquistando el mundo

Impulsada por el éxito de *Despacito*, la canción más escuchada de la historia del *streaming* y el video más visto en la historia de YouTube, y con la base de más de dos décadas de trabajo, la música urbana latina se ha popularizado en todo el planeta. [...]

Aunque para los recién llegados[1] al género urbano [...] este es un fenómeno reciente, su nacimiento se remonta a mediados de los años 90 en Puerto Rico. Canciones como *Gasolina* lograron popularidad más allá de las fronteras del reguetón, pero no fue hasta 2010 cuando buena parte del planeta se entregó[2] al género gracias a *Danza Kuduro*, el dueto que firmaron Don Omar y Luzenzo. Los siguientes peldaños[3] los pusieron el español Enrique Iglesias y el dúo cubano Gente de Zona que, con *Bailando*, reinaron largo[4] en las listas musicales, mientras que Pitbull, con su combinación de español e inglés, familiarizó a la audiencia internacional con la lengua de Cervantes.

"Cada vez será más interesante el uso indistinto y mezclado de los dos idiomas predominantes, el castellano y el inglés", aseguró el ejecutivo de Universal, el gigante discográfico que tiene en su catálogo a Luis Fonsi y a J Balvin.

1. nouveaux venus 2. a succombé 3. échelons 4. ont longtemps régné

"Pasito a pasito, la música latina conquista el mundo", *El Día*, 2018

Gramática ► p. 163 Activ.

- **Le participe passé** ► p. 190 Précis
  CANTAR > cantado(a)
  COMER > comido(a)
  VIVIR > vivido(a)
  irrégulier : VER > visto(a)
  La canción más escuchada.
- **Le superlatif relatif** ► p. 187 Précis
  el / la / los / las + nom + más + adj. / participe passé
  El vídeo más visto.

Léxico ► p. 163 Activ. prof.: 23 élève: 22

- **el baile popular**
- **el éxito:** le succès
- **el gozo:** le plaisir
- **el reguetón, el hip hop, el trap:** estilos de música urbana
- **compartir:** partager
- **mezclar:** mélanger
- **perderse [ie]:** se perdre
- **popularizarse**
- **relacionarse:** nouer des liens

Prepara la tarea

a. Lee el texto y anota dos datos sobre la canción *Despacito*.

b. Explica el origen y la evolución de la música urbana latina.

c. ¿Por qué algunos músicos combinan el español y el inglés?

Prepara la tarea

d. ¿Qué otras canciones y cantantes populares se mencionan en el texto? ¿Te gustan? ¿Conoces a otros músicos latinos?

Palabras para recordar

⇢ Banco de actividades p. 163

SABOR LATINO

MANERAS DE VIVIR

EL ESTADO DE ÁNIMO

- la alegría ≈ la felicidad
  - └ alegre
- la calma ≠ el estrés
- la tristeza ≈ la pena
  - └ triste
- gozar = disfrutar
  - └ el gozo
- reír ≠ llorar

LA ACTITUD

- justo(a) ≠ injusto(a) = desigual
- bailar (en pareja)
- buscar el lado bueno de las cosas
- cantar
- compartir
- criticar
- hacer buena ≠ mala cara
- pasarlo bien
- quejarse
- relacionarse
- ser positivo(a)
- tomarse la vida | bien / mal
  - | con | calma
  - | alegría
  - | filosofía

LA MÚSICA

ESTILOS MUSICALES

- el flamenco
- el reguetón
- el rock
- la salsa
- el tango
- el vals

- el baile
  - └ el (la) bailarín(ina)
- la banda de músicos
- la canción
  - └ el (la) cantante
- el estilo musical
- el éxito
- el (la) músico
- mezclar
- popularizarse

EL CARIBE

- la hermosura = la belleza
- la isla
- la palmera
- la playa
- la vegetación tropical

¡Crea tu propio mapa mental!
Personalízalo con tus maneras de disfrutar de la vida. **Añade** la categoría “Actividades que me hacen feliz”.

Palabras para construir

1 Construcciones para hablar de vivencias

a. Observa estas construcciones y añade una palabra más a cada serie.

tomarse > la vida > las cosas > bien > mal > ...

con > calma > filosofía > estrés > ...

pasarlo > bien > mal > genial > de maravilla > estupendamente > ...

> ! Observez bien l'emploi des pronoms dans les cas suivants :
>
> Yo me tomo la vida con calma. / Mi padre se toma las cosas muy mal.
> Lo he pasado de maravilla. / Mi padre lo ha pasado genial.
>
> Avec **tomarse**, le pronom change en fonction du sujet parce qu'il renvoie à la personne.
> Avec **pasarlo**, le pronom ne change jamais parce qu'il renvoie à la situation.

b. Escribe dos frases para explicar:

1. Cómo lo pasaste el fin de semana pasado.
2. Cómo te tomas los exámenes.

Haz oír tu voz

La pronunciación de *g*

prof.: 24 élève: 23

a. Escucha estas palabras.
Fíjate en la pronunciación de las letras destacadas.

1. gente	5. gozar	9. conga
2. tango	6. vegetación	10. conseguir
3. reguetón	7. alguien	11. desigual
4. género	8. genial	12. lógica

b. Clasifica las palabras anteriores en una tabla como esta.

Suena como gente	Suena como conga
...	...

c. Observa las palabras de la segunda columna.
¿Cuándo se escribe gu?

prof.: 24 élève: 23

d. Vuelve a escuchar las palabras anteriores.
Repítelas en voz alta.

> ! Devant les lettres **a**, **o** et **u** (ex. : **conga**, **tango**, **desigual**), le **g** se prononce comme dans le mot français « gare ».
>
> Devant les lettres **e** et **i** (**género**, **lógica**), le **g** se prononce comme un **j** espagnol.
>
> Rappelez-vous qu'en espagnol, on ne prononce le **u** dans les syllabes **gue** et **gui** (**reguetón**, **conseguir**).

FICHA Grille autoév. FICHA Grille éval.

Una exposición con sabor latino

Mediación

Vamos a montar una exposición en el instituto sobre músicos y cantantes latinos.

1. En grupos de tres o cuatro, **vais a crear** paneles sobre un(a) músico(a) o cantante latino(a), actual o antiguo(a), para organizar una exposición sobre la música latina.
2. Cada grupo **busca información** biográfica sobre un(a) músico(a) o cantante.
   Destacad cómo empezó a cantar, quién le inspiró, qué premios ha recibido y sus canciones más exitosas.
3. **Buscad** fotos e imágenes del (de la) artista. También podéis **poner** la letra de vuestra canción favorita.
4. **Presentad** vuestro cartel a la clase tratando de mirar a los compañeros y de no leer vuestras notas ni el cartel.
   Añadid anécdotas sorprendentes para mantener el interés de vuestros compañeros.
5. Podéis **insertar** un código QR (ver ficha de metodología) en el cartel para que vuestros compañeros lo escaneen con sus móviles y puedan acceder a las canciones.
6. **Reunid** todos los paneles en un lugar de la escuela que lo permita para que vuestros compañeros de otras clases puedan **visitar** la exposición.

¡Consulta la **ficha de metodología** y consigue trucos para buscar y seleccionar información e ideas para presentar tu póster de forma escrita y oral!
www.espacelangues.emdl.fr/puravida

FICHA Métho-do.

AYUDA

Para presentar
es un(a) músico(a) de...
su primer éxito fue...
es una persona...
se toma la vida...

Para definir su música
su estilo musical es...
es cantante, bailarín(ina)...

Para contar una anécdota
es el (la) cantante más...
cuentan / dicen que...

4 Perú, fusión creativa

¿Cómo la fusión cultural genera nuevas creaciones artísticas en Perú?

GRAMÁTICA

- *Le passé simple : quelques verbes irréguliers*
- *L'expression de la durée*
- *La traduction de « devenir » :* **volverse, ponerse**
- *L'expression de la cause*
- *L'expression du but*

LÉXICO

- La creación artística
- Construcciones con el verbo **tocar**

PRONUNCIACIÓN

- La acentuación

TAREA FINAL

Concebir el disco de música peruana de la clase con su libreto

A

Mural *El pícaro del arpa*, Ruta Mare, Lima, 2014

B

Mural en homenaje a la cantante y compositora peruana Chabuca Granda (1920-1983), Elliot Tupac & Decertor, Lima, 2013

¡EMPECEMOS!

a. Observa las dos fotos.
¿A quiénes rinden homenaje estos murales?

b. Apunta en la tabla los aspectos tradicionales y los aspectos modernos de los dos murales.

	Aspectos tradicionales	Aspectos modernos
El pícaro del arpa		
Chabuca Granda		

Prepara la tarea

c. A partir de tus respuestas anteriores, **di** qué tipo de fusión ilustran estos dos murales.

A mí me parece que estos murales mezclan…
Yo creo que ilustran la fusión entre…

Léxico ► p. 164 Activ. **prof.:** 25 **élève:** 24

el (la) arpista
└ **el arpa**
el (la) cantante
los colores cálidos / fríos: les couleurs chaudes / froides
los colores flúor
el estilo
la fusión
la identidad
el mural
la música
tradicional ≠ moderno(a)
mezclar: mélanger
rendir [i] homenaje
tocar un instrumento

Dosier de documentos

1 El huayno, de la sierra a la ciudad

prof.: 26
élève: 25

Marinera arequipeña, Manuel Almazora, 1935

Solo un barrio alegre había en la ciudad: Huanupata[1]. Era el único barrio donde había chicherías[2]. Los sábados y domingos tocaban arpa y violín en las de mayor clientela, y bailaban huaynos y marineras. [...] Las chicherías recibían gente desde el mediodía, pero solo en la tarde y en la noche de los sábados y domingos iban los músicos. Cualquier parroquiano[3] podía pedir que tocaran el huayno que prefería. Era difícil que el arpista no lo supiera. A las chicherías van más forasteros[4] que a un tambo[5]. Pero ocurría, a veces, que el parroquiano venía de tierras muy lejanas[6] y distintas; de Huaraz, de Cajamarca, de Huancavelica o de las provincias del Collao, y pedía que tocaran un huayno completamente desconocido. Entonces los ojos del arpista brillaban de alegría; llamaba al forastero y le pedía que cantara en voz baja. Una sola vez era suficiente. El violinista lo aprendía y tocaba; el arpa acompañaba. Casi siempre el forastero rectificaba varias veces: "No, no es así. ¡No es así su genio!". Y cantaba en voz alta, tratando de imponer la verdadera melodía. Era imposible. El tema era idéntico, pero los músicos convertían el canto en huayno apurimeño[7], de ritmo vivo y tierno.

1. barrio de Abancay, ciudad de Perú **2.** bares que venden chicha (bebida alcohólica de los Andes) **3.** (ici) client **4.** étrangers **5.** boutique rurale **6.** lointaines **7.** de la región de Apurímac (donde se sitúa Abancay)

Los ríos profundos, José María Arguedas, 1958

Anticipa **a. Observad** el cuadro de Manuel Almazora.
En parejas, un(a) alumno(a) **describe** a un personaje del cuadro y el otro (la otra) **adivina** quién es.

Mi personaje lleva...
Está tocando...

b. Lee el texto.
Busca los elementos que muestran que la chichería era un lugar:

alegre | tradicional | concurrido

Era un lugar alegre porque...

c. Vuelve a leer el texto y **responde**.

1. ¿Qué pedían los clientes?
2. ¿Qué talento tenían los músicos?

Los músicos eran capaces de...

*** NOTA CULTURAL ***

El huayno es un baile y un género musical de la región andina de Perú. Existen muchas variantes según las regiones.

La marinera es un baile de pareja suelto típico de Perú que se caracteriza por el uso de pañuelos.

espace langues — Cahier interactif (compréhension orale)

2 La vuelta de la cumbia peruana

PÉDAGOGIE DIFFÉRENCIÉE — FICHA Pédago. diff.

Todo empieza en la cumbia, ese ritmo pegajoso[1] y fácil de bailar que ha estado presente en Latinoamérica desde que la cultura indígena, la española y la negra contactaron por primera vez. A pesar de los matices[2] regionales, este ritmo contribuyó a nutrir el folclore de toda la región. Cuando los ritmos tropicales se toparon con[3] los Andes, se produjo un triple encuentro porque el *rock and roll*, la nueva ola[4] de Latinoamérica y el *surf* también entraron en esa mezcla.

En los años 60, bandas[5] de *surf-rock* limeñas[6] como los Saicos o los Belking's fueron fundamentales para entender esa fusión que originaría innumerables bandas de chicha o cumbia peruana. Hasta ese momento la cumbia colombiana había sido un sonido básicamente acústico, con gaitas[7], cañas de mirlo[8], acordeones o guaracas[9]. Pero las guitarras eléctricas y el sonido andino le dieron otra dimensión.

1. entêtant 2. nuances 3. rencontrèrent 4. vague 5. des groupes 6. de Lima 7. des cornemuses 8. des flûtes 9. instruments de musique péruviens

"Psicosis tropical", *El País*, 2016

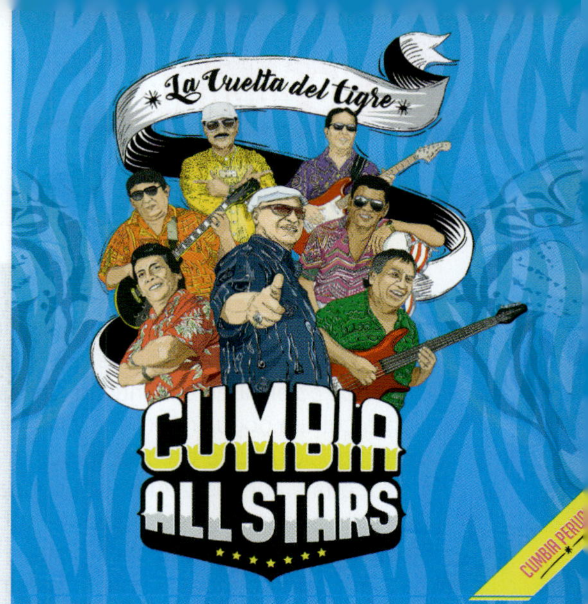

Portada del disco *La vuelta del tigre*, Cumbia All Stars, 2017

Gramática ► p. 164 Activ.

- **Le passé simple (v. irrég.)** ► p. 191 Précis
  PRODUCIR > 3e pers. produjo, produjeron
  SER > 3e pers. fue, fueron
  En los 60, en Perú, se produjo una mezcla de estilos.
- **La durée** ► p. 200 Précis
  desde que + verbe conjugué
  desde hace + période de temps
  Ha estado presente desde que las culturas indígena, española y negra contactaron.
  La cumbia existe desde hace varios siglos.
- **La traduction de « devenir » : *ponerse, volverse*** ► p. 198 Précis
  La cumbia se ha puesto de moda y se ha vuelto moderna.

vidéo : 05

LÉXICO DEL VÍDEO: el abanico: l'éventail • no se agota: ne se limite pas • compás: rythme • rociado con: arrosé de • lo agarras: (ici) tu prends le rythme • afuera: l'étranger

Perú dedicado a la música, National Geographic, 2016

Anticipa **a. Observa** la portada del disco. ¿Qué puedes decir de este grupo de música?

b. Lee el texto y **contesta**.

1. ¿Qué es la cumbia? ¿Desde cuándo existe?
   Es un... Existe desde que...
2. ¿En qué momentos se transformó la cumbia en Perú?

Prepara la tarea **c. Mira** el vídeo y **contesta**.

1. ¿Cuáles son las influencias musicales del grupo *Dengue, Dengue, Dengue*?
2. ¿Cómo está evolucionando la cumbia peruana?
   La cumbia peruana se ha vuelto...
3. Según el grupo, ¿qué consecuencias tiene esta fusión para Perú?

Léxico ► p. 164 Activ. — prof.: 27 élève: 26

- **el baile:** la danse
- **la banda = el grupo (de música)**
- **el encuentro:** la rencontre
- **un género musical**
- **la guitarra**
- **la mezcla:** le mélange
- **la música electrónica**
- **el (la) músico(a):** le (la) musicien(ne)
- **el ritmo**
- **el violín**
- **difundir:** diffuser
- **modernizar**
- **estar de moda:** être tendance

espace langues Cahier interactif (compréhension écrite)

3 Pintores de letras

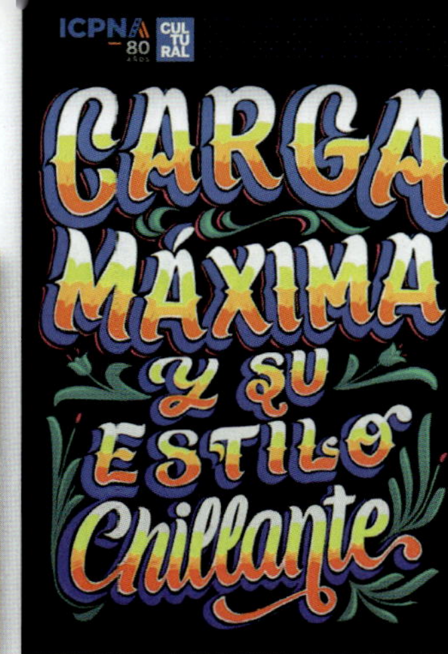

Exposición "Carga Máxima y su estilo chillante", ICPNA, 2018

Carga Máxima es un estudio de diseño y pintura que difunde el estilo chillante[1], un lenguaje visual lleno de color, ritmo e identidad bajo la influencia de la cultura popular peruana y latinoamericana. La exposición que presentan sus integrantes[2], Azucena Cabezas y Alinder Espada, muestra cuatro años de investigación sobre frases populares, caligrafías, afiches, objetos y *lettering*, a través de objetos intervenidos[3], instalación, pintura mural y diseño.

Carga Máxima también es un estilo de letra popular. Este nombre surge en el mercado mayorista[4] de La Parada en los años 50. Lima comenzaba a crecer y los migrantes, los nuevos limeños, trajeron sus colores, su música, y sus frases populares. Los camiones, los puestos ambulantes de comida, las pizarras de los restaurantes, los precios de los productos, comenzaron a utilizar estas letras y colores.

En la actualidad el oficio de pintor de letras peligra por el masivo uso de la impresión digital. Azucena Cabezas y Alinder Espada formaron en el 2014 Carga Máxima, con el fin de difundir la gráfica popular peruana y con el compromiso[5] de visualizar y poner en valor este estilo.

"Muestra de arte sobre frases populares en la Galería ICPNA", *Revista Cocktail*, 2018

1. criard 2. membres 3. modifiés 4. marché de gros 5. engagement

Anticipa **a. Observa las imágenes y contesta.**

1. ¿Qué elementos tienen en común?
2. A partir de tu respuesta anterior, intenta definir el "estilo chillante".

Yo creo que es un estilo que…

b. Lee el primer párrafo.

1. ¿Qué tipo de obras expone Carga Máxima en esta exposición?
2. ¿Qué relación tienen estas obras con la cultura popular en Perú?

En esta exposición se pueden ver objetos…

Prepara la tarea **c. Lee el segundo párrafo.**

1. ¿Quiénes fueron los responsables del estilo Carga Máxima?
2. ¿Dónde se usaba este estilo?

d. Lee el tercer párrafo.
¿Cuál es el peligro actual para el oficio de pintor(a) de letras?

El oficio de pintor(a) de letras podría… por…

Gramática ▸ p. 164 Activ.

- **La cause** ▸ pp. 201, 203 Précis
  por + nom
  El oficio peligra por el uso de la impresión digital.
- **Le but** ▸ p. 203 Précis
  para / con el fin de + infinitif
  Fundaron el colectivo con el fin de difundir la gráfica popular peruana.

Léxico ▸ p. 164 Activ. prof.: 28 élève: 27

la caligrafía
la letra
el (la) pintor(a)
chillón (chillona): flashy
popular
vivo(a): vif (vive)
desaparecer
diseñar: concevoir
inspirarse en
proteger

···> Banco de actividades p. 164

LA CREACIÓN ARTÍSTICA

LA MÚSICA

LOS MÚSICOS Y LOS INSTRUMENTOS

- el (la) arpista
- la banda = el grupo
- el (la) cantante
- el (la) músico(a)
- el (la) violinista
- tocar
  - el acordeón
  - el arpa
  - la flauta
  - la gaita
  - un instrumento
  - la guitarra eléctrica
  - el violín

LOS RITMOS Y LOS GÉNEROS MUSICALES

- el baile
- la melodía
- la música
  - acústica
  - electrónica
  - psicodélica
  - selvática
  - tropical
- el ritmo
- el sonido afroperuano
- el tema ≈ la canción
- la chicha
- la cumbia
- el folclore
- el huayno
- la marinera
- la salsa
- el vals criollo

LA FUSIÓN

- el encuentro / la fusión / la mezcla — de — culturas / estilos / lo tradicional y lo moderno
- la identidad
- la influencia
- popular
- desaparecer
- estar de moda
- inspirarse en
- modernizar
- poner en valor
- rendir homenaje a

EL ARTE VISUAL

- el afiche = el cartel
- las artes
  - gráficas
  - plásticas
- la caligrafía
- los colores
  - cálidos ≠ fríos
  - chillones
  - flúor
  - vivos
- el diseño
- el espectáculo audiovisual
- el estilo
  - chillante
  - popular
- las letras
- el (la) pintor(a)
- la pintura mural

¡Crea tu propio mapa mental!
Piensa en un(a) artista, un grupo o una corriente artística que te guste, **busca** las palabras que necesites y **clasifícalas** en tu propio mapa.

Palabras para construir

→ Banco de actividades p. 164

1 Construcciones con el verbo *tocar*

a. Observa las siguientes series frecuentes en español. ¿Cómo las traduces al francés?

- tocar → un instrumento / la guitarra
- tocar / cantar / interpretar → una canción
- tocar → en → un concierto
- dar → un concierto → en → un festival
- tocarle → a alguien → mover → la ficha / tirar → los dados
- tocar → con → la mano → un objeto

> Souvenez-vous qu'un même verbe peut avoir plusieurs sens différents.
>
> Lorsque vous apprenez un nouveau verbe, regardez avec quels mots on l'utilise le plus souvent et retenez ces combinaisons. Vous mémoriserez bien plus facilement !

b. Utiliza tres de las combinaciones anteriores para escribir frases sobre tu cantante o grupo favorito.

Haz oír tu voz

La acentuación

prof.: 29 élève: 28

a. Lee las frases y elige la palabra correcta en cada caso. Escúchalas y comprueba tu respuesta.

1. Me encanta el **diseño** / **diseñó** de esta pintura.
2. Este artista **diseño** / **diseñó** varias obras llenas de color.

prof.: 30 élève: 29

b. Copia estas palabras en tu cuaderno. Escúchalas y subraya las sílabas tónicas.

1. acordeón	3. letras	5. Perú	7. fácil	9. capaz
2. pintor	4. además	6. arpista	8. tropical	10. Martínez

prof.: 31 élève: 30

c. Estas palabras deberían llevar tilde. Cópialas en tu cuaderno. Lee la caja violeta para saber dónde ponerla. Escúchalas y pon una tilde en la vocal correspondiente.

1. facil	4. violin	7. vivi
2. caracter	5. cancion	8. escucho
3. Lopez	6. fusion	9. bailaran

> En espagnol, l'accent écrit d'un mot (ou **tilde**) indique où se trouve la syllabe accentuée, c'est-à-dire celle qu'il faut prononcer plus fortement à l'oral.
>
> Quand le mot ne comporte pas d'accent, il y a deux possibilités :
>
> – Si le mot se termine par une voyelle, un **-n** ou un **-s**, on accentue toujours l'avant-dernière syllabe (**jo**ven, **ma**no…).
>
> – Si le mot se termine par une consonne autre que **-n** ou **-s**, on accentue toujours la dernière syllabe (**papel**, **nariz**…).

FICHA Grille autoév.

FICHA Grille éval.

Un disco de música peruana

Mediación

Vamos a crear un disco de música peruana con una portada y un libreto explicativo. Vamos a exponerlo en la biblioteca del instituto.

1. En grupos, **buscad** en internet música peruana y **elegid** una canción que os guste.

2. **Buscad** o **transcribid** la letra de la canción. **Redactad** un texto breve sobre vuestro tema para el libreto con información sobre:

   el grupo o cantante | el estilo | los instrumentos | las influencias | ...

3. **Acompañad** vuestro texto de alguna imagen relacionada con la canción o con quien la interpreta.

4. Entre todos los grupos, **recopilad** todas las canciones en una lista de reproducción y los textos en el libreto.

5. **Buscad** una obra de arte peruana para la portada del libreto. Entre todos, **elegid** la mejor.

6. **Haced** copias del libreto y **exponedlas** en la biblioteca. **Colgad** la lista de reproducción de las canciones en la página web del instituto.

7. **Invitad** a los alumnos de otras clases a consultar los libretos y escuchar la lista de canciones.

¡Consultad la **ficha de metodología** con consejos sobre cómo escribir textos expositivos y cómo hacer el libreto! **www.espacelangues.emdl.fr/puravida**

FICHA Métho-do.

AYUDA

Para presentar
Esta canción la interpreta...
Es un grupo compuesto por...
Es un(a) cantante de...

Para definir la música
Es un tema de estilo...
Con ritmos / sonidos...
Es una canción que fusiona...

Para hablar de las influencias
Este estilo surgió...
Es un tema que se inspira en...

Para hablar de los instrumentos
Utilizan instrumentos...
Tocan...

Más documentos para disfrutar

Unidad 3. Sabor latino

CANCIONES

Chan chan, Compay Segundo, 1984

Salsa, Yuri Buenaventura, 2000

La gozandera, Gente de zona, 2015

Despacito, Luis Fonsi, 2017

PINTURA

Los músicos, Fernando Botero, 1979

LITERATURA

Aquello estaba deseando ocurrir, Leonardo Padura, 2017

Más allá del invierno, Isabel Allende, 2017

PELÍCULAS

Chico y Rita, Fernando Trueba, Javier Mariscal y Tono Errando, 2010

Habana blues, Benito Zambrano, 2005

CÓMIC

Chico y Rita, Javier Mariscal y Fernando Trueba, 2011

DOCUMENTAL

"Cuba: Luchando por la vida", capítulo del programa *Todo el mundo es música*, RTVE, 2011

Unidad 4. Perú, fusión creativa

CANCIONES

La cumbia de Don Carpio, Lucho Quequezana, 2018

Amazónica, Shushupe, 2016

La danza de los Mirlos, Los Mirlos, 1994

DOCUMENTAL

Perú dedicado a la música y ***Perú dedicado al arte***, National Geographic Channel, 2016

LITERATURA

País de jauja, Edgardo Rivera Martínez, 1993

ARTE

Perú, país invitado de honor, catálogo de Arco Madrid 2019, Feria Internacional de Arte Contemporáneo

Destejer la imagen, proyecto artístico de Ana Barboza y Rafael Freyre, 2017

ARTE URBANO

Street Art Latino, mural de Elliot Túpac y El Decertor, Lima, 2013
www.elliottupac.com

Murales de los artistas peruanos **Roberto Peremese** y **El Decertor**
Flickr: rojoperemese
Flickr: decearte

↑ Obra de El Decertor en Lima (Perú), 2013

VIVIR ENTRE GENERACIONES

EJE 3

5 ¿Tercera juventud?

TAREA FINAL

Escribir la sinopsis de una serie de televisión española protagonizada por gente de la tercera edad

6 Niños de antes, niños de ahora

TAREA FINAL

Participar en un debate de un programa de televisión sobre la infancia

5 ¿Tercera juventud?

¿Cómo viven los españoles la vejez?

GRAMÁTICA

- *L'imparfait*
- *Le présent du subjonctif*
- *L'expression du conseil :* **aconsejar que** *+ subjonctif*
- **Lo** *+ adjectif*

LÉXICO

- La vejez
- Construcciones con el verbo **llevar**

PRONUNCIACIÓN

- Los diptongos y los hiatos

TAREA FINAL

Escribir la sinopsis de una serie de televisión española protagonizada por gente de la tercera edad

A

Cartel de la película *Arrugas*, Ignacio Ferreras y Paco Roca, 2012

B

Marujas, Marina Capdevila (Santander), 2017

¡EMPECEMOS!

FICHA Image

a. Observa el cartel (documento A).
Describe la escena.
¿De qué crees que trata la película?
Son personas que…
Quizá la película trata de…

b. Fíjate en las mujeres del mural (documento B).
Describe la ropa que llevan.
¿Qué te llama la atención?
Llevan ropa… / Dos de ellas llevan…

Prepara la tarea

c. ¿Qué idea tienes de las personas mayores?
¿Cuál de las dos imágenes te parece más representativa? ¿Por qué?
Me parece más representativa… porque, para mí, las personas mayores normalmente llevan…

Léxico ► p. 165 Activ. **prof.:** 32 **élève:** 31

la gorra: la casquette
los problemas de salud / memoria: les problèmes de santé / mémoire
los vaqueros rotos: le jean déchiré
las zapatillas (deportivas): les chaussures (de sport)
clásico(a) ≠ moderno(a)
hacerse mayor / viejo(a): viellir
llevar (ropa): porter (des vêtements)
salir a pasear: se promener
tener [ie] arrugas / canas: avoir des rides / des cheveux blancs

espace langues — Cahier interactif (compréhension écrite)

1 Hacerse mayor

Por las mañanas nos levantábamos temprano, Marina nunca tenía mucho sueño, madrugaba como las gallinas[1], eso dice ella, “Ya verás cuando seas vieja”, y se ponía a preparar el desayuno. Yo oía, desde la cama, cómo removía las cucharas[2] dentro de las tazas, las remueve con tanta energía que parece que alguien esté levantando las baldosas[3] con una taladradora[4], ahora mismo ella diría que soy una exagerada. [...]

Hice las camas y recogí la cocina. Nos tocaba salir a pasear, como cada mañana, era importante que Marina ejercitara las piernas. A veces me costaba convencerla, “Vamos hasta el final del paseo peatonal[5] y nos volvemos”. Casi siempre se cansaba antes, casi siempre le daban dolores en las rodillas.

Hacía un tiempo estupendo, el sol seguía calentando y haciendo más soportables nuestras caminatas[6]. Después de comprar el pan y de ir a la farmacia a por cosas que necesitábamos, nos sentamos en la plaza. Le dolían las piernas, Marina quería meterse en casa, pero conseguí persuadirla. Desde nuestro banco observábamos el barrio[7], me explicaba cosas: “Aquí antes había una mercería”, “Antes ahí había una explanada y se montaban los cacharros de la feria[8]”, cosas así me contaba. Pasaban los vecinos y algunos se paraban a charlar con nosotras. Casi todos los ancianos desfilaban con sus acompañantes de otros países. Casi todas, mujeres. Un desfile de andadores y sillas de ruedas[9], de mujeres y hombres mayores agarrados a los brazos de sus “chicas”. Yo era la “chica” de Marina.

1. elle se levait au chant du coq 2. elle remuait les cuillères 3. dalles 4. un marteau-piqueur 5. promenade piétonne 6. balades 7. quartier 8. les attractions de fête foraine 9. de déambulateurs et de chaises roulantes

↑ *Quiéreme siempre*, Núria Gago, 2018

↑ *Estamos todas bien*, Ana Penyas, 2018

*** NOTA CULTURAL ***

España es el segundo país de Europa con **mayor esperanza de vida**. Se estima que, para el año 2050, el 70 % de la población española superará los 65 años y habrá más de 6 000 000 de personas con más de 80 años.

Anticipa **a. Observa la portada del cómic. ¿Cómo imaginas la vida diaria de la protagonista?**

Me imagino que vive...
Todos los días...
Por las mañanas...

b. Lee el texto. ¿Qué tiene en común Marina con la mujer que has imaginado en la actividad anterior?

Prepara la tarea **c. Resume por escrito de qué trata el fragmento.**

Trata de dos mujeres...

d. Di si estas frases son verdaderas o falsas. Corrige las frases falsas.

1. Marina dormía poco.
2. Ella hacía todas las tareas de la casa.
3. Todos los días tenía mucha energía.
4. Su acompañante era un chico español.

e. ¿Por qué los ancianos del texto necesitan acompañantes? ¿Pasa lo mismo en la vida real?

f. ¿Por qué crees que las acompañantes son mujeres? ¿Y extranjeras?

2 Mucha vida después de los 60

"Somos unos privilegiados. Podemos ir a la universidad, hacer deporte, cursos, desarrollar aficiones... Hay infinitas posibilidades, aunque muchos mayores necesitan que sus allegados[1] los animen a hacer cosas. Hay familias que te dirían que estás loca[2] por querer hacer teatro con 84 años". Este es el resumen que hace de la situación actual de la tercera edad la investigadora [...] Chelo Oñate.

Los cambios en la tercera edad de los últimos años también han modificado los hábitos de vida. Cada vez son más los jubilados que acuden[3] al gimnasio, que salen a correr y que se preocupan por su salud y su alimentación. Más de la mitad de los mayores de 65 años considera que su salud es buena. Es el caso de José Moratinos que, a sus 72 años, es uno de los *runners* más populares y activos de Alicante. "Yo trabajaba en la administración y tenía una vida sedentaria", relata, "pero me subió la tensión[4] y el médico me dijo que tenía que hacer una vida más activa", algo que hizo cuando se jubiló a los 60 años. Desde entonces, ha corrido unas 600 carreras, entre ellas 40 maratones, [...] y ha hecho tres carreras de 24 horas. "Se me da bien[5] y me da mucha sensación de bienestar, aunque evidentemente hay que controlar, no excederse y entrenar bien. Yo salgo a correr a diario y me encuentro fenomenal". José Moratinos no se dedica solo a correr, sino que su jubilación le ha dado tiempo también para escribir. Ya lleva cuatro obras[6] [...]. "Yo aconsejo a todos los jubilados que hagan alguna actividad física o mental, o mejor de las dos a la vez", indica riendo.

1. leurs proches 2. tu es folle 3. van 4. ma tension a monté 5. Je suis plutôt bon 6. Il a déjà écrit quatre œuvres

"Hay mucha vida después de los 60", *Información*, 2016

Póster de la campaña "No caduco", mYmO, 2018

Gramática ► p. 165 Activ.

- **L'imparfait** ► p. 192 Précis
  Nos levantábamos temprano.
  Hacía un tiempo estupendo.
- **Le présent du subjonctif** ► p. 194 Précis
  ANIMARSE > (tú) te animes, (él) se anime
  CORRER > (tú) corras, (él) corra
  ESCRIBIR > (tú) escribas, (él) escriba
  irrégulier : HACER > (tú) hagas, (él) haga
- **Le conseil** ► p. 195 Précis
  aconsejar que + subjonctif
  Aconsejo a los jubilados que hagan alguna actividad.

Prepara la tarea

a. Lee el texto.
Explica cómo son los hábitos de los jubilados que se describen. ¿Te sorprenden estos hábitos? **Explica** por qué.
Según el texto, los jubilados llevan una vida...

b. Observa el cartel de la campaña y **responde**.
1. ¿A qué se refiere la fecha que el hombre tiene en la frente?
   Puede ser la fecha en la que el hombre cumplía...
2. ¿Qué relación tiene la fecha con la etiqueta #yonocaduco?

c. ¿Qué reivindica esta campaña? ¿Crees que es necesaria esta reivindicación? ¿Por qué?

d. Da tres consejos a un(a) anciano(a) que conozcas.
Te (Le) aconsejo que...

Léxico ► p. 165 Activ.

prof. : 33
élève : 32

la afición: la passion
el (la) anciano(a) = el (la) viejo(a)
la carrera: la course
el (la) jubilado(a): le (la) retraité(e)
caducar: expirer
cansarse: se fatiguer
doler las piernas / las rodillas: avoir mal aux jambes / genoux
hacer la cama: faire le lit
llevar una vida activa ≠ sedentaria
madrugar = levantarse temprano
recoger la cocina: ranger la cuisine
tener [ie] sueño: avoir sommeil

espace langues — Cahier interactif (compréhension orale)

3 Sé más viejo

PÉDAGOGIE DIFFÉRENCIÉE — FICHA Pédago. diff.

vidéo : 06

Campaña *Sé más viejo*, Adolfo Domínguez, 2018

LÉXICO DEL VÍDEO:
es de los jóvenes: appartient aux jeunes • lo que acaba de salir: ce qui vient de sortir • elegir: choisir • más a menudo: plus souvent

Gramática ► p. 165 Activ.

- ***Lo* + adjectif** ► p. 187 Précis

Solo importa <u>lo</u> <u>último</u>, <u>lo</u> <u>nuevo</u>.

<u>Lo</u> <u>sostenible</u> es tener una falda que dure diez años.

a. Observa el cartel y el fotograma. **Describe** el aspecto del hombre y de la mujer. ¿Te gusta su estilo? ¿Por qué?
El hombre lleva... / tiene un estilo...

b. ¿Estás de acuerdo con el eslogan? **Justifica** tu respuesta.

c. Mira el vídeo. ¿Qué conceptos se asocian con los jóvenes y cuáles con los viejos?

lo último | lo nuevo | la experiencia | lo duradero | comprar mucho | elegir bien

d. Da tu opinión. ¿Crees que esta campaña rompe tópicos? ¿Cuáles?

Léxico ► p. 165 Activ. — prof. : 34 élève : 33

- **el abrigo:** le manteau
- **un aspecto / un estilo juvenil**
- **la camiseta:** le T-shirt
- **la chaqueta:** la veste
- **la falda:** la jupe
- **elegante**
- **formal ≠ informal:** habillé(e) ≠ décontracté(e)
- **sostenible ≈ duradero**
- **ser calvo(a):** être chauve
- **ir a la moda:** être à la mode
- **llevar barba:** avoir de la barbe
- **saber de:** s'y connaître en
- **vestir [i] bien ≠ mal:** être bien ≠ mal habillé(e)

Banco de actividades p. 165

LA VEJEZ

LAS PERSONAS

el (la) acompañante
el (la) jubilado(a)
las personas mayores
la tercera edad
viejo(a) = anciano(a)

EL ASPECTO

EL FÍSICO

llevar barba
ser calvo(a)
tener
- arrugas
- canas

LA ROPA Y EL ESTILO

clásico(a) ≠ moderno(a) = juvenil
elegante
formal ≠ informal
sostenible = duradero(a)
ir a la moda
llevar
- un abrigo
- una camiseta
- una chaqueta
- una falda
- una gorra
- unos vaqueros
- unas zapatillas (deportivas)

llevar ropa
tener un
- aspecto
- estilo

vestir bien ≠ mal

LA SALUD

cansarse
doler
- las piernas
- las rodillas

hacerse mayor = viejo(a)
llevar una vida activa ≠ sedentaria
olvidar ≠ recordar
tener buena / mala salud

LAS ACTIVIDADES

LOS HÁBITOS

desayunar
levantarse temprano
= madrugar
hacer
- la cama
- la compra

recoger la cocina
tener sueño

LAS AFICIONES

escribir
hacer
- cursos
- deporte

ir al gimnasio
salir a
- correr
- pasear

¡Crea tu propio mapa mental!
Piensa en una persona mayor de tu entorno.
Selecciona las palabras del mapa mental que sirvan para describirla.
Añade otras que necesites.

Palabras para construir

1 Construcciones con el verbo *llevar*

a. Observa estas maneras de usar el verbo llevar.
¿Las conocías todas?

llevar	ropa juvenil	gafas de sol	una gorra			
	una vida	sedentaria	sana			
	dos libros	publicados	leídos			
	un año	en	la ciudad	el instituto		
	comida	a	un mercado	una fiesta		
	un pañuelo	en	el bolsillo	la maleta		
	a	Guillermo	a	la estación	en	coche

b. Escribe tres frases con tres usos diferentes de este verbo.

> ! Souvenez-vous qu'un même verbe peut avoir plusieurs sens différents. Lorsque vous apprenez un nouveau verbe, regardez avec quels mots on l'utilise le plus souvent et retenez ces combinaisons. Vous mémoriserez bien plus facilement !

Haz oír tu voz

Los diptongos y los hiatos

prof. : 35
élève : 34

a. Copia estas palabras en tu cuaderno.
Escúchalas dos veces.
Señala si las vocales marcadas se pronuncian en la misma sílaba o en sílabas diferentes.

1. mercería
2. nuevo
3. experiencia
4. energía
5. tiene
6. día
7. familia
8. duele
9. actúa

prof. : 35
élève : 34

b. Vuelve a escuchar las palabras.
Pronúncialas en voz alta. Fíjate en las vocales marcadas.

c. ¿Qué indica el acento gráfico en las letras destacadas de la actividad b?
Lee el texto de la caja y comprueba tu deducción.

> ! Si on prononce deux voyelles consécutives en deux syllabes différentes, on parle de hiatus.
>
> – Les ensembles formés par les voyelles **a**, **e** et **o** constituent toujours des hiatus : **a-é-re-o**, **ko-a-la**.
>
> – Les ensembles formés par les voyelles **a**, **e**, **o** + **i** ou **u** constituent généralement des diphtongues : **e-le-gan-cia**, **sue-ño**, **se-den-ta-rio**.
>
> – Si le **í** ou le **ú** portent un accent écrit, cela signifie qu'il s'agit d'un hiatus et qu'il faut prononcer les voyelles dans des syllabes distinctes : **dí-a**, **ba-úl**.

FICHA Grille autoév.

FICHA Grille éval.

La sinopsis de una serie de televisión

Vamos a escribir la sinopsis de una serie de televisión para una cadena española protagonizada por gente de la tercera edad.

1. En grupos, **imaginad** a los cuatro protagonistas: tres jubilados y el (la) acompañante de uno(a) de ellos.

2. **Definid** a cada personaje: nombre, aspecto, problemas de salud, hábitos y aficiones.

3. **Decidid** dónde tiene lugar la serie y cuál es la trama.

4. **Escribid** la sinopsis de vuestra serie. No olvidéis **darle un título**.

5. **Leed** las sinopsis de otros grupos. **Elegid** la idea más original, la más bonita y la más divertida.

AYUDA

La serie trata sobre la vida de...
Los (Las) protagonistas de nuestra serie son...
Era un(a) jubilado(a) que...
Llevaba una vida...
Todos los días...
Un día decide...
Lo sorprendente es que...

¡Consulta la **ficha de metodología** para saber cómo escribir una sinopsis!
www.espacelangues.emdl.fr/puravida

FICHA Métho-do.

6 Niños de antes, niños de ahora

¿Cómo ha cambiado el papel de padres y abuelos en la educación de los niños españoles?

GRAMÁTICA

- *L'imparfait*
- *La comparaison*
- *L'expression de l'opposition*
- *L'expression de la durée*
- *Le passé composé*

LÉXICO

- La infancia
- Construcciones para hablar de relaciones

PRONUNCIACIÓN

- La pronunciación de **ll** e **y**

TAREA FINAL

Participar en un debate de un programa de televisión sobre la infancia

A

Calle del pueblo de Don Benito, Diego Sánchez Cordero, años 70

B

Niña jugando con una tableta, 2017

C

Niños en un jardín, La Cercaña, 1979

D

Niñas en un parque, 2017

¡EMPECEMOS!

a. Observa las fotografías. ¿Cuáles son actuales y cuáles son antiguas? **Di** tres elementos que te permiten saberlo.

Son antiguas las fotografías...
Se puede saber porque...

b. Comenta qué diferencias ves en la forma de jugar de los niños de las cuatro fotografías.

Parece que los niños de la foto A...
En cambio, la niña de la foto B...

Prepara la tarea

c. ¿Crees que los padres de antes educaban a sus hijos de forma diferente? **Explica** por qué.

Yo creo que los padres de antes vigilaban...

Léxico ► p. 166 Activ. prof.: 36 élève: 35

la calle: la rue
el columpio: la balançoire
actual ≠ antiguo(a)
dejar: laisser (permettre)
estar solo(a): être seul(e)
jugar a un videojuego: jouer à un jeu vidéo
moverse [ue] ≠ estar quieto(a): bouger ≠ être immobile
pasarlo bien: s'amuser
ser peligroso(a) ≠ ser seguro(a): être dangereux(euse) ≠ être sûr(e)
vigilar: surveiller
en color ≠ en blanco y negro

1 Crecer entre algodones

FICHA Image

a. Observa la viñeta y **descríbela**.

b. ¿Crees que el niño o niña lo está pasando bien? ¿Por qué?

c. Explica por qué crees que se comporta así el padre. En tu opinión, ¿es bueno para su hijo o hija?

Se comporta así porque se preocupa por...
En mi opinión...

d. Di si la viñeta te parece divertida y **explica** por qué.

e. Ponle un título a la viñeta.

LÉXICO DE LA VIÑETA:
el chubasquero: le ciré
el guardaespaldas: le garde du corps
el paraguas: le parapluie
tener mocos: avoir le nez qui coule

Papá 2.0, 2018

2 Una infancia al aire libre

PÉDAGOGIE DIFFÉRENCIÉE

FICHA Pédago. diff.

prof.: 37

Ideas para acercar a los niños y niñas a la naturaleza
01:53 *Boulevard*, Radio Euskadi, 13/09/2013

LÉXICO DE LA AUDICIÓN: el medio ambiente: l'environnement • cuidarlo: en prendre soin • entre paredes: entre quatre murs • los chavales: les jeunes • la mitad: la moitié

a. Escucha la entrevista.
Según la entrevistada, ¿cuál es el problema de los niños de ahora?

b. Vuelve a escuchar la entrevista.
Escribe el verbo en imperfecto si la frase se refiere a los niños de antes y en presente si se refiere a los niños de ahora.

1. Están muchas horas sentados en el sofá.
2. [Salir] a jugar a la calle.
3. [Estar] más en contacto con la naturaleza.
4. [Jugar] en descampados.
5. No [jugar] en la calle porque [ser] peligroso.
6. [Ser] más solitarios.
7. [Ser] igual de curiosos.
8. [Tener] más miedo (los padres).

Prepara la tarea

c. Utiliza la información de la actividad anterior para comparar la infancia antes y ahora.
Escribe al menos cinco frases.

Hace 20 años, los niños... más que...
Antes las calles..., en cambio, ahora...
Antiguamente los niños... y actualmente también...

d. ¿A qué se deben estos cambios, según la entrevistada?

espace langues — Cahier interactif (compréhension écrite)

3 ¿Ser niño era peligroso?

Este correo está dedicado a las personas que nacieron antes de 1977. La verdad es que no sé cómo hemos podido sobrevivir. Fuimos la generación de la "espera"; nos pasamos nuestra infancia y juventud esperando. Teníamos que hacer "dos horas de digestión" para no morirnos en el agua, dos horas de siesta para poder descansar.

Mirando atrás, es difícil creer que estemos vivos: nosotros viajábamos en coches sin cinturones de seguridad y sin airbag, hacíamos viajes de diez y doce horas con cinco personas en un 600 y no sufríamos el síndrome de la clase turista. No tuvimos puertas, armarios o frascos de medicinas con tapa[1] a prueba de niños. Andábamos en bicicleta sin casco, nos rompíamos los huesos y los dientes y no había ninguna ley para castigar[2] a los culpables. Nos abríamos la cabeza jugando a guerras de piedras y no pasaba nada, eran cosas de niños y se curaban con mercromina[3] y unos puntos[4]. Nadie a quien culpar, solo a nosotros mismos. Comíamos dulces y bebíamos refrescos, pero no éramos obesos. Si acaso[5], alguno era gordo y punto.

Íbamos en bici o andando hasta casa de los amigos y llamábamos a la puerta. ¡Imagínense!, sin pedir permiso a los padres, y nosotros solos, allá fuera, en el mundo cruel. ¡Sin ningún responsable! Autostop, más tarde en moto, sin papeles. Los columpios eran de metal y con esquinas en pico[6]. Jugábamos a ver quién era el más bestia. Salíamos de casa por la mañana, jugábamos todo el día, y solo volvíamos cuando se encendían las luces de la calle. Nadie podía localizarnos. No había móviles.

1. couvercle **2.** punir **3.** Mercurochrome **4.** points de suture **5.** tout au plus **6.** (ici) des angles pointus

Post publicado en la web soria-goig.com, 2010

El Seat 600, el coche más popular en la España de los años 60 y 70

Gramática ► p. 166 Activ.

- **L'imparfait (I)** ► p. 192 Précis
  Viajábamos sin cinturones de seguridad.
- **La comparaison** ► p. 186 Précis
  verbe + más / menos + que
  más / menos + adjectif + que
  tan + adjectif + como
  Los niños de antes jugaban más que los niños de ahora.
- **L'opposition** ► p. 201 Précis
  en cambio, sin embargo, pero
  Antes no se podía localizar a los niños, en cambio, ahora sí.
  Antes los niños iban solos, sin embargo, ahora no.

a. Lee este artículo de una web sobre la ciudad de Soria y responde.

1. ¿Por qué dice el autor que su generación fue la "generación de la espera" (l. 3)?
2. ¿Qué quiere decir con "nadie a quien culpar, solo a nosotros mismos" (l. 17)?
3. ¿Por qué los padres no podían localizar a los niños en todo el día?

b. Explica qué quiere decir el autor con esta frase irónica.

"No sé cómo hemos podido sobrevivir."

c. Escribe un comentario sobre este artículo explicando qué te ha interesado o sorprendido.

¡Me ha encantado tu post! No sabía que hacían…

Prepara la tarea

d. Discutid en clase si los chicos y las chicas de vuestra generación estáis o habéis estado demasiado protegidos(as).

- Yo creo que los chicos de hoy…
– Pues para mí, ahora hay menos…

Léxico ► p. 166 Activ. prof.: 38 élève: 36

el bocata (fam.) = **el bocadillo:** le sandwich
el descampado: le terrain vague
el entorno: l'environnement
la naturaleza: la nature
crecer: grandir
estar preocupado(a) por
hacer amigos: se faire des amis
hacerse daño: se faire mal
pedir [i] **permiso (a / para):** demander l'autorisation (à / de / pour)
proteger
└ **estar sobreprotegido(a)**
tener [ie] **miedo (de):** avoir peur (de)

espace langues — Cahier interactif (compréhension orale)

4 Abuelos canguro

vidéo : 07

↑ *Abuelos al rescate*, Telemadrid, 2018

LÉXICO DEL VÍDEO: al rescate: *à la rescousse* • se les consiente más: *on leur passe plus de choses* • hacer ganchillo: *faire du crochet*

prof. : 39
élève : 37

Desde siempre se ha dicho que los abuelos son los que se encargan de malcriar a los niños. [...] Mi caso no es nada diferente. En este relato voy a hablar de mis yayos, los padres de mi madre. Desde que me acuerdo, desde siempre, han sido los típicos abuelos. Me compraban chuches y caprichos[1]. Me compraban recuerdos de sus viajes como camisetas e imanes[2] para la nevera y se quedaban conmigo y con mi hermano cuando nuestros padres no estaban. Nos llevaban a la playa en verano cuando nos quedábamos en su casa a dormir. Nos daban chocolate cuando mi madre no miraba y cortaban todo el jamón y el queso que les pidiéramos. [...]

Mi yaya, María del Carmen, una persona sencilla, sincera y buena, [...] me enseñó a coser[3] y a pintar. Tengo muchos mantelitos[4] adornados con punto de cruz y dibujos de pintura que hice de pequeña. Siempre quise que me enseñara a usar la máquina de coser, pero era muy pequeña y no me dejaba. Una vez, la intenté utilizar yo sola y sin querer la rompí. Pero ella no se enfadó porque siempre decía que era una niña pequeña y los niños pequeños hacen travesuras. [...] Me compró mi primera muñeca[5] con la que dormía todas las noches, a la que llevaba a todas partes. Mi yaya es maestra[6], por lo que siempre ha estado encantada de ayudarme a estudiar cuando no me salían las cuentas... Siempre la he admirado mucho por ser una persona tan buena y fuerte. Y tiene un corazón tan grande que no le cabe[7] en el pecho.

1. des bonbons et des petits plaisirs 2. des aimants 3. coudre 4. petites nappes 5. poupée 6. maîtresse 7. qu'il ne tient pas

↑ Carmen Colomina, relato premiado en el certamen literario "Mi abuel@ y yo", 2013

Gramática ► p. 166 Activ.

- **Le passé composé** ► p. 190 Précis
  haber + participe passé
  Siempre <u>han sido</u> los típicos abuelos.
- **L'imparfait (II)** ► p. 192 Précis
  Nos <u>llevaban</u> a la playa.
- **La durée** ► p. 200 Précis
  desde + date ou moment
  desde que + verbe conjugué
  <u>Desde</u> <u>siempre</u> se ha dicho...
  <u>Desde que</u> me <u>acuerdo</u>...

a. Lee el texto y di si estas afirmaciones son verdaderas o falsas. Justifícalo con el texto.

1. Los abuelos de Carmen (la narradora) siempre han sido muy estrictos.
   Desde... / Desde que...
2. Carmen y sus abuelos pasaban poco tiempo juntos.
3. Una vez la abuela se enfadó porque su nieta había roto la máquina de coser.

b. Mira el vídeo.
Apunta los elementos (lo que dicen y lo que se ve) que muestran que Alejandro y Lola lo pasan bien juntos.

c. Di qué puntos en común tiene la relación de los nietos y los abuelos de los dos documentos.

Prepara la tarea

d. Escribe ventajas e inconvenientes de pasar mucho tiempo con los abuelos con ejemplos de los documentos.

Léxico ► p. 166 Activ.

prof. : 40
élève : 38

el (la) canguro: le (la) baby-sitter
el (la) nieto(a): le petit-fils (la petite-fille)
el (la) yayo(a) (fam.) = **el (la) abuelo(a)**
cuidar de alguien: s'occuper de quelqu'un
discutir: se disputer
hacer travesuras: faire des bêtises
llevarse bien: bien s'entendre
malcriar ≈ mimar: gâter
quedarse: rester

Palabras para recordar

⇢ Banco de actividades p. 166

LOS NIÑOS Y LAS NIÑAS Y LOS JUEGOS

- el aire libre
- el bocadillo = el bocata
- la calle
- el columpio
- el descampado
- el entorno
- la naturaleza
- el videojuego
- peligroso(a) ≠ seguro(a)
- crecer
- hacerse daño
- moverse ≠ estar quieto(a)
- salir a la calle

LOS PADRES

- educar
- estar preocupado(a) por
- proteger
  - └estar sobreprotegido(a)
- tener miedo a / de
- vigilar

LA INFANCIA

LOS ABUELOS

- el (la) nieto(a)
- el (la) yayo(a) = el (la) abuelo(a)
- ayudar
- disfrutar
- hacer travesuras
- ir de paseo
- jugar a las cartas

LAS RELACIONES

- cuidar de alguien
- dejar (hacer algo a alguien)
- discutir
- estar solo(a)
- hacer amigos
- llevarse bien
- malcriar ≈ mimar
- pasarlo bien juntos
- pedir / dar ─ permiso (para)
- proteger

¡Crea tu propio mapa mental!
Completa este mapa mental con tus experiencias de infancia. Añade al menos dos palabras a cada categoría.

Palabras para construir

Banco de actividades p. 166

1 Construcciones para hablar de relaciones

a. Observa las series y **continúalas** con palabras de la unidad u otras que conozcas.

quedarse	en	casa	...
	con	los abuelos	...
pedir permiso	a	los padres	...
	para	salir a la calle	...
llevarse	mal	...	
cuidar de	los nietos	...	
estar preocupado(a) por	un(a) amigo(a)	...	

b. Escribe cinco frases usando algunas de las construcciones anteriores.

Haz oír tu voz

La pronunciación de *ll* e *y*

prof.: 41 élève: 39

a. Escucha estas palabras.
Fíjate en la pronunciación de **ll** e **y**.
¿Se pronuncian igual estas dos letras?

1. calle	5. bocadillo	9. ayudar
2. yayo	6. galleta	10. lluvia
3. yo	7. llevar	11. sencilla
4. llamar	8. playa	12. paella

En espagnol, l'ensemble **ll** (**ca<u>ll</u>e**) et la lettre **y** placée devant une voyelle (**a<u>y</u>udar**), se prononcent de la même façon.

Il s'agit d'un son très similaire à celui des mots « fille » ou « vanille » en français.

prof.: 41 élève: 39

b. Vuelve a escuchar las palabras anteriores.
Repítelas en voz alta.

prof.: 42 élève: 40

c. Escucha y **repite** este trabalenguas.
¿Quién consigue **decirlo** sin equivocarse?

La paella de mi yayo
es una maravilla,
lleva verdura y pollo,
pero cebolla, ¡él nunca pondría!

FICHA Grille autoév. FICHA Grille éval.

Un debate sobre la infancia

Vais a participar en un debate de un programa de televisión sobre la infancia.

1. La pregunta del debate es: **¿Los niños de hoy viven mejor que los de antes?**

2. **Haced grupos** de 7 o 9 personas. Cada grupo se repartirá los papeles de la siguiente manera:
   - **Equipo 1**: 3 o 4 alumnos a favor.
   - **Equipo 2**: 3 o 4 alumnos en contra.
   - Un(a) alumno(a) hará de **moderador(a)**.

3. Los dos equipos, **repasad la unidad** y **tomad nota de los argumentos** que os puedan ayudar a afirmar que los niños de antes vivían mejor o peor que ahora.

¡Consulta la **ficha de metodología** para obtener ideas para mejorar la interacción oral y triunfar en un debate!
www.espacelangues.emdl.fr/puravida

FICHA Método.

4. Los moderadores tendrán estas tareas:
   - **Presentar** el debate a los telespectadores.
   - **Repartir la palabra** entre los miembros de cada grupo, alternándola y vigilando que todos los miembros del grupo participen.
   - **Vigilar** que todos se expresan en español.
   - **Concluir** el debate y **despedir** a los telespectadores.

5. ¡Podéis **grabar** el debate en vídeo y **compartirlo** en la web del instituto!

AYUDA

Para expresar la opinión
Yo creo / pienso que...
A mí me parece que...
Estoy seguro(a) de que...

Para refutar una opinión
Pues yo pienso lo contrario...
Yo creo que no tienes razón...
Yo lo veo de otra forma...

Para moderar el debate
Hoy vamos a hablar de...
Tiene el turno de palabra...
Le toca hablar a...

Más documentos para disfrutar

Unidad 5. ¿Tercera juventud?

CORTOMETRAJES

La silla de la vida, Carlos y Roberto del Valle, 2012

Alfred&Anna, Juanma Suárez García, 2012

CAMPAÑAS

#nocaduco, mYm0, campaña contra la discriminación por edad, 2018
www.nocaduco.es

La vejez cuenta, Canal Once, campaña de visibilización de las personas mayores, 2018

CANCIÓN

Abuelo, Andy y Lucas, 2007

PELÍCULAS

Elsa y Fred, Marcos Carnevale, 2005

Arrugas, Ignacio Ferreras, 2011

LITERATURA

A pesar de los pesares. Cuaderno de la vejez, Aurelio Arteta, 2014

La sombra de lo que fuimos, Luis Sepúlveda, 2010

CÓMICS

Estamos todas bien, Ana Penyas, 2017

Arrugas, Paco Roca, 2011

ARTE URBANO

Murales de **Marina Capdevila** en diversas ciudades del mundo
www.marinacapdevila.com

Mural de Marina Capdevila en un edificio de Minas Gerais (Brasil), 2017

Unidad 6. Niños de antes, niños de ahora

SERIES

Verano azul, Antonio Mercero, RTVE, 1981

Cuéntame cómo pasó, Miguel Ángel Bernardeau, RTVE, 2001

Actores principales de la serie *Cuéntame cómo pasó*, 2001

LITERATURA

Yo fui a EGB, Javier Ikaz y Jorge Díaz, 2013

Manolito Gafotas, Elvira Lindo, 1994

Palabras para Julia, José Agustín Goytisolo, 1990

CÓMICS

Oh, my dad! Porque ellos también cuentan, Papá 2.0, 2016

Mi organismo en obras, Fermín Solís, 2011

CANCIÓN

Mi niñez, Joan Manuel Serrat, 1970

PELÍCULAS

Manolito Gafotas, Miguel Albaladejo, 1999

La lengua de las mariposas, José Luis Cuerda, 1999

Barrio, Fernando León de Aranoa, 1998

Cría cuervos, Carlos Saura, 1976

El espíritu de la colmena, Víctor Erice, 1973

SALVAR EL PLANETA, PENSAR FUTUROS POSIBLES

EJE 4

7 ¿Consumo responsable?

TAREA FINAL

Crear un vídeo para una campaña de consumo responsable para España

---

8 Ciudad y naturaleza

TAREA FINAL

Crear una página web sobre Buenos Aires y la naturaleza

7 ¿Consumo responsable?

Los españoles ante el consumo: ¿consumir menos o de otra manera?

GRAMÁTICA
- *L'impératif*
- *L'impératif négatif*
- *L'enclise à l'impératif, à l'infinitif et au gérondif*

LÉXICO
- El consumo
- Familias de palabras: **producir, producto...**

PRONUNCIACIÓN
- La pronunciación de **r** y **rr**

TAREA FINAL

Crear un vídeo para una campaña de consumo responsable para España

A

↑ Portada de la revista de ciencia *Redes*, 2011

B

Campaña de la cadena de supermercados Mercadona, 2017

C

Campaña "Consumidores responsables", 2018

¡EMPECEMOS!

a. Observa los documentos.
Relaciona cada frase con el documento correspondiente.

1. Anima a comprar productos locales, de kilómetro cero.
2. Alerta sobre la cantidad de residuos electrónicos que se generan.
3. Anima a la gente a ser más consciente de sus hábitos de consumo.

b. Di qué hace un(a) consumidor(a) responsable según estas tres campañas.

Un(a) consumidor(a) responsable ahorra...
Evita utilizar...
Se informa sobre...

c. ¿Y tú? ¿Eres un(a) consumidor(a) responsable?
Pon un ejemplo.

Prepara la tarea

d. Busca en internet un vídeo de una campaña de consumo responsable.
¿Cuál es el eslogan? ¿Qué consejos da?

Léxico ► p. 167 Activ. prof.: 43 élève: 41

- **el aparato electrónico**
- **la basura electrónica = los residuos electrónicos**
- **el electrodoméstico de bajo consumo**
- **el envase:** l'emballage
- **ahorrar (energía):** économiser (de l'énergie)
- **desechar = tirar:** jeter
- **reciclar**
- **reutilizar**
- **ser consciente de**

1 Un círculo virtuoso

Saca partido al consumo colaborativo

El consumo colaborativo tiene muchas ventajas económicas, sociales y medioambientales. Apunta todo lo que puedes compartir, intercambiar o revender en el marco de este nuevo modelo económico.

VIVIENDA

Alquila tu casa o alguna de sus habitaciones por días, semanas o meses (Airbnb.es, Niumba.com o Wimdu.es) o intercámbiala con otros particulares (Intercambiocasas.com o Knok.com).

Podrás alquilar, vender y comprar cualquier objeto o servicio en plataformas generalistas como Ebay.com, Wallapop.com, Segundamano.es o Milanuncios.com.

NIÑOS

Los niños generan una gran cantidad de necesidades y objetos que duran apenas unos meses o años. Alquila, vende o compra artículos infantiles (Mipituso.com o Babyeco.es), juguetes (Compartoy.com, Creciclando.com) o ropa (Percentil.com o Grownies.com).

HABILIDADES

¿Sabes hacer algo y tienes tiempo? Comparte tus habilidades para realizar distintos trabajos o tareas (Cronoshare.com o Swapsee.com).

CONOCIMIENTO

¿Sabes enseñar algo? Comparte tu conocimiento con la educación P2P (Cursopedia.com o Meet2talk.com para idiomas).

VEHÍCULO

¿Tienes coche, pero lo usas poco? Compártelo con otros usuarios durante viajes puntuales y divide los gastos (Blablacar.es, Carpooling.es, Amovens.com o Carpling.com) o alquílalo sin conductor por periodos cortos: Avancar.es o Socialcar.com.

HUERTOS Y TERRENOS

Si tienes un terreno abandonado en el campo, puedes sacarle rentabilidad alquilándolo a algún particular que quiera tener su propio huerto (Tuhuertoecologico.es, Huertoscompartidos.es).

↑ Infografía de Beatriz Santacruz, revista *Compromiso Empresarial*, 2014

a. **Lee** y **observa** la infografía de la página 74.
¿Qué es el consumo colaborativo?
Es un sistema para...

b. ¿De qué ventajas sociales, económicas y medioambientales puede hablar la introducción? **Pon un ejemplo.**

c. **Elige** una de las páginas web o aplicaciones del documento.
¿Para qué la usarías?
En Cursopedia.com, yo podría enseñar...

Prepara la tarea **d.** En la infografía faltan las categorías "ropa" y "comida".
Escribe los textos correspondientes usando el imperativo.
Inventa el nombre de las aplicaciones que sugieres.

ROPA ¿Necesitas renovar tu ropa? Intercámbiala...

COMIDA ¿Has hecho demasiada comida? No la tires...

e. **En parejas**, **elegid** una de las aplicaciones que habéis inventado. Uno(a) **escribe** haciendo una petición y el (la) otro(a) **responde**. **Poneos de acuerdo** sobre el producto, el precio o el intercambio, dónde y cuándo lo recogéis...
- Hola, estoy interesado(a) en...
- De acuerdo, ¿me lo cambias por...?

Gramática ► p. 167 Activ.

- **L'impératif (I)** ► p. 196 Précis
  COMPRAR: compra (tú)
  VENDER: vende (tú)
  VIVIR: vive (tú)
  Intercambia tu ropa.
  Vende tus videojuegos.
- **L'impératif négatif** ► p. 196 Précis
  no + subjonctif
  No tires tus libros viejos.
- **L'enclise à l'impératif (I), à l'infinitif et au gérondif** ► p. 188 Précis
  impératif + pronom collé
  infinitif + pronom collé
  gérondif + pronom collé
  Véndela o cámbiala con esta aplicación.
  Puedes sacarles rentabilidad alquilándolos a otros usuarios.

2 De segunda mano

PÉDAGOGIE DIFFÉRENCIÉE — FICHA Pédago. diff.

vidéo : 08

LÉXICO DEL VÍDEO: recurre: fait appel • un montón de: beaucoup de • no lo concibe como: ne le conçoit pas comme • no queda claro si: on ne sait pas au juste si

Tiendas de segunda mano, un mercado que se ha duplicado en España, Telesur, 2017

a. **Mira** el vídeo y **responde**.
1. ¿Cómo ha evolucionado el mercado de segunda mano en España en los últimos años? Justifícalo.
2. ¿Qué tipos de tiendas de segunda mano se encuentran, sobre todo?

b. **Explica** por qué se llama "economía circular" a este mercado. **Usa el ejemplo** que pone el entrevistado Íñigo Gutiérrez.
Porque hay cosas en perfecto estado que... en lugar de...

c. **Vuelve a escuchar** a la última entrevistada.
¿Cree ella que las tiendas de segunda mano promueven la economía circular? **Justifícalo.**

Léxico ► p. 167 Activ. prof.: 44 élève: 42

el (la) usuario(a): l'usager
económico(a) = barato(a)
alquilar: louer
compartir gastos: partager les frais
conseguir [i]: obtenir
convertirse [ie] en: devenir
costar [ue]: coûter
duplicar(se): doubler
intercambiar: échanger
sacar partido de: profiter de
de segunda mano: d'occasion
en perfecto estado

espace langues
Cahier interactif (compréhension écrite)

3 Alimenta el cambio

Pescadería en el mercado de Málaga, 2017

¿Gran superficie o comercio de proximidad?

Llega el día de la semana en que hay que llenar el frigorífico[1] y te subes al coche con tus padres y hermanos, camino de un hipermercado o una gran superficie, que normalmente está a las afueras[2] de la ciudad. Llegáis, cogéis un carrito[3] y entráis en un edificio [...]. La mayoría de los productos que se venden en este tipo de comercios están envasados. Apenas puedes ver lo que hay en su interior, su color o incluso su olor hasta que lo pagas en la caja. [...]

La ventaja de los pequeños comercios es que sus dueños[4] son especialistas en los productos que venden, y siempre están dispuestos a resolverte todas tus dudas [...]. Además el comercio de proximidad es más sostenible: los desplazamientos por el barrio se hacen a pie. [...] En un gran supermercado, a menudo encontramos fruta procedente de otro país, por ejemplo. Estos cargamentos[5] habrán llegado en barco, en avión, o en camiones a lo largo de muchos kilómetros, y eso supone muchísima contaminación.

¿Qué puedo hacer yo?

- Date un paseo[6] y fíjate en los pequeños comercios que hay en tu barrio y la gran variedad de productos que puedes encontrar.
- Mira la etiqueta de los productos para saber de dónde proceden. Intenta escoger productos que vienen de zonas o ciudades próximas.
- Anímate a preguntar cuando vayas a comprar. Explícale al dependiente[7] qué producto quieres y para qué lo necesitas.
- Guarda las bolsas de plástico para usarlas en vuestra próxima compra, o intenta emplear bolsas de tela reutilizables para reducir los residuos.

1. remplir le réfrigérateur 2. en périphérie 3. (ici) chariot de supermarché 4. propriétaires 5. cargaisons 6. promène-toi 7. vendeur

alimentarelcambio.es, Consumópolis, 2017

Anticipa **a. Lee el título y observa la imagen.**
¿Dónde soléis comprar tu familia y tú? ¿Por qué?

b. Lee la primera parte del texto y apunta.
1. Los inconvenientes de las grandes superficies que menciona.
2. Las ventajas de los comercios de proximidad que menciona.

Mediación **c. Lee la segunda parte.**
En grupos, traducid los consejos y cread un cartel bilingüe.
Colgadlo en la entrada del instituto.

Prepara la tarea **d. En parejas, cread una campaña radiofónica con consejos para promover el comercio de proximidad.**
¡No olvidéis crear un eslogan!
¿Conoces las tiendas de tu barrio? Entra...

Prepara la tarea **e. Entre los dos, leed la campaña a vuestros compañeros.**
La entonación tiene que ser expresiva y motivadora.

Gramática ▸ p. 167 Activ.
- **L'impératif (II)** ▸ p. 196 Précis
  Guarda las bolsas.
- **L'enclise à l'impératif (II)** ▸ p. 188 Précis
  impératif + pronom collé
  Date un paseo y fíjate en los pequeños comercios.

Léxico ▸ p. 167 Activ. prof.: 45 élève: 43

la bolsa de plástico / tela: le sac en plastique / toile
el comercio de proximidad
el producto envasado: le produit emballé
sostenible: durable
aprovechar: profiter de
gastar: dépenser
reducir: réduire

Palabras para recordar

Banco de actividades p. 167

EL CONSUMO

EL COMERCIO

LOS PRODUCTOS

el electrodoméstico de bajo consumo
el mueble / la ropa ┬ de segunda mano / en perfecto estado
el producto ┬ de temporada / de proximidad = de kilómetro cero / envasado

LOS ESTABLECIMIENTOS

el comercio de proximidad
la gran superficie = el hipermercado
el pequeño comercio
el supermercado

LAS COMPRAS

la ventaja ≠ el inconveniente
caro(a) ≠ barato(a) = económico(a)
aumentar ≠ reducir
comprar ≠ vender
costar (mucho / poco) dinero
desechar = tirar
gastar ≠ ahorrar

LAS ALTERNATIVAS RESPONSABLES

el consumo ┬ colaborativo / sostenible
alquilar
aprovechar
compartir
dividir los gastos
intercambiar
promover = fomentar = animar
reciclar
reducir
reutilizar
ser consciente de
de segunda mano

LAS CONSECUENCIAS MEDIOAMBIENTALES

la bolsa ┬ de plástico / de tela
el cambio climático
la contaminación
generar ┬ basura electrónica / residuos electrónicos

¡Crea tu propio mapa mental!
Personalízalo según tus hábitos de consumo y cómo ayudas a preservar el medio ambiente. **Busca** las palabras que necesites y **añádelas**.

Palabras para construir

1 Familias de palabras

a. Observa los nombres correspondientes a estos verbos.
¿Cuál es la raíz (la parte de la palabra que se repite) de cada familia?

producir	el producto	el (la) productor(a)	la producción
consumir	el consumo	el (la) consumidor(a)	el consumismo
vender	la venta	el (la) vendedor(a)	

> (!) Pensez à observer la racine des mots nouveaux que vous rencontrez. Cela peut vous aider à deviner leur sens.

b. Busca en la unidad un verbo con la misma raíz que estos nombres.

...	la contaminación	...	el gasto
...	el desecho	...	el aumento
...	la reducción	...	el ahorro

Haz oír tu voz

La pronunciación de *r* y *rr*

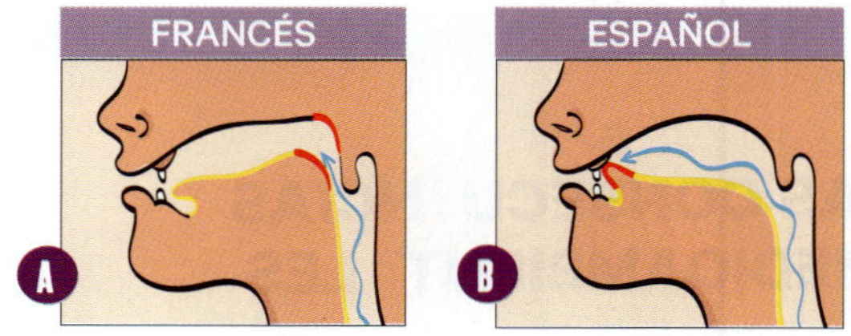

a. La imagen A corresponde a un francés que pronuncia la erre. La imagen B es la de un español. ¿Qué diferencia ves?

prof.: 46
élève: 44

b. Escucha estas palabras.
Di cuándo la erre suena suave [ɾ] (caro) y cuándo suena fuerte [r] (carro).

1. residuos
2. barrio
3. gastar
4. barato
5. compra
6. ahorro
7. recicla
8. proximidad
9. carrito
10. desperdicio

prof.: 47
élève: 45

c. Escucha y repite estos trabalenguas.
¿Quién consigue decirlos sin equivocarse?

Tres tristes tigres
comen trigo en un trigal.

El perro de San Roque no tiene rabo
porque Ramón Rodríguez se lo ha robado.

FICHA Grille autoév.

FICHA Grille éval.

Una campaña de consumo responsable

Vamos a crear un vídeo de una campaña de consumo responsable para España.

1. En grupos de tres o cuatro, **decidid** el tema de vuestra campaña.
   Revisad los documentos de la unidad para inspiraros.
2. Dos miembros del grupo **crean** un eslogan para la campaña.
   Otros dos miembros **redactan** el guion con las recomendaciones para tener hábitos de consumo responsables.
3. Entre todos, **pensad** dónde grabaréis el vídeo y **preparad** el material que necesitéis.
4. **Repartid** los papeles para cada uno(a) y **ensayad** el guion.
5. **Grabad** el vídeo.
   ¡Podéis **añadir** música para hacerlo más atractivo!

AYUDA

¿Sabes...? ¿Te has planteado...?
Consumimos más de lo que...
En España, cada año...
Como consumidores, tenemos...
Compra, recicla, reutiliza, infórmate...
No compres, no tires, no crees...

¡Consulta la **ficha de metodología** para obtener ideas para crear la campaña y trucos para grabar el vídeo!
www.espacelangues.emdl.fr/puravida

FICHA Métho-do.

8 Ciudad y naturaleza

¿Cómo se relaciona la ciudad de Buenos Aires con la naturaleza?

GRAMÁTICA

- *Les quantifieurs :* **muy, mucho, poco...**
- **Seguir** *+ gérondif*
- **Estar** *+ gérondif*
- *L'expression du but*

LÉXICO

- Los espacios verdes y los animales en la ciudad
- Familias de palabras: **defender, la defensa...**

PRONUNCIACIÓN

- La pronunciación de **s**, **z** y **c**

TAREA FINAL

Crear una página web sobre Buenos Aires y la naturaleza

A

↑ Programa Mascotas de la Ciudad, Buenos Aires, 2018

B

↑ Canil (área recreativa para mascotas) en Buenos Aires

C

Campaña del Foro Río de la Plata, 2016

¡EMPECEMOS!

a. Busca información en internet sobre la ciudad de Buenos Aires.

Buenos Aires **es** la capital de... / **está** en...
Tiene **casi**... de habitantes.
Es **una de las** ciudades **más**...

b. Observa los documentos A y B y responde.

1. ¿Qué dos servicios ofrece Buenos Aires para las mascotas?
2. ¿Crees que son útiles? ¿Por qué?

Prepara la tarea

c. Observa el documento C.
Compara los dos modelos de ciudad que se proponen.

La ciudad de arriba / abajo es **más**... **que**...
En la ciudad de arriba / abajo hay **menos**... **que** en...
En la ciudad de arriba / abajo la gente (no) **puede**...

d. Explica qué modelo de ciudad se defiende en el documento C.

Léxico ▸ p. 168 Activ. **prof.:** 48 **élève:** 46

el bosque: le bois, la forêt
la contaminación: la pollution
el edificio: le bâtiment
el espacio verde
la mascota: l'animal domestique
el pájaro: l'oiseau
ecológico(a)
sostenible: durable
defender [ie]: défendre
destruir
ir / montar en bici: faire du vélo
jugar [ue] **(al fútbol)**
relajarse: se détendre
talar un árbol: tailler un arbre

Dosier de documentos

espace langues

Cahier interactif (compréhension écrite)

1 Buenos Aires, ¿ciudad verde?

Cada habitante de la ciudad de Buenos Aires dispone de 6 m^2 de espacio verde, tres por debajo de lo que recomienda Naciones Unidas. La falta de estos lugares tiene consecuencias ecológicas pero también afecta a la salud física, mental y a la capacidad de socialización de los ciudadanos. [...]

↑ Parque de las Naciones Unidas, Buenos Aires

En ese sentido, el abogado ambientalista Enrique Viale señaló: "Los espacios públicos son el lugar de esparcimiento[1] primario y más inmediato para los habitantes de la ciudad e inciden muchísimo[2] en la salud física y mental de las personas. Las plazas y los parques son los lugares de recreación de los que menos tienen y también de las clases medias, en donde todos equiparan[3] sus posibilidades".

Viale apuntó que, además de la insuficiencia de los espacios verdes, hay una degradación de estos. "Hay un proceso de cementización[4] de las plazas, de meter la obra pública a la fuerza[5]: ponen caniles[6] o caminos de cemento. Esto es muy alienante y además quita la posibilidad de hacer ejercicio". Finalmente, Viale se refirió a las consecuencias ambientales: "Las plazas y los parques son espacios de absorción de las lluvias y los árboles funcionan como saneadores[7] del aire. Mientras haya más árboles, mejor pueden cumplir su función".

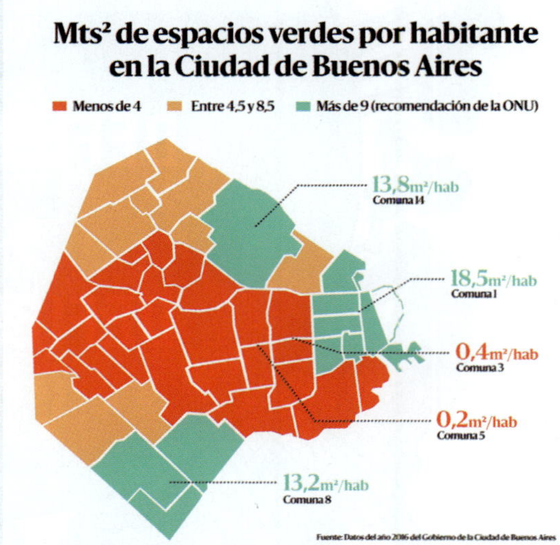

1. distraction 2. ont une très grande incidence 3. égalisent 4. bétonisation 5. faire des travaux publics de gré ou de force 6. espacios para los perros 7. purificateurs

↑ "La falta de espacios verdes y el impacto en la vida de los porteños", Agustina López, *RED/ACCIÓN*, 2018

Anticipa **a.** **¿Qué es una ciudad verde para ti?**

Para mí una ciudad verde tiene... / En una ciudad verde hay...

b. Observa el gráfico y lee la primera frase del texto.
¿Te parece que hay muchos o pocos espacios verdes en Buenos Aires?

Yo creo que hay muchos / pocos / bastantes...

c. Lee el texto hasta el final y responde. Según Enrique Viale...

1. ¿Qué impacto tienen los espacios verdes en los ciudadanos?
2. ¿Y en el ambiente de las ciudades?

Prepara la tarea **d. Escribe cuáles son los beneficios de los espacios verdes para la ciudad. Puedes usar estas palabras u otras.**

calidad de vida | relaciones sociales | contaminación | enfermedades | conciencia ecológica | (buen) humor | hacer ejercicio

Los espacios verdes reducen / aumentan / mejoran...

e. **¿Son importantes para ti los espacios verdes del lugar donde vives?**

Una jacaranda, árbol autóctono de Buenos Aires ↓

2 De zoológicos a ecoparques

PÉDAGOGIE DIFFÉRENCIÉE — FICHA Pédago. diff.

vidéo : 09

LÉXICO DEL VÍDEO: una selva: une jungle • yaguaretés = felinos de la familia de las panteras • ambiental: environnementale • cumplir un rol: jouer un rôle

"El zoo de Buenos Aires se convertirá en un ecoparque", Canal Ciudad, 2016

SinZoo Argentina, 2016

Anticipa **a. Observa el cartel.**

1. ¿Cuál es el objetivo de la campaña?
2. ¿Estás de acuerdo? ¿Por qué?
   Sí / No, porque (no) está bien que haya...

b. ¿Qué crees que es un ecoparque?
Mira el vídeo y comprueba tu hipótesis.

c. Vuelve a mirar el vídeo y responde.

1. ¿Qué se puede ver con las gafas de realidad aumentada?
2. Según Rosario Espina, ¿cuáles son los principales objetivos del ecoparque?
   En el ecoparque, lo central es...

d. ¿En el zoológico o en el ecoparque?
Indica a qué lugar se refieren estas frases.

1. Hay animales en cautividad, pero la mayoría son autóctonos.
2. Su función es exhibir animales exóticos en cautividad.
3. Lo importante es tener muchos visitantes.
4. Lo importante es el bienestar de los animales, por eso se limita el número de visitantes.

Prepara la tarea **e. Explica la diferencia entre el zoológico y el ecoparque de Buenos Aires. Utiliza la información de la actividad d.**

En el zoológico había...
En el ecoparque sigue habiendo..., pero...

Prepara la tarea **f. En grupos, cread un foro de discusión.**
Dad vuestra opinión y reaccionad a la de vuestros compañeros. ¿Creéis que el ecoparque puede ser beneficioso para la ciudad? ¿Y para los animales? ¿Por qué?

• Para mí (no) es muy bueno, porque...
– Pues yo creo que puede ayudar a...

Gramática
► p. 168 Activ.

• **Les quantifieurs** ► p. 186 Précis

muy / poco + adjectif
mucho(a/os/as) + nom
poco(a/os/as) + nom

Esto es muy alienante.

En una ciudad verde hay poca contaminación.

• ***Seguir* + gérondif** ► p. 197 Précis

En el ecoparque sigue habiendo animales en cautividad.

Léxico
► p. 168 Activ.

prof. : 49
élève : 47

el animal autóctono ≠ exótico
el animal en cautividad ≠ libertad
el bienestar: le bien-être
la conservación de la biodiversidad
la enfermedad: la maladie
el parque: le parc
la plaza: la place
la realidad aumentada
absorber la lluvia
cuidar de: s'occuper de
favorecer: favoriser
limpiar el aire: assainir l'air

espace langues Cahier interactif (compréhension orale)

3 Hortelanos de ciudad

Manual de la huerta agroecológica, Verónica Piñeiro, 2014

ferias: (ici) marchés
• plata: de l'argent

Huerta urbana en Buenos Aires, 2015

Huerta urbana comunitaria en Buenos Aires, 2015

prof.: 50

Huertas urbanas en Buenos Aires
01:06 — Inta Informa, 2018

LÉXICO DE LA AUDICIÓN: contar con: disponer de • obvio: évident • saludable: sain(e) • interactuar con los demás: interagir avec les autres • han crecido: sont en augmentation • estacionalmente: en fonction de la saison

Anticipa **a. Observa** las fotografías y **descríbelas**.
¿Qué están haciendo las personas?
¿Dónde están?

b. Lee la información del gráfico.
¿Cuáles son los beneficios de tener una huerta en casa?
Haz una lista.
Las huertas urbanas permiten...

Prepara la tarea **c. Escucha** el programa de radio.
Completa la lista anterior con más beneficios de las huertas urbanas.
Ayudan a que la gente... / la ciudad...

d. ¿Has cultivado alguna vez tus propias verduras?
¿Te gustaría hacerlo? **Razona** tu respuesta.

Gramática ► p. 168 Activ.

• ***Estar* + gérondif** ► p. 197 Précis
El chico está regando las plantas.

• **Le but** ► p. 195 Précis
ayudar a que + subjonctif
Ayuda a que las inundaciones sean menores.

Léxico ► p. 168 Activ. — prof.: 51 élève: 48

el calor: la chaleur
la huerta = el huerto: le potager
la terraza: la terrasse
el (la) vecino(a): le (la) voisin(e)
la verdura: les légumes
ahorrar: économiser
comer sano: manger sainement
cultivar
disminuir
regar [ie] las plantas: arroser les plantes

Palabras para recordar

Banco de actividades p. 168

LA CIUDAD

LOS HUERTOS URBANOS

- la huerta = el huerto
- el (la) vecino(a)
- la verdura
- la terraza
- ahorrar ≠ gastar
- antiestrés
- comer sano y variado
- construir comunidad
- cultivar
- regar las plantas
- vender productos

EL ECOPARQUE

- el animal
  - en cautividad ≠ en libertad
  - autóctono ≠ exótico
- el bienestar de los animales
- la biodiversidad
- la educación ambiental
- la realidad aumentada

LOS ESPACIOS VERDES

- el árbol
- el bosque
- la mascota
- el pájaro
- el parque
- la plaza
- la salud ≠ la enfermedad
- absorber la lluvia
- hacer ejercicio
- ir / montar en bici
- jugar (al fútbol)
- limpiar el aire
- relajarse

LAS ACCIONES CÍVICAS

- la conservación
- la contaminación
- aumentar ≠ disminuir = reducir
- ayudar a
- crear ≠ destruir
- cuidar de
  - los animales
  - las plantas
- defender ≠ denunciar
- favorecer
- mejorar ≠ empeorar
- respetar

¡Crea tu propio mapa mental!
Personalízalo teniendo en cuenta el lugar donde vives y tu relación con la naturaleza en tu localidad. **Añade** y **elimina** las palabras que necesites hasta quedarte con veinte.

Palabras para construir

1 Familias de palabras

a. Observa los nombres correspondientes a estos verbos.
¿Cuál es la raíz (el principio de la palabra que se repite) de cada familia?

cuidar	el cuidado	el (la) cuidador(a)
defender	la defensa	el (la) defensor(a)
destruir	la destrucción	el (la) destructor(a)

Observer la racine d'un mot peut vous aider à en comprendre le sens !

b. Busca en la unidad un verbo o un nombre para completar estas parejas.

…	el cultivo
…	el ahorro
…	la conservación
educar	…
	la disminución
	el aumento

Haz oír tu voz

La pronunciación de s, z y c

prof.: 52 élève: 49

a. Escucha estas palabras pronunciadas por un latinoamericano.
¿Las letras destacadas se pronuncian igual o diferente?

1. naturaleza
2. personas
3. zoológico
4. ciudad
5. conservar
6. azul
7. salud
8. espacios
9. vecinos

prof.: 53 élève: 50

b. Escucha a un español del norte del país pronunciando las palabras anteriores.
¿Pronuncia las letras destacadas de la misma manera?

prof.: 54 élève: 51

c. Escucha las siguientes frases.
Escoge la opción correcta en cada caso.

1. ¿Te apetece un **zumo** / **sumo** de naranja?
2. Siempre me equivoco cuando **zumo** / **sumo** números mentalmente.
3. He estado en **caza** / **casa** todo el fin de semana estudiando.
4. Mi gato **caza** / **casa** pájaros en el jardín.
5. Tengo un lunar en la **cien** / **sien** derecha.
6. El **cien** / **sien** es mi número de la suerte.

d. Lee las frases anteriores en voz alta.
Imita la pronunciación que has escuchado en c.

La plupart des Espagnols font une différence entre la lettre **s** prononcée [s] (**salud**) et la lettre **z**, prononcée [θ] (**naturaleza**).

Dans le sud de l'Espagne et en Amérique latine, cette différence n'existe pas. Les lettres **s**, **z** et **c** se prononcent toutes les trois de la même façon : [s].

Pour prononcer le son [θ], vous devez placer votre langue entre vos dents.

FICHA Grille autoév.

FICHA Grille éval.

Una página web sobre Buenos Aires y la naturaleza

Mediación

Vamos a crear y a publicar la web "Buenos Aires y la naturaleza" del Gobierno de la Ciudad Autónoma de Buenos Aires.

1. En grupos de cinco o seis, **escoged** una de las siguientes secciones.

los parques y las plazas | los huertos urbanos | el ecoparque | los espacios para las mascotas

2. Un grupo de dos o tres personas se encargará de **escribir** la página de presentación, **explicando** cuáles son los objetivos de la web.

3. Escribid los textos de estas secciones:

a. **¿QUÉ ES?** Explicad de qué tipo de espacio se trata y sus beneficios para la ciudad.

b. **CURIOSIDADES.** Presentad la historia o algún hecho relevante del lugar.

c. **ACTIVIDADES Y TALLERES.**

d. **¿DÓNDE ESTAMOS?** Situad el lugar en un mapa.

e. **HORARIOS.**

4. Buscad la información en internet.

5. Cread vuestra página web con fotos de los diferentes espacios.
¡**Invitad** a los alumnos de español del instituto a consultar vuestra web!

¡Consulta la **ficha de metodología** para obtener ideas sobre cómo crear una página web!
www.espacelangues.emdl.fr/puravida

FICHA Métho-do.

AYUDA

Ayuda a que el aire de la ciudad sea...
Reduce... / Mejora...
Antes era..., pero luego...
Hay una escultura llamada...
Hay muchas actividades para...
Los vecinos pueden...
Abre de... a...

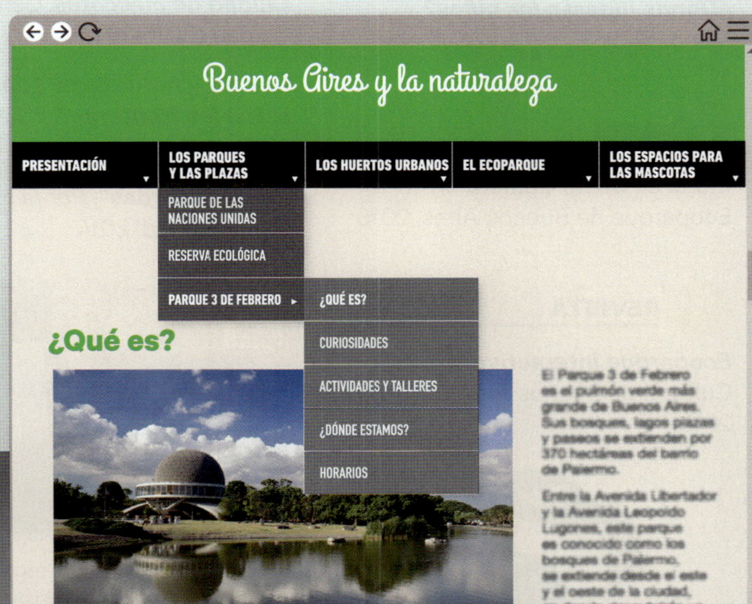

Más documentos para disfrutar

Unidad 7. ¿Consumo responsable?

CANCIONES

Busco algo barato, Mecano, 1984

Si tú quisieras, Pedro Guerra, 2004

Muere en paz, Def con dos, 2004

Rap del decrecimiento, Ecologistas en Acción, 2009

ARTE

Shopping heads, Ester Partegàs, 2010

ARTE URBANO

Art is Trash, serie de intervenciones artísticas en la calle de Francisco de Pájaro, desde 2009

www.franciscodepajaro.com

DOCUMENTAL

La tragedia electrónica, Cosima Dannoritzer, 2014

CÓMIC

Dinero, Miguel Brieva, 2013

LITERATURA

Compro oro, Isaac Rosa, 2013

DISEÑO

Lámpara piano, Imanol Ossa (2012)

Unidad 8. Ciudad y naturaleza

CANCIÓN

¿Dónde jugarán los niños?, Maná, 1992

ARTE

Mural de **Jochi Camara** en el Ecoparque de Buenos Aires, 2016

REVISTA

Ecoparque interactivo, Agenda Cultural de Buenos Aires, n.º 247, 2016

REPORTAJES

Ciudad de mascotas, Canal Ciudad (2016-2017)

Ciudad y naturaleza: ¿dónde están las fronteras?, EduCaixa, 2015

"Techos verdes", *Por la ciudad*, Canal Ciudad, 2014

↑ Terraza verde en la escuela Claudia Falcone (Buenos Aires)

LITERATURA

El próximo desierto, Santiago Acosta, ganador del premio Ciudad y naturaleza 2018

CAMPAÑA

Mi ciudad verde, movimiento ciudadano para promover la conciencia ecológica en la ciudad de Lima (Perú), 2011

Fotos de Milagros Gonzales

DOCUMENTAL

Semillas en el asfalto, documental sobre los huertos urbanos en Sevilla, Ayuntamiento de Sevilla, 2017

DEPORTES Y SOCIEDAD

EJE 5

9 Unidos por el deporte

TAREA FINAL

Representar una entrevista a un(a) atleta que ha ganado una medalla en los Juegos Suramericanos

10 El país del fútbol

TAREA FINAL

Participar en un concurso de relatos breves sobre fútbol

9 Unidos por el deporte

¿Cómo el deporte refuerza la identidad y los lazos de las comunidades andinas y suramericanas?

GRAMÁTICA

- *Le passé composé*
- **Ser** *et* **estar**
- *L'expression de l'opinion et du goût :* **sorprender**, **gustar que** *+ subjonctif*
- *L'enclise à l'infinitif*

LÉXICO

- El deporte
- La preposición **hasta**
- Construcciones con **estar**, **sentir** y **sentirse**

PRONUNCIACIÓN

- La pronunciación de **ch**

TAREA FINAL

Representar una entrevista a un(a) atleta que ha ganado una medalla en los Juegos Suramericanos

XI Juegos Suramericanos
COCHA
2018
COCHABAMBA-BOLIVIA

El venezolano Lucirio Garrido celebra su medalla de oro en la prueba de 800 metros, 2018

A

B

Delegación de Ecuador en la inauguración de los Juegos, 2018

C

El luchador ecuatoriano Andrés Montaño, 2018

D

Público de una competición de judo, Juegos Suramericanos, 2018

¡EMPECEMOS!

FICHA
Carte

a. Lee la problemática de la unidad.
¿Sabes cuáles son los países suramericanos? ¿Y los países andinos?
Observa el mapa que te dará tu profesor(a) y dedúcelo.

b. Observa las imágenes y deduce.

1. ¿Qué son los Juegos Suramericanos?
2. ¿En qué país y en qué año se celebró la XI edición?

Prepara la tarea

c. ¿Cómo están las personas de las fotografías? ¿Qué sienten?
Explica por qué crees que se sienten así.

El deportista de la imagen A está / siente…

orgulloso(a) / orgullo — contento(a) / alegría — eufórico(a) / euforia — enfadado(a) / enfado — emocionado(a) / emoción

d. ¿Crees que el deporte une a las personas o las separa?
Justifícalo con las fotografías y otros datos que conozcas.

Léxico ► p. 169 Activ. prof.: 55 élève: 52

el (la) aficionado(a): le (la) supporteur(trice)
la alegría: la joie
la competición deportiva: la compétition sportive
el (la) deportista: le (la) sportif(ive)
el enfado: la colère
el orgullo: la fierté
apoyar: soutenir
competir [i]: concourir, être en compétition
ganar (una medalla)
unir ≠ separar

Dosier de documentos

espace langues — Cahier interactif (compréhension orale)

1 ¿Qué hemos aprendido?

Anticipa **a.** **¿Qué puede aportar la organización de unos Juegos Olímpicos a un país? Pon ejemplos.**

- instalaciones
- sentimientos colectivos
- relaciones con otros países
- ...

b. Mira el vídeo.
¿Qué han aprendido los bolivianos con la organización de los Juegos Suramericanos?

Han aprendido a...

c. ¿Qué cambios pueden llevar los Juegos Suramericanos a Bolivia?
Haz una hipótesis.

Los Juegos Suramericanos pueden ayudar a mejorar...

vídeo: 10

Clausura de los XI Juegos Suramericanos, Cochabamba, 2018

LÉXICO DEL VÍDEO: **cumplió:** a tenu parole • **el deporte de alto rendimiento:** le sport de haut niveau

2 Los "escarabajos" colombianos

Las carreras de bicicletas fueron el primer gran símbolo de éxito nacional para los colombianos. [...] En las carreras juveniles, los benjamines pedalistas empiezan representando a los departamentos del país (Antioquia, Cundinamarca, Valle del Cauca, Boyacá, etc.). [...] ¡Que a los boyacenses les va mejor porque tienen humildad para trabajar! o ¡que en Cundinamarca los niños van a la escuela en bicicleta atravesando la difícil topografía y eso los forma desde chicos[1]! Los mitos abundan y configuran sumas de valores identitarios en cada región. De otro lado, están los equipos nacionales que representan a Colombia en las grandes vueltas del mundo (Tour de Francia, Vuelta a España y Giro de Italia) y que se fundan en valores nacionales como el "Colombia es pasión" o el célebre "Café de Colombia" que hizo populares a los deportistas cafeteros durante la década de los 80 y 90. A los miembros de aquella emblemática escuadra[2], sus destrezas para subir las lomas más empinadas[3] les valió el apodo de "los escarabajos". El término [...] hace referencia a la pequeñez de los representantes de un país desconocido en Europa y a su gran fortaleza para ascender puertos[4] de alta montaña.

1. depuis tout-petits 2. (aquí) equipo 3. leur habileté à gravir les collines les plus escarpées 4. monter des cols

Anticipa

a. ¿Conoces algún deporte que sea un símbolo nacional para algún país? Pon un ejemplo.

b. Lee el texto y responde.

1. ¿Qué mitos sobre los ciclistas de diferentes regiones colombianas se mencionan?
2. ¿Qué apodo *(surnom)* tienen los ciclistas colombianos especializados en montaña? **Explica** por qué.
3. ¿Qué símbolo de Colombia se asoció al equipo nacional de ciclistas?

c. ¿Crees que los colombianos se sienten orgullosos de sus ciclistas? ¿Qué valores representan? Argumenta tu respuesta por escrito.

(imagen) El ciclista colombiano Nairo Quintana en el podio del Giro d'Italia, 2014

(texto) *Deporte: política identitaria y subalternidad*, J. David y J. Bernal Suárez, 2014

3 Una atleta huancavelicana

PÉDAGOGIE DIFFÉRENCIÉE FICHA Pédago. diff.

Mural de Inés Melchor en Huancavelica, su región natal

Hace unos días, vi la foto de un mural que me llamó la atención: era Inés Melchor, apenas una niña, vestida con ropa de deporte. Debajo del nombre se lee: "Atleta huancavelicana". Probablemente, el mural fue pintado en una calle de Huancavelica o de Huancayo[1]. No lo sé bien, pero sí estoy segura de que ese mural expresaba un orgullo nuevo. Orgullo porque esa deportista, con todas las condiciones en contra, viene obteniendo importantes logros deportivos a nivel internacional.

Esto podría parecer una anécdota más, un esfuerzo heroico aislado[2], de no ser porque en los últimos años ha ido acompañado[3] de otros éxitos en las carreras de fondo, con deportistas de los mismos Andes centrales.

Algunos datos: este año, aparte de los logros de Inés Melchor [...] otros atletas asoman[4] con importantes resultados. Gladys Tejeda, huancaína (8 km), y la juvenil Saida Meneses (5 km), huancavelicana, lograron medallas de oro en el último Panamericano [...] en Barranquilla.

Una vez, en la cancha deportiva de mi colegio, el padre Gastón Garatea dijo algo así a unos chicos que entrenábamos: "En el Perú, una medalla olímpica equivale a cincuenta". La cadena de desventajas, desde la alimentación, la falta de recursos[5] del Estado, de sus familias, todo apuntaba al fracaso.

Y resulta que de la región más pobre del país, Huancavelica, y de otras zonas altoandinas, vienen surgiendo estos deportistas de élite. La mayoría, provenientes de familias muy humildes.

1. ciudades del departamento de Huancavelica, el más pobre del Perú y con un 38 % de población indígena (Ministerio de Cultura, 2016) 2. isolé 3. s'il n'avait pas été accompagné ces dernières années 4. apparaissent 5. le manque de ressources

Noticias Educativas Rurales (SER), noticiasser.pe, 2015

Anticipa **a. Mira la imagen y lee la información que lleva.**

1. ¿A quién representa el mural? ¿Dónde está pintado?
2. ¿Quién crees que lo ha pintado? ¿Por qué? Haz una hipótesis.

b. Lee el texto.
Explica qué expresa el mural, según la autora del artículo.

Prepara la tarea **c. Comenta la cita de Gastón Garatea (líneas 21 y 22).**

"En el Perú, una medalla olímpica equivale a cincuenta."

d. Reflexiona.
¿Por qué Inés Melchor es un orgullo para todos los peruanos?

Gramática ► p. 169 Activ.

- **Le passé composé** ► p. 190 Précis
  haber + participe passé
  Hemos aprendido a creer en nosotros mismos.
- ***Ser* et *estar* (I)** ► p. 199 Précis
  estar seguro(a) de + nom / phrase
  estar + participe passé
  Estoy segura de que...
  ¿Dónde está pintado el mural?

Léxico ► p. 169 Activ. prof.: 56 élève: 53

el (la) atleta
la autoestima: l'amour-propre
la cancha: le terrain (de sport)
la carrera: la course
el escarabajo: le scarabée
el éxito ≠ el fracaso: le succès ≠ l'échec
la fortaleza: la vigueur
la humildad
el logro: la réussite
└ **lograr:** réussir, obtenir
admirar (a alguien)
entrenar: s'entraîner
estar / sentirse [ie] **orgulloso(a):** être / se sentir fier (fière)

Dosier de documentos

4 Cholitas luchadoras

Silvina La Poderosa salta desde un rincón del *ring*, El Alto, 2014
Fotografía de Eduardo Leal

prof. : 57
élève : 54

Elizabeth sube al *ring* luciendo un largo faldón[1] de colores y un gorro gris de chola. El público la aplaude y ella saluda con los modos[2] de una luchadora buena. El locutor de la velada[3] le pasa el micrófono, y ella saluda a una niña del público que está de cumpleaños. [...]

Elizabeth es gruesa y ágil, como todas. Salta frente a su rival hasta tumbarla en la lona[4]. Luego corre hasta las cuerdas, se abalanza[5] sobre ellas como si fueran un elástico, y sale disparada con todo su vestido flameando[6] hasta chocar[7] con su contrincante.

–Me gusta que vengan tantos extranjeros. Eso demuestra que lo que ofrecemos es de gran calidad. Llevo cinco años en esto, y la verdad es que estoy muy contenta –dice Elizabeth fuera del *ring*, después de un triunfo fácil. Mientras habla, los niños de El Alto se acercan para abrazarla, para tocarla, para tomarse fotos con la buena. [...]

En el espectáculo de las cholitas luchadoras la violencia parece gozar de buena salud. Todos saben que, gracias a ellas, la lucha libre boliviana ha podido destacar frente a industrias poderosas latinoamericanas como la lucha libre mexicana o la lucha libre argentina. Es tal el éxito que más de uno se declara el inventor del fenómeno.

1. ≈ la falda 2. les manières 3. le présentateur de la soirée 4. la faire tomber sur la toile du ring 5. se rue 6. (ici) elle s'envole, la jupe ondoyante 7. heurter

Una vuelta al tercer mundo, Juan Pablo Meneses, 2015

*** NOTA CULTURAL ***

En Bolivia se llama **cholos** a los mestizos, descendientes de indígenas y de europeos. Muchas mujeres (**cholitas**) llevan faldas largas, trenzas y un característico sombrero.

Anticipa **a. Mira** la fotografía y **descríbela**. ¿Qué te sorprende?
Me sorprende que las luchadoras lleven...

b. Lee el texto.
Explica quiénes son las cholitas luchadoras y **descríbelas**.

c. ¿Es muy popular este deporte en Bolivia? **Justifícalo** con el texto.

d. Lee la nota cultural y **responde**.
¿Crees que las cholitas refuerzan la identidad de los mestizos e indígenas andinos? ¿Por qué?

Mediación **e. Escribe** un artículo (80 palabras) sobre las cholitas luchadoras.
Seleccionad los mejores artículos.
Subidlos a la web del instituto con motivo del Día Internacional del Deporte (6 de abril).

Gramática ► p. 169 Activ.

- **L'opinion et le goût** ► p. 195 Précis
  sorprender que + subjonctif
  gustar que + subjonctif
  Me sorprende que lleven faldas.
- ***Ser et estar* (II)** ► p. 199 Précis
  estar + adjectif (état d'esprit)
  Estoy muy contenta.
- **L'enclise à l'infinitif** ► p. 188 Précis
  infinitif + pronom collé
  Se acercan para abrazarla.

Léxico ► p. 169 Activ.

prof. : 58
élève : 55

el (la) contrincante: l'adversaire
el gorro: le chapeau
el (la) luchador(a): le (la) lutteur(euse)
grueso(a): épais(se)
abrazar: prendre dans ses bras
destacar: se distinguer
lucir: porter fièrement

···› Banco de actividades p. 169

LA VIDA DEL DEPORTISTA

la cancha
el éxito ≠ el fracaso
la fortaleza
la humildad
el logro = el triunfo
abandonar (una carrera)
competir
destacar
entrenar
ganar (una medalla) ≠ perder
unir ≠ separar

SENTIMIENTOS Y EMOCIONES

la alegría
la autoestima
la emoción
el enfado
la euforia
admirar a
apoyar a
estar contento(a) / emocionado(a) / enfadado(a) / eufórico(a) / orgulloso(a) de

LAS EXPERIENCIAS

EL DEPORTE

LAS COMPETICIONES

la carrera
la competición deportiva
el espectáculo
la inauguración
las instalaciones
los Juegos Suramericanos
la lucha libre

LOS PARTICIPANTES

el (la) aficionado(a)
el (la) atleta
el (la) contrincante
el (la) deportista
el (la) luchador(a)

LOS PAÍSES ANDINOS

América del Sur
= Sudamérica = Suramérica
el (la) cholo(a)
el (la) indígena
el (la) mestizo(a)

¡Crea tu propio mapa mental!
Vas a hacer un mapa mental de 25 a 30 palabras con estas dos categorías: "deportistas" y "aficionados". **Puedes crear** otras categorías si lo necesitas.

Palabras para construir

1 La preposición *hasta*

a. Observa estas expresiones con la preposición hasta. Tradúcelas al francés.

practicar › **hasta** › conseguir el objetivo › acostumbrarse

correr › **hasta** › la llegada › mi casa

entrenar › **hasta** › las seis › la noche

b. ¿Has traducido hasta de la misma manera en todos los casos? ¿Y las palabras que vienen a continuación?

> ! Certains mots et expressions ne s'emploient pas de la même façon en espagnol et en français. Observez les cas qui diffèrent et essayez de les mémoriser.

2 Construcciones con *estar, sentir* y *sentirse*

a. Observa estas expresiones para describir estados de ánimo *(des états d'esprit)*. Añade otra palabra o expresión para hablar de estados de ánimo a cada serie.

estar › contento(a) / enfadado(a) / …

sentir › alegría / enfado / …

estar / sentirse › orgulloso(a) de › un deportista / haber ganado / …

Haz oír tu voz

La pronunciación de *ch*

> ! En espagnol, l'ensemble **ch** (lu<u>ch</u>a) se prononce de la même façon que l'ensemble **tch** en français (« ma<u>tch</u> »).

prof.: 59 élève: 56

a. Escucha estas palabras y repítelas. ¿La ch se pronuncia como en francés?

1. lucha | 2. chocar | 3. cholita | 4. luchadora

prof.: 60 élève: 57

b. Escucha y repite este trabalenguas. ¿Quién consigue decirlo sin equivocarse?

Me han dicho que he dicho un dicho
y ese dicho no lo he dicho yo,
porque de haberlo dicho,
estaría muy bien dicho.

FICHA Grille autoév. FICHA Grille éval.

Una entrevista a un(a) deportista

Vamos a entrevistar a un(a) deportista que ha ganado una medalla en los Juegos Suramericanos.

1. En parejas, **pensad** en un(a) deportista conocido(a) o inventado(a) que haya podido participar en los Juegos Suramericanos.

2. **Vais a escenificar** una entrevista de radio a esta persona, con el motivo de haber ganado una medalla importante para su país.
El (la) periodista **debe preguntar** sobre lo siguiente:

- la importancia de la medalla en su trayectoria deportiva,
- el papel del deporte en su vida,
- el papel del deporte en la sociedad.

3. Entre los dos, **escribid** las preguntas de la entrevista.
Revisad la unidad para encontrar ejemplos y argumentos para vuestras respuestas.
Tomad notas.

4. **Ensayad** la entrevista.
Recordad **saludar** y **presentar** al (a la) entrevistado(a), despedirlo(a) y agradecer la entrevista.

5. **Grabad** la entrevista o **representadla** delante de la clase procurando leer lo mínimo.

¡Consultad la **ficha de metodología** para obtener ideas para escribir la entrevista y representarla de forma convincente!
www.espacelangues.emdl.fr/puravida FICHA Métho-do.

AYUDA

Para presentar
Buenos días, estamos en...
Saludamos a...

Para preguntar y responder
- ¿Cómo te sientes?
- Estoy... Me siento...
- ¿Qué significa para ti...?
- Para mí es...
- ¿Qué has aprendido gracias a...?
- He aprendido...

Para despedirse
Muchas gracias por concedernos esta entrevista...

10 El país del fútbol

¿Qué representa el fútbol en Argentina?

GRAMÁTICA

- **A** + *COD de personne*
- *La traduction de « devenir » :* **llegar a ser, convertirse en**
- *La traduction de « on » :* **se** *+ 3ᵉ personne*
- Les démonstratifs
- *Le passé simple : quelques verbes irréguliers*

LÉXICO

- El fútbol
- Construcciones para hablar de devoción y pasión

PRONUNCIACIÓN

- La acentuación

TAREA FINAL

Organizar un concurso de relatos breves sobre fútbol

A

Campaña de apoyo a la selección argentina en el Mundial de fútbol de Rusia, 2018

B

Promoción del Racing Club de Avellaneda, 2010

C

Versión de la *Creación de Adán* de Miguel Ángel del artista Santiago Barbetto con Lionel Messi como Adán, Diego Armando Maradona como Dios y otros jugadores argentinos como los apósteles *(apôtres)* en el techo de la cancha del Sportivo Pereyra de Buenos Aires, 2018

¡EMPECEMOS!

Anticipa **a.** **¿Conoces el nombre de algún jugador de fútbol argentino?**
Comenta qué más sabes sobre el fútbol de este país.

Conozco a… que fue… / que jugaba en… / que juega en…
Creo que han ganado / han sido campeones…
Es el deporte…

b. **Observa los tres documentos.**
Asócialos con los sentimientos que despierta el fútbol entre los argentinos.
Justifica tu respuesta.

1. Despierta una devoción casi religiosa.
2. Despierta sentimientos de fidelidad.
3. Provoca sentimientos de unidad e identidad nacional.

c. **¿Crees que el fútbol es importante en Argentina?**
Justifica tu respuesta a partir de los tres documentos.

Léxico ► p. 170 Activ. prof.: 61 élève: 58

el (la) aficionado(a): le (la) supporteur(trice)
la camiseta: le maillot
el (la) campeón(ona)
la devoción
la selección: l'équipe nationale
albiceleste = combinación del blanco y el azul celeste
alentar [ie]: encourager
└ **el aliento**
apoyar: soutenir
└ **el apoyo**
ganar ≠ perder
└ **el (la) ganador(a) ≠ perdedor(a)**
jugar [ue]: jouer
└ **el (la) jugador(a)**

Dosier de documentos

espace langues — Cahier interactif (compréhension orale)

1 Pasión por Maradona

vidéo : 11

La iglesia maradoniana, Vice, 2018

LÉXICO DEL VÍDEO: no se mancha: ne se salit pas • difundir los milagros: diffuser les miracles • honrar: honorer • mantos sagrados: tuniques sacrées • predicar: prêcher • cabeza de termo (Argentina): persona poco inteligente • que no se te escape la tortuga (expresión atribuida a Maradona): no pierdas la oportunidad

Anticipa

a. Observa el fotograma y el título de la actividad. ¿Qué sabes de Maradona?
Es un jugador…

b. Mira el vídeo y contesta.
¿Qué tiene de especial este club de fans de Maradona?

c. Vuelve a ver el vídeo.
Toma nota de los siete mandamientos que faltan.
Entre todos, intentad reformularlos.

1. Honrar los templos donde predicó y sus mantos sagrados.
2. No proclamar a Diego en nombre de un único club.
3. No ser cabeza de termo y que no se te escape la tortuga.

d. ¿A qué otros mandamientos te recuerdan? Señala las palabras que lo indican.

e. Da tu opinión. ¿Te parece positiva esta relación de los aficionados con un deportista?
Me parece una relación…

2 Violencia en el fútbol argentino

PÉDAGOGIE DIFFÉRENCIÉE — FICHA Pédago. diff.

vidéo : 12

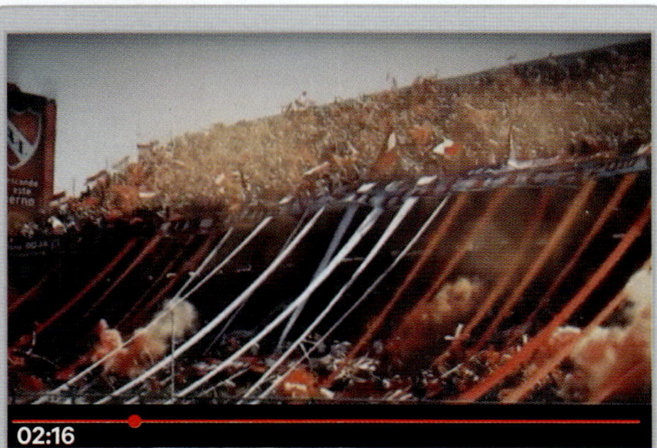

¿Qué significa el fútbol para Argentina?, RT, 2018

LÉXICO DEL VÍDEO: las dos caras: les deux faces • el (la) hincha: le (la) supporteur(trice) • el negocio: le commerce • se enfrentan: s'affrontent • punto culmen = punto más alto • exacerba: se renforce

a. Mira el vídeo y responde.

1. ¿Cuáles son las dos caras del fútbol argentino?
   La cara positiva es que se vive con…
2. ¿Qué es el clásico?
   ¿Qué pasa cuando hay un clásico?
   Es un partido…

b. Vuelve a ver el vídeo.
Explica el fenómeno de las barras bravas.

1. ¿Qué son?
2. ¿A qué organización criminal se las equipara?
3. ¿Qué negocios controlan?
4. ¿Qué comportamiento tienen en los estadios?

c. Elige uno de estos aspectos del fútbol. Explica si te parece negativo y por qué.

el poder económico

la presencia en los medios de comunicación

3 Cábalas para ganar

prof.: 62
élève: 59

Se acerca un partido entre el Club Atlético Newell's Old Boys (el "Ñubel") y el Club Atlético Rosario Central, dos equipos de la ciudad de Rosario.

Héroes, Liniers, 2014

Hay partidos que no podés perder, tenés que ganar o ganar. [...] ¿Y qué? ¿Te vas a dejar basurear[1] por estos soretes para que te refrieguen después la bandera por la jeta[2] toda la vida? No, mi viejo[3]. Entonces, ahí, hay que recurrir a cualquier cosa. Es como cuando tenés un pariente enfermo ¿viste? Tu vieja, por ejemplo. Que por ahí sos[4] capaz hasta de ir a la iglesia ¿viste? Y te digo, yo esa vez no fui a la iglesia, no fui a la iglesia porque te juro que no se me ocurrió, mirá vos[5], que si no... Te aseguro que me confesaba y todo si servía para algo. Pero con los muchachos enganchamos con la cuestión de las brujerías[6], de la ruda macho[7], de enterrar un sapo[8] detrás del arco[9] de Fenoy, de tirar sal en la puerta de los jugadores de Ñubel y de todas esas cosas que siempre se habla. Por supuesto que todas las brujas del barrio ya estaban laburando en la cosa y había muñecos con camiseta de Ñubel clavados con alfileres[10], maldiciones pedidas por teléfono y hasta mi vieja, que no manya[11] mucho del asunto, tenía un pañuelo atado desde hacía como diez días, de esos de "Pilato, Pilato, si no gana Central en River no te desato".

1. (Am.) insultar **2.** (coloquial) cara **3.** (Argentina) amigo(a) o padre (madre) **4.** (Argentina) = eres **5.** (Argentina) = tú **6.** sorcellerie **7.** tipo de planta **8.** crapaud **9.** but **10.** cloués avec des épingles **11.** (Argentina) entiende

"19 de diciembre de 1971", *Nada del otro mundo*, Roberto Fontanarrosa, 1982

a. **¿Conoces alguna superstición? ¿O gente que utiliza amuletos? Comenta en qué consisten y cuándo los utilizan.**

Cuando hay examen, siempre llevo...

b. **Lee el cómic y responde.**

1. ¿Qué hacen los argentinos cuando juega su selección?
2. ¿En qué cábala confía el conejo (en la última viñeta)?

c. **Lee el texto y responde.**

1. ¿Cómo sabes que el partido era especial? Justifícalo.
2. ¿Cómo es la rivalidad entre los aficionados de estos equipos?
3. ¿A qué recurren los aficionados del Ñubel para asegurarse la victoria?

d. **Explica qué imagen de los aficionados al fútbol muestran estos dos documentos.**

Gramática

► p. 170 Activ.

- ***A* + COD de personne**
  ► p. 203 Précis
  Los católicos tienen a Jesucristo.
- **La traduction de « devenir »**
  ► p. 198 Précis
  convertirse, llegar a ser, volverse
  Maradona se ha convertido en un dios.
- **La traduction de « on »**
  ► p. 199 Précis
  se + 3e personne du singulier
  En Argentina se vive el fútbol con pasión.

Léxico

► p. 170 Activ.

prof.: 63
élève: 60

el amuleto: le porte-bonheur
la bandera: le drapeau
la cábala = la superstición
la cancha: le terrain (de sport)
el clásico (Argentina) **= el derbi**
el partido: le match
la pelota: le ballon
la rivalidad
└ **el (la) rival**
exagerado(a)
fanático(a)
cometer un delito grave
dar suerte: porter chance
formar parte: faire partie
recurrir: avoir recours
rendir [i] culto: vouer un culte

Dosier de documentos

espace langues
Cahier interactif (compréhension écrite)

4 Un partido legendario

FICHA Image

prof.: 64
élève: 61

22 de junio de 1986, otro día que no voy a olvidar mientras viva, nunca... Aquel partido contra los ingleses, peleado, apretado[1]... Y con mis dos goles. ¡Mis dos goles!

Del segundo recuerdo muchas cosas [...]. Yo soñaba con algún día hacer un gol así y lo hice en el Mundial, para mi país y en una final.

Sí, una final, porque nosotros, por todo lo que representaba, jugábamos una final contra Inglaterra. Porque era como ganarle más que nada[2] a un país, no a un equipo de fútbol. Si bien nosotros decíamos, antes del partido, que el fútbol no tenía nada que ver con la Guerra de las Malvinas, sabíamos que habían muerto muchos pibes[3] argentinos allá... Y esto era una revancha, era... recuperar algo de las Malvinas.

Era más que ganar un partido, era más que dejar afuera[4] del Mundial a los ingleses. Nosotros, de alguna manera, hacíamos culpables a los jugadores ingleses de todo lo que el pueblo argentino había sufrido. Sé que parece una locura[5], pero eso era, de verdad, lo que sentíamos. Era más fuerte que nosotros: estábamos defendiendo nuestra bandera, a los pibes muertos, a los sobrevivientes... Por eso, creo que el gol mío tuvo tanta trascendencia[6]. En realidad, los dos la tuvieron, los dos tuvieron su gustito.

[...] A veces siento que me gustó más el de la mano, el primero. Ahora sí puedo contar lo que en aquel momento no podía, lo que en aquel momento definí como "la mano de Dios"... Qué mano de Dios, ¡fue la mano del Diego! Y fue como robarle la billetera[7] a los ingleses, también...

1. serré 2. avant tout 3. (Argentina) gamins 4. faire sortir 5. une folie 6. importancia 7. piquer le portefeuille

Yo soy el Diego, Diego Armando Maradona, 2000

La mano de Dios, ilustración de la agencia Golpe avisa, *Revista Lee+*, 2010

*** NOTA CULTURAL ***

La **Guerra de las Malvinas** enfrentó a Argentina contra el Reino Unido en 1982 y se resolvió con la victoria de los británicos. En 1986, Argentina ganó el **Mundial de México**, tras eliminar a Inglaterra en cuartos de final.

Gramática ► p. 170 Activ.

- **Les démonstratifs** ► p. 184 Précis
  este, esto, ese, eso, aquel, aquello...
  Aquel partido contra los ingleses.
- **Le passé simple (v. irrég.)** ► p. 191 Précis
  HACER > (yo) hice, (él) hizo
  TENER > (yo) tuve, (él) tuvo
  SER > (yo) fui, (él) fue
  Fue la mano de Diego.

a. Observa la ilustración y **lee** la nota cultural.
¿Qué momento crees que representa la imagen? ¿Por qué?
Representa el partido entre...

b. Lee el texto y **responde**.

1. ¿Quién es el autor?
2. ¿Qué partido se jugó el 22 de junio de 1986? ¿Quién ganó?
3. ¿Por qué fue tan importante para Maradona?
4. ¿Qué importancia tuvo el partido para los argentinos?
5. ¿Qué fue "la mano de Dios"?

Prepara la tarea

c. Imagina que eres Maradona el 22 de junio de 1986.
Escribe en tu diario un párrafo titulado "La mano de Dios".

Léxico ► p. 170 Activ.

prof.: 65
élève: 62

la bandera: le drapeau
los cuartos de final
la final
el gol
la revancha
el (la) soldado: le (la) soldat
defender [ie] ≠ **atacar**
hacer culpable = **hacer responsable**
sufrir: subir

⇢ Banco de actividades p. 170

EL FÚTBOL

EL JUEGO

EL EQUIPO

- la camiseta = la remera
- el campo (de fútbol) = la cancha
- el (la) jugador(a)
  - └ jugar
- la pelota = el balón
- la selección albiceleste

LA COMPETICIÓN

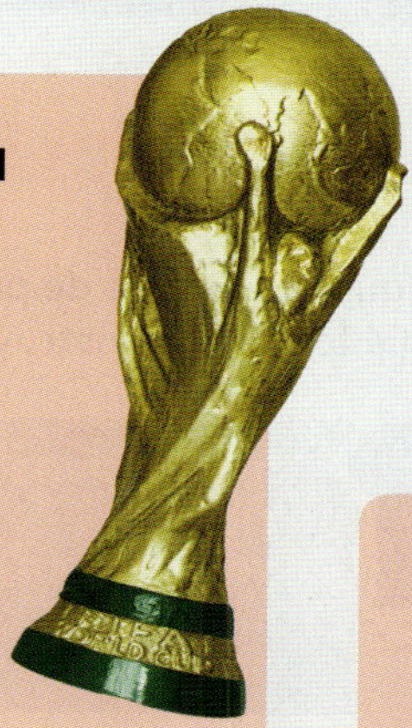

- el (la) campeón(ona)
- los cuartos de final
- la final
- el gol
- el Mundial
- el partido
- la victoria
- defender ≠ atacar
- ganar ≠ perder
  - └ ganador(a) ≠ perdedor(a)

LA RIVALIDAD

- el clásico = el derbi
- la revancha
- la rivalidad
  - └ el (la) rival
- jugar
- enfrentarse

LA PASIÓN

LA AFICIÓN

- el (la) aficionado(a)
- la bandera
- el entusiasmo incomparable
- la locura
- exagerado(a)
- alentar = apoyar
  - └ el aliento = el apoyo
- dar suerte
- formar parte de algo
- recurrir a las cábalas
- sufrir

LA VIOLENCIA

- los (las) barras bravas
- el incidente violento
- el (la) fanático
- la mafia
- radical
- cometer un delito grave

LA DEVOCIÓN

- la adoración divina
- el amor incondicional
- el (la) católico(a)
- la iglesia maradoniana
- el (la) musulmán(ana)
- honrar a
- predicar
- rendir culto a

¡Crea tu propio mapa mental!
Selecciona veinte palabras de este mapa mental que no conocías antes.
Añade una categoría: "el partido".
Busca en un diccionario las palabras que necesites.

Palabras para construir

1 Adjetivos y adverbios para hablar de devoción y pasión

a. Observa las siguientes series de palabras.
¿A partir de qué forma se construyen los adverbios en -mente en español?

el amor la devoción la afición	incondicional ciego(a) verdadero(a) sincero(a) para toda la vida	por	el fútbol mi equipo

amar apoyar alentar	incondicionalmente ciegamente sinceramente apasionadamente	el fútbol a mi equipo

(!) En espagnol, certains adverbes comme **verdaderamente** ne peuvent pas s'employer pour exprimer la façon dont une chose est réalisée. On peut l'utiliser pour donner plus de poids à un adjectif : El partido fue verdaderamente emocionante.

b. Escribe dos frases sobre ti (o sobre alguien de tu entorno).
Utiliza dos de las expresiones anteriores.

Siento un amor...
Apoyo...

Haz oír tu voz

La acentuación

prof.: 66
élève: 63

a. Escucha estas palabras.
Cópialas y subraya las sílabas tónicas.

A	B	C
1. equipo	4. alientan	7. goles
2. gustó	5. tuvieron	8. después
3. revancha	6. algún	9. nosotros

prof.: 67
élève: 64

b. Escucha ahora estas palabras.
Cópialas y subraya las sílabas tónicas.

A	B	C
1. jugar	4. fútbol	7. capaz
2. amor	5. rival	8. lápiz
3. carácter	6. mundial	9. disfraz

c. Fíjate en las palabras de las actividades anteriores y responde.

1. ¿En qué letra terminan las palabras de cada columna? ¿Es una vocal o una consonante? Si terminan en consonante, ¿en cuál?
2. ¿Cuándo llevan acento gráfico las palabras en cada caso?

d. Lee la caja violeta y comprueba tu respuesta.

(!) En espagnol, il n'existe qu'un seul type d'accent écrit (´) que l'on appelle « tilde » et qui indique où se trouve la syllabe accentuée, c'est-à-dire celle qu'il faut prononcer plus fortement à l'oral.

Quand le mot ne comporte pas d'accent écrit, il y a deux possibilités :

- Si le mot se termine par une voyelle, un **-n** ou un **-s**, on accentue toujours l'avant-dernière syllabe (**mano**...).
- Si le mot se termine par une consonne autre que **-n** ou **-s**, on accentue toujours la dernière syllabe (**jugar**).

FICHA Grille autoév.

FICHA Grille éval.

Un concurso de relatos sobre fútbol

Vamos a organizar un concurso de relatos sobre fútbol en clase.

1. Vas a **escribir** un relato (de entre 100 y 150 palabras) ambientado en el mundo del fútbol. Puedes **elegir** uno de estos títulos o proponer uno nuevo:
   - "El dios del fútbol"
   - "El partido más peligroso de la historia"
   - "¡El fin del fútbol!"
   - "Todo por el fútbol"
2. **Decide** el tono de tu relato: épico, cómico, crítico, de misterio...
3. **Imagina** la situación.
   Haz un esquema o **un borrador** de la historia.

   ¿Quiénes son los personajes? ¿Qué hacen?
   ¿Dónde están? ¿Qué les pasa?
4. **Escribe** la historia.
5. **Entre todos**, **decidid** cuatro categorías para premiar en vuestro concurso, por ejemplo:
   - Premio al relato más original
   - Premio al relato mejor escrito
   - Premio al relato más emocionante
   - ...
6. **Leed** todos los relatos y ¡**votad**!

¡Consulta la **ficha de metodología** para conocer los pasos para escribir un relato breve!
www.espacelangues.emdl.fr/puravida

FICHA Métho-do.

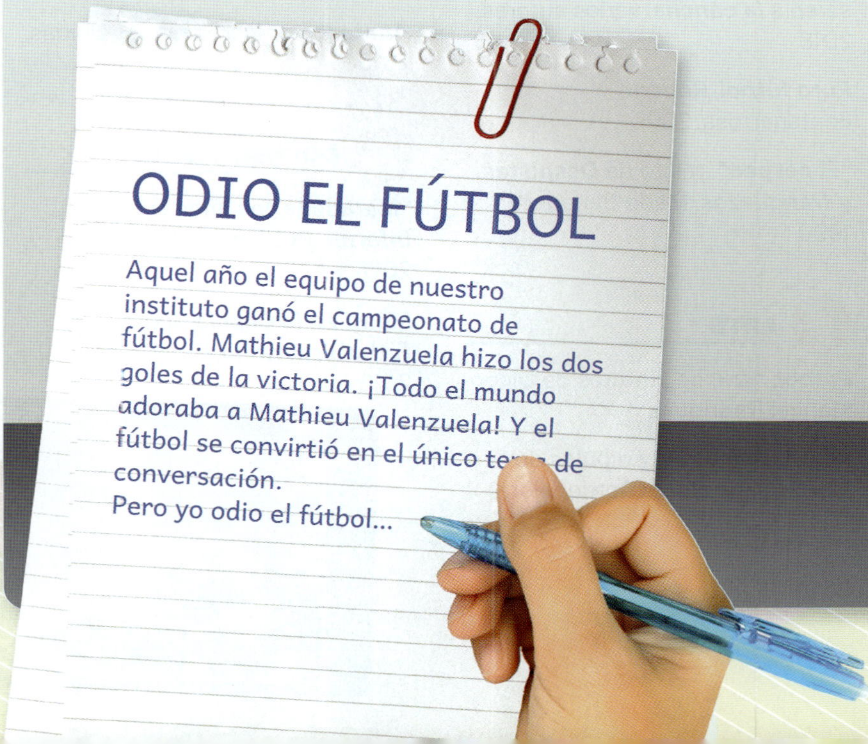

AYUDA

Para situar en el tiempo
un día / una vez / un otoño...
ese / aquel año / día...
en ese / aquel momento...
en esa / aquella época...

Para organizar las ideas
entonces...
luego...
de repente...
al final...

Más documentos para disfrutar

Unidad 9. Unidos por el deporte

CANCIONES

Un mismo sentir, Alfredo Matheus Diez, tema musical de los XI Juegos Suramericanos Cochabamba, 2018

El orgullo de mi patria, Carlos Vives, 2017

LITERATURA

El fútbol a sol y sombra y otros escritos, Eduardo Galeano, 1995

DOCUMENTALES

"Lucas Poggi", *Deportistas fuera de serie*, Construir TV, 2018

Prueba de fondo, Oscar Bermeo y Christian Acuña Santiago, 2018

Prueba de fondo, documental sobre la atleta peurana Inés Melchor

FOTOGRAFÍAS

La Paz Fútbol Club, serie de fotografías de Juan Arredondo, 2018
www.worldpressphoto.org

CORTOMETRAJE

ChinChin. La cholita luchadora, El Ojo de Iberoamérica, 2015

Mural en La Paz, Bolivia

Unidad 10. El país del fútbol

CANCIONES

Messi, Neo Piste, 2018

Aquí te espero, Abel Pintos, 2013

El pie de oro llegó, La banda del Tigue Ariel, 2011

Maradona, Andrés Calamaro, 1999

LITERATURA

Fútbol de autor: los escritores salen a la cancha, varios autores, 2018

Puro fútbol, Roberto Fontanarrosa, 2000

"El césped", relato de ***Despistes y franquezas***, Mario Benedetti, 1990

ARTE

Fútbol, serie de pinturas de Diego Manuel Rodríguez

Pinturas, murales y dibujos de **Martín Kazanietz** (Gordopelota)

CÓMIC

Héroes, Liniers, 2014

Anota los goles, Naciones Unidas, 2010

DOCUMENTALES

"Maradona, los años felices", *Informe Robinson*, Movistar+, 2017

Messi en la Capilla Sixtina del fútbol argentino, CiberCuba, 2018

LOS UNIVERSOS PROFESIONALES, EL MUNDO DEL TRABAJO

EJE 6

11 El futuro ya está aquí

TAREA FINAL

Dar una conferencia sobre profesiones de futuro en un foro sobre el trabajo

12 Bienvenidos al mundo laboral

TAREA FINAL

Representar un programa de radio con entrevistas sobre el futuro laboral de los jóvenes

11 El futuro ya está aquí

¿Cómo influirá la tecnología en las profesiones del futuro de los españoles?

GRAMÁTICA

- *Le futur*
- *Les indéfinis :* **cualquier, ningún, alguien, nadie**
- **Ya (no) / Todavía (no)**
- *L'expression de l'obligation :* **deber** + *infinitif*

LÉXICO

- Las profesiones tecnológicas
- Los verbos **aprender** y **enseñar**
- Los verbos **dedicar** y **dedicarse**

PRONUNCIACIÓN

- La entonación

TAREA FINAL

Dar una conferencia sobre profesiones del futuro en un foro sobre el trabajo

A

↑ Portada de la revista *Muy interesante*, 2017

B

DISEÑADOR DE MUNDOS VIRTUALES

Videojuegos, películas, contenidos educativos... En las próximas décadas se necesitarán creadores de entornos virtuales de todo tipo.

D

INGENIERO DE ROBÓTICA

Hay fábricas en las que ya no trabajan humanos. En muchos almacenes, la tarea de encontrar un producto es responsabilidad de robots autónomos.

C

TECNOAGRICULTOR

Riegos controlados por ordenador, frutas y verduras transgénicas... En 2050 habrá 9 600 millones de bocas que alimentar y sin la tecnología no habrá forma de hacerlo.

E

INGENIERO EXPERTO EN REALIDAD AUMENTADA

La realidad aumentada será una herramienta muy útil para cualquier ingeniero. Podrá visualizar en tres dimensiones su proyecto y modificar su diseño con más facilidad.

"10 profesiones del futuro", *Muy interesante*, 2017

¡EMPECEMOS!

FICHA Image

a. Observa la portada de la revista (documento A). ¿Cómo sugiere que serán los trabajos en 2025?

Trabajaremos con...

b. Lee las descripciones de cuatro de las profesiones del futuro que menciona la revista. **Relaciónalas** con estas tareas.

1. Crear máquinas que ayuden en los trabajos pesados.
2. Crear herramientas interactivas que faciliten el diseño de objetos.
3. Crear mundos imaginarios.
4. Desarrollar técnicas para mejorar la agricultura.

Prepara la tarea

c. ¿Qué otras profesiones crees que serán populares en 2025?

Léxico ► p. 171 Activ. prof.: 68 élève: 65

- **el (la) creador(a) de entornos virtuales:** le (la) créateur(trice) d'environnements virtuels
- **el (la) diseñador(a):** le (la) *designer*
- **el (la) ingeniero(a)**
- **la máquina:** la machine
- **el (la) programador(a)**
- **la realidad aumentada**
- **el (la) tecnoagricultor(a)**
- **interactivo(a)**
- **desarrollar:** développer

Dosier de documentos

espace langues Cahier interactif (compréhension orale)

1 No habrá escritores

"Bienvenidos al futuro", Manuel Bartual, *Orgullo y Satisfacción*, 2014-2017

a. Lee el cómic y contesta.

1. ¿Qué profesiones ya no existirán en el futuro?
   En el futuro ya no habrá...
2. ¿Quiénes harán estos trabajos? ¿Por qué?

Prepara la tarea **b. Imagina las dos siguientes viñetas. Escribe dos intervenciones más para la madre y para Jaime.**

- ¡Dibujante! Ya...
- Pues seré...

2 Las profesiones que vendrán

vídeo: 13

Profesiones del futuro, Casi creativo, 2015

LÉXICO DEL VÍDEO: era casi pecado: c'était presque un péché • ponte las pilas: mets le turbo • la que paga la luz soy yo: c'est moi qui paye l'électricité • rezo: je prie • mi jubilación: ma retraite • robarte: te voler

a. Mira el vídeo. Relaciona estas frases con las profesiones que se mencionan.

1. Hace vídeos para internet y gana mucho dinero.
2. Trabaja desde casa y cobra más que su padre.
3. Es un buen candidato para ser el jefe de seguridad informática de una gran empresa.
4. Entrena muchas horas en casa para mejorar su nivel.

Prepara la tarea **b. Vuelve a ver el vídeo y resume en dos frases la idea principal.**

c. Da tu opinión. ¿Cuál de estas profesiones tiene mejores condiciones?

Cahier interactif (compréhension écrite)

3 Profesionales de los *e-sports*

PÉDAGOGIE DIFFÉRENCIÉE — FICHA Pédago. diff.

"*E-sports*, los galácticos de los videojuegos", *El País*, 2018

En enero de 2011 se realizó en España la primera retransmisión profesional de una competición de deportes electrónicos. Fue el debut de la Liga de Videojuegos Profesional (LVP), una iniciativa de un grupo de amigos procedentes del circuito de la distribución y exhibición de cine [...]. Hoy la LVP es la mayor organización de *e-sports* en España. [...]

Según Newzoo, consultora de referencia en el sector del *gaming*, la audiencia global de deportes electrónicos ascendió[1] en 2017 a 385 millones de espectadores. Y España tiene el mayor impacto de Europa, [...] aquí conviven casi 4,1 millones de aficionados de una disciplina en cuyo palmarés internacional destacan los nombres de jugadores españoles como los hermanos Moreno Durán, Carlos Rodríguez, Ocelote, o Enrique Cedeño, xPeke. "Ningún país europeo tiene una competición como la española, ni cuenta con una estructura de clubes como la nuestra, ni se realiza una inversión[2] por parte de clubes, patrocinadores[3] y ligas como la de aquí", asegura José Ramón Díaz, propietario de Giants, veterano club de la escena deportiva electrónica española. "En 2012, cuando me surgió la oportunidad de asumir el control de Giants, el panorama de los *e-sports* a nivel profesional en España no existía. Todo estaba muy verde[4] y los jugadores cobraban en especie[5]. No había ningún tipo de inversión. Pero hoy estamos al comienzo de algo grande".

1. a atteint 2. un investissement 3. sponsors 4. en la fase inicial 5. étaient payés en espèces

prof.: 69

Los galácticos de los videojuegos — 01:15 — *El País*, 2018

LÉXICO DE LA AUDICIÓN: el mundillo: le monde • en cuanto están fuera: dès qu'ils y sont extérieurs • me molestan: me gênent • maquinitas: consoles de type Switch • me mosquea: ça m'agace • terminan entendiéndolo: ils finissent par le comprendre

Anticipa

a. Di qué videojuegos conoces. ¿Juegas a alguno? ¿Ves partidas de videojuegos por internet?

b. Lee el artículo y contesta.

1. ¿Por qué destaca España en los deportes electrónicos?
2. ¿Cómo han evolucionado estos deportes en España?

c. Escucha la entrevista a un jugador profesional de videojuegos. Toma nota de:

1. Lo que piensa la gente sobre esta profesión.
2. Las condiciones y los requisitos que exige esta profesión según el jugador.

Prepara la tarea

d. ¿Crees que esta será una profesión del futuro? Argumenta tu respuesta.

Gramática

► p. 171 Activ.

- **Le futur (v. rég.)** ► p. 193 Précis
  JUGAR > jugaré, jugarás, jugará...
  SER > seré, serás, será...
  VIVIR > viviré, vivirás, vivirá...
  irréguliers :
  HABER > habr- / VENIR > vendr- / PODER > podr- + terminaisons régulières
  En el futuro seré dibujante.
  En el futuro no habrá escritores.
  Las profesiones que vendrán.
- **Les indéfinis** ► pp. 184, 185 Précis
  alguien, cualquier, nadie, ningún
  Si alguien quiere leer, puede leer cualquier novela.
  Ningún país europeo tiene una competición así.
- ***Ya no / todavía* (I)** ► p. 202 Précis
  Esta profesión ya no existirá en el futuro.
  Dentro de 20 años todavía habrá trabajos manuales.

Léxico

► p. 171 Activ.

prof.: 70 élève: 66

el (la) aficionado(a) a: le (la) passionné(e) de
el (la) dibujante: le (la) dessinateur(trice)
el horario: l'emploi du temps
el (la) piloto de drones
el requisito: la condition requise
el salario
eficiente: efficace
fatigante
cobrar: toucher (de l'argent)
dedicar horas (a): consacrer des heures (à)
entrenar: s'entraîner
ganarse la vida: gagner sa vie
tener [ie] mérito

4 Preparados para todo

¿Qué pasa con el que quiere aprender una profesión que todavía no existe? [...]

Antes, las probabilidades de que aquel niño acertase[1] lo que "quería ser" de mayor eran muy bajas porque la ilusión del chaval[2] y la realidad del adulto solían estar[3] a años luz. Pero ahora el motivo principal por el que las probabilidades de acertar son todavía mucho más bajas es porque la mayoría de las profesiones que existirán, todavía no se han inventado.

Deberemos replantearnos[4] el sistema educativo, y los futuros profesionales deberán tener una serie de competencias que partirán de su formación básica como ciudadanos, con conocimientos universales que los ayuden a ser más flexibles, de mentalidad más abierta ante los cambios[5] y las novedades tecnológicas. [...]

La escuela debe ser más radical, porque no solo es un sitio donde transmitir conocimientos, sino un lugar donde formar personas para el futuro; y el futuro será radical. La escuela debe enseñar, pero sobre todo debe provocar a los alumnos, formar personas inquietas, curiosas, valientes, proactivas, con dudas y con ganas, y con herramientas para resolverlas. [...] Si queremos formarlos de verdad, no solo debemos transmitir cultura general y matemáticas, que también, sino proporcionarles herramientas para que entiendan y afronten de verdad la realidad, no para que se alejen de ella[6].

1. trouve 2. gamin 3. étaient généralement 4. redéfinir 5. face aux changements 6. qu'ils s'éloignent d'elle

← *El explorador del futuro*, Albert Bosch, 2016

↑ Anuncio de la academia ConMásFuturo, España, 2018

Gramática ► p. 171 Activ.

- ***Ya / todavía no* (II)** ► p. 202 Précis
  Hay profesiones del futuro que todavía no se han inventado, pero otras ya existen.
- **L'obligation** ► p. 198 Précis
  deber + infinitif
  Deberemos replantearnos la escuela del futuro.
  La escuela deberá ser más radical.

Anticipa **a. ¿Qué aptitudes y conocimientos crees que deberán tener los profesionales del futuro?**

Deberán ser...
Deberán conocer... / saber...
Deberán tener...

b. Lee el texto.
Corrige estas frases falsas.
Justifica tu respuesta con frases del texto.

1. Muchas de las profesiones que habrá dentro de cinco años ya existen.
2. En las escuelas solo se debe enseñar cultura general y matemáticas.
3. En el futuro deberemos tener conocimientos precisos para una sola profesión.

c. Observa el anuncio de la academia.
Opina sobre los talleres que ofrecen.
¿Crees que preparan bien para las profesiones del futuro?

Léxico ► p. 171 Activ. prof.: 71 élève: 67

la aplicación informática
las competencias = las habilidades
los conocimientos: les connaissances
el (la) experto(a)
las herramientas: les outils
inquieto(a) ≈ curioso(a)
valiente: courageux(euse)
afrontar la realidad
aprender
enseñar
resolver [ue] problemas
saber: connaître
tener [ie] dudas: avoir des doutes
tener [ie] ganas: avoir envie

Banco de actividades p. 171

LAS PROFESIONES TECNOLÓGICAS

LAS PROFESIONES

- el (la) creador(a) de entornos virtuales
- el (la) dibujante de cómics
- el (la) diseñador(a)
- el (la) ingeniero(a) de realidad aumentada
- el (la) jefe de seguridad informática
- el (la) jugador(a) de – videojuegos / deportes electrónicos
- el (la) piloto de – avión / drones / helicóptero
- el (la) programador(a)
- el (la) tecnoagricultor(a)
- el (la) traductor(a)
- el (la) videobloguero(a)

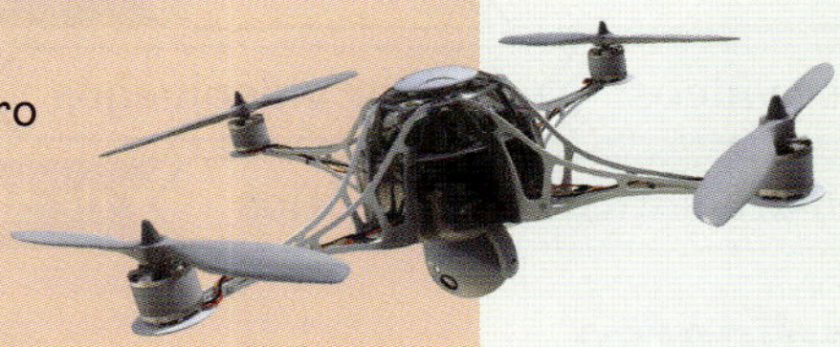

EL TRABAJO

LAS CONDICIONES

- el horario
- el salario
- el trabajo – duro / fatigante
- cobrar
- dedicar horas a
- entrenar
- ganar dinero
- ganarse la vida
- trabajar con máquinas

EL LUGAR

- desde casa
- en – un almacén / una empresa / una fábrica

LOS REQUISITOS

LAS APTITUDES

- el aficionado(a) a
- las habilidades
- ser – abierto(a) / curioso(a) = inquieto(a) / flexible / proactivo(a) / valiente
- ser capaz de / saber – afrontar la realidad / resolver problemas
- tener – dudas / ganas

LOS CONOCIMIENTOS

- la aplicación informática
- el (la) experto(a)
- aprender
- enseñar
- conocer – las herramientas / las técnicas
- hacer un taller de – matemáticas / robótica / tecnología / vídeos
- tener – competencias / cultura general / formación

¡Crea tu propio mapa mental!
Piensa en una profesión del futuro y haz un mapa mental con las palabras que necesites para describirla.

Palabras para construir

Banco de actividades p. 171

1 Los verbos *aprender* y *enseñar*

a. Observa la estructura de estos dos verbos.
Escribe dos frases:

1. Una sobre lo que te gustaría aprender este año.
2. Una sobre lo que podrías enseñar a tus compañeros.

enseñar → a → hacer vídeos / diseñar videojuegos → a alguien
enseñar → diseño / matemáticas / robótica → a alguien
aprender → a → hacer vídeos / diseñar videojuegos → de alguien
aprender → diseño / matemáticas / robótica → de alguien

2 Los verbos *dedicar* y *dedicarse*

a. Observa las palabras que suelen acompañar a estos dos verbos.
Traduce las construcciones al francés. ¿Qué diferencias encuentras?

dedicar → dos horas al día → a → entrenar / los videojuegos

dedicarse → a → la robótica / diseñar mundos virtuales / estudiar

b. Piensa en una persona de tu entorno.
Escribe frases sobre:

1. Una actividad a la que le dedica mucho tiempo.
   Mi tía Audrey dedica… a…
2. Su profesión.
   Se dedica a…

> Souvenez-vous qu'un même verbe peut avoir plusieurs sens différents.
>
> Lorsque vous apprenez un nouveau verbe, regardez avec quels mots on l'utilise le plus souvent et retenez ces combinaisons. Vous mémoriserez bien plus facilement !

Haz oír tu voz

La entonación

prof. : 72
élève : 68

a. Escucha esta frase con tres entonaciones diferentes.
Relaciona cada entonación con la intención del hablante.

1. Jaime quiere ser traductor.
2. ¿Jaime quiere ser traductor?
3. ¡Jaime quiere ser traductor!

a. preguntar
b. mostrar entusiasmo
c. informar

b. Lee la frase en voz alta imitando una de las tres entonaciones. Tu compañero(a) debe adivinar cuál es y escribirla con los signos de puntuación adecuados.

> Efforcez-vous de prononcer les phrases interrogatives et exclamatives avec une intonation ascendante et les phrases affirmatives avec une intonation descendante.

FICHA Grille autoév.

FICHA Grille éval.

Una conferencia para un foro sobre el futuro

Vamos a participar en un foro en España sobre profesiones del futuro.

1. Cada alumno(a) hará una **presentación oral** de un minuto.

2. **Elige** uno de estos temas relacionados con las profesiones del futuro:
   - Qué nuevas profesiones estarán muy demandadas.
   - Qué profesiones desaparecerán.
   - Cómo serán las condiciones de trabajo.
   - Qué cualidades tendrán que tener los profesionales.

3. **Repasa** la unidad.
   Reúne toda la información que tengas sobre el tema.

4. **Escribe** el guion de tu presentación.
   No olvides **darle un título**.

5. **Crea** cinco o seis diapositivas para ilustrar tus ideas.

6. **Ensaya** tu presentación en voz alta.

7. ¡**Haz tu presentación** delante de la clase!

AYUDA

Para captar la atención
¿Cómo imagináis...?
¿Qué profesiones creéis que...?
¿Sabéis...?

Para organizar las ideas
Para empezar...
Además...
Por último...

Para poner ejemplos
Por ejemplo...
Como...
Concretamente...

Para aclarar y reformular
Es decir...
En resumen...

¡Consultad la **ficha de metodología** con consejos para preparar una conferencia!
www.espacelangues.emdl.fr/puravida

FICHA Métho-do.

12 Bienvenidos al mundo laboral

¿Cómo se plantean los jóvenes españoles su futuro laboral?

GRAMÁTICA
- *L'expression de l'opinion :* **es importante que** + *subj.*
- *L'expression de la volonté :* **querer que** + *subj.*
- **Cuando** + *subjonctif*
- *L'expression de l'hypothèse :* **quizá** + *indicatif / subjonctif*

LÉXICO
- El mundo laboral
- Los verbos **estudiar**, **trabajar** y **dedicarse a**

PRONUNCIACIÓN
- La pronunciación de **g** y **j**

TAREA FINAL

Representar un programa de radio con entrevistas sobre el futuro laboral de los jóvenes

A

Feria de la FP y de las enseñanzas artísticas, Ayuntamiento de Guadix (Granada), 2018

B

Jornada de puertas abiertas en la Universidad de La Rioja, 2018

C

Programa "Jóvenes con ideas", Ayuntamiento de Palencia, 2018

¡EMPECEMOS!

FICHA Mat. compl.

a. Fíjate en estos carteles. ¿A quién están destinados?

b. Lee los comentarios de estas cuatro personas. ¿Qué cartel les puede interesar más?

1. **Lucía:** Aún no sé qué carrera estudiar.
2. **Álex:** ¡Yo quiero ser fotógrafo profesional!
3. **Sofía:** Me gustaría montar una empresa, pero no sé cómo empezar.
4. **Bruno:** Siempre me han interesado los coches. ¡Podría ser mecánico!

c. Y tú, ¿ya sabes lo que quieres hacer en el futuro? Búscalo en la ficha que te dará tu profesor(a) o pregúntalo.

Yo quiero ser... / trabajar de... / trabajar en...
Yo no estoy seguro(a), pero...

Prepara la tarea

d. Explica qué tienes que hacer para conseguirlo.

Para trabajar de... tengo que...

*** NOTA CULTURAL ***

Después de la Educación Secundaria Obligatoria (ESO), los jóvenes españoles pueden cursar un **grado medio o superior** de FP (Formación Profesional) o una **carrera universitaria**.

Léxico ▸ p. 172 Activ. prof.: 73 élève: 69

- **la beca:** la bourse
- **las prácticas:** le stage
- **aprender:** apprendre
- **apuntarse (a)**
- **= inscribirse (en)**
- **enseñar:** apprendre, enseigner
- **estudiar:** faire des études de
- **montar una empresa:** monter une entreprise

Dosier de documentos

espace langues — Cahier interactif (compréhension écrite)

1 Cuando sea mayor, quiero ser...

prof.: 74
élève: 70

De mayor quiero ser MÉDICO, como los de la tele, y llevar una bata[1] blanca, siempre limpia, en la que aunque opere o atienda a gente herida[2], nunca se vea ni una mancha[3] de sangre. Y pasear por los pasillos, que me vayan dando carpetas[4], y abrirlas, leerlas, y en dos segundos saber ya qué padece[5] el enfermo. Dar un diagnóstico con un nombre compuesto e incomprensible.

¡No! De mayor quiero ser POLICÍA, como los de la tele. Y que me lleguen los casos más rocambolescos e interesantes de la ciudad, y que siempre haya algún asesinato. Que todo el mundo confíe en mí para resolverlos. Y que, sin lupa, llegue al lugar de los hechos y vea lo que nadie –de los otros veintisiete policías que han mirado allí antes que yo– ha visto, y que esa sea la clave para dar con[6] el asesino.

De mayor quiero ser AMA DE CASA[7], como las de la tele, y vivir en una urbanización con jardín. Tener jardinero y que me lleven la compra a casa y que nunca se me vea planchar[8]. Y tener unas vecinas, amas de casa como yo, con unas vidas tan interesantes como la mía. Y juntarnos todas para jugar a cartas e intercambiar impresiones sobre los crímenes del vecindario.

1. blouse 2. m'occupe de blessés 3. tache 4. dossiers 5. de quoi souffre 6. trouver 7. femme au foyer 8. repasser

Paso de historias de más de cinco minutos, Eva Mor, 2009

Anticipa / Prepara la tarea

a. Di qué factores te parecen importantes para elegir una profesión.

Para mí, es importante que...

- estar bien pagada
- ser fácil encontrar trabajo
- ser interesante
- tener prestigio
- permitir trabajar desde casa
- permitir tener tiempo libre
- permitir relacionarte con gente
- ...

b. Lee el texto. ¿Tiene claro la narradora lo que quiere ser cuando sea mayor? Justifícalo.

c. Di una cosa que le atrae de ser médico, una de ser policía y una de ser ama de casa.

d. ¿Qué factores son importantes para ella a la hora de elegir una profesión? Menciona al menos tres.

e. Continúa el texto con un párrafo sobre otra profesión.

De mayor quiero ser...
Y que...

2 La generación "sí sí"

vídeo: 14

"La generación 'sí sí'", periódico *La Nueva España*, 2018

LÉXICO DEL VÍDEO: **estar a gusto:** être à notre aise • **compaginar:** concilier • **tirar adelante:** s'en sortir • **al fin y al cabo:** en fin de compte • **sacarnos las castañas del fuego:** nous donner de la peine

Anticipa

a. Observa el fotograma y el título. ¿De qué puede tratar este reportaje?

b. Mira el vídeo y responde.

1. ¿Por qué tienen que trabajar los chicos del vídeo?
2. ¿Tienen una actitud optimista o pesimista ante su situación? Justifica tu respuesta.

c. ¿A qué se refiere Juan Manuel con "cierto es que hay que sacrificar alguna cosa"?

Prepara la tarea

d. ¿Qué ventajas crees que puede tener la generación "sí sí" en su futuro laboral?

espace langues — Cahier interactif (compréhension orale)

3 Una emancipación imposible

PÉDAGOGIE DIFFÉRENCIÉE — FICHA Pédago. diff.

Ferran Martín, ferranhumor.wordpress.com, 2013

prof.: 75

Belén: "No encuentro trabajo de lo mío".
01:11 — *Hora 25*, Cadena Ser, 2016

LÉXICO DE LA AUDICIÓN: trabajo de lo mío = trabajo relacionado con mis estudios • he barajado la posibilidad de irme: j'ai envisagé la possibilité de m'en aller

Anticipa **a. Observa** la viñeta.
¿Qué mensaje transmite sobre la situación laboral de los jóvenes en España?
Las personas de la viñeta quieren que les den… / conseguir…

b. Escucha la entrevista a una joven española.
Completa una tabla como esta.

Ciudad	Edad	Profesión	Estudios	Planes
		cajera de super-mercado		

c. Explica qué problema tiene Belén.
Belén es una chica que…

Prepara la tarea **d. En parejas, representad** una entrevista con otro(a) joven español(a) con tres preguntas sobre estudios, trabajo y planes de futuro.

Gramática
► p. 172 Activ.

- **L'opinion** ► p. 195 Précis
  es importante / interesante que + subjonctif
  Es importante que esté bien pagada.
- **La volonté** ► p. 195 Précis
  querer / esperar que + subjonctif
  Quiero que me lleguen los casos más interesantes.

Léxico
► p. 172 Activ.

prof.: 76 élève: 71

el contrato fijo / temporal: le CDI / CDD
la oposición: le concours
el paro: le chômage
emanciparse = **independizarse**
hacer prácticas: faire un stage
tener [ie] **una licenciatura:** avoir une licence
¿A qué te dedicas?: Qu'est-ce que tu fais dans la vie ?
¿Qué expectativas / planes tienes?: Quelles sont tes attentes / projets ?
Trabajo de cajero(a): je travaille comme caissier(ière)

4 Trabajar desde casa

Memorias de un hombre en pijama, Paco Roca, 2011

1. placeres: plaisirs 2. atendido: (ici) choyé 3. las meriendas: les goûters 4. qué cosas tienes: quelles idées tu as 5. insufribles: insupportables 6. atascos: bouchons 7. comparto: je partage

Gramática ► p. 172 Activ.

- ***Cuando* + subjonctif**
  ► p. 195 Précis
  Cuando acabes el colegio, irás al instituto.
- **L'hypothèse à l'indicatif et au subjonctif**
  ► pp. 195, 197 Précis
  quizá + indicatif / subjonctif
  Quizá trabaja de once de la mañana a cuatro de la tarde.
  Quizá trabaje de once de la mañana a cuatro de la tarde.

Anticipa **a. Fíjate** en la cubierta del cómic y **haz hipótesis** sobre el protagonista (edad, carácter, ocupación...).

b. Lee el cómic y **responde**.

1. ¿Cómo fue la infancia del protagonista? ¿Fue un niño feliz?
2. ¿Qué evento marca el final de su infancia?
3. ¿Ha cumplido su sueño? **Justifícalo**.

Prepara la tarea **c. Imagina** qué le gusta al protagonista de su trabajo. **Piensa** en su horario, su sueldo, lo que hace...
Quizá (no) tiene un buen sueldo...

Prepara la tarea **d.** Y a ti, ¿te gustaría trabajar desde casa? **Explica** por qué.

Léxico ► p. 172 Activ. prof.: 77 élève: 72

la crisis: la crise
el esfuerzo: l'effort
el reto: le défi
eficiente: efficace
acabar = terminar
conseguir [i] = lograr: réussir
cumplir un sueño: réaliser un rêve
ir a la universidad
quedarse en casa: rester à la maison
tener [ie] un buen / mal sueldo: avoir un bon / mauvais salaire

→ Banco de actividades p. 172

EL MUNDO LABORAL

LOS ESTUDIOS

- acabar / terminar
  - el instituto
  - la carrera universitaria
- aprender
- apuntarse (a) = inscribirse (en)
- enseñar
- estudiar
  - Psicología
  - Arquitectura
  - ...
- ir a la universidad
- hacer prácticas
- tener
  - una licenciatura
  - un máster
  - una beca
  - un título

EL TRABAJO

LA BÚSQUEDA

- el contrato (fijo ≠ temporal)
  - contratar
- la crisis
- el esfuerzo
- la experiencia profesional
- la formación
- el paro
- el reto
- buscar trabajo
- conseguir = lograr
- cumplir un sueño
- emanciparse = independizarse
- encontrar trabajo
- montar una empresa
- tener un buen / mal sueldo
- trabajar en casa

LAS PROFESIONES

- • ¿A qué te dedicas?
- ◦ Soy / Trabajo de...
- el oficio ≈ la profesión
- el amo(a) de casa
- el (la) cajero(a)
- el (la) camarero(a)
- el (la) informático(a)
- el (la) jardinero(a)
- el (la) mecánico(a)
- el (la) médico(a)
- el (la) policía

¡Crea tu propio mapa mental!
Personalízalo teniendo en cuenta lo que quieres hacer cuando acabes el instituto. **Añade** las palabras necesarias a tu mapa.

Palabras para construir

1 Los verbos *estudiar*, *trabajar* y *dedicarse a*

a. Piensa en los equivalentes de estas expresiones en francés. ¿Son exactamente iguales?

- **estudiar** → Medicina / Informática
  - **en** → la universidad / el instituto
  - **para** → ser médico(a) / ser mecánico(a)
- **trabajar** → **de / como** → camarero(a) / policía
  - **en** → un restaurante / el aeropuerto
- **dedicarse** → **a** → la hostelería / vender casas

> (!) Comparer l'espagnol avec le français ou avec d'autres langues que vous connaissez peut vous aider à prendre conscience de certaines différences et à mieux les mémoriser.

b. Completa las series de palabras con los verbos estudiar, trabajar o dedicarse. Añade una preposición cuando sea necesario.

- ... → ... → una empresa
- ... → ... → segundo de Lycée
- ... → ... → la enseñanza
- ... → ... → peluquero(a)
- ... → ... → Periodismo
- ... → ... → ser abogado(a)

Haz oír tu voz

La pronunciación de *g* y *j*

prof.: 78 élève: 73

a. Escucha estas palabras y repítelas.

1. trabajo
2. generación
3. jóvenes
4. pijama
5. colegio
6. Psicología
7. cajero(a)
8. gente

b. Fíjate en la pronunciación de las letras destacadas. ¿Suenan igual o diferente? ¿Existe este sonido en tu lengua?

prof.: 79 élève: 74

c. Escucha este trabalenguas y repítelo. ¿Quién consigue decirlo sin equivocarse?

Genara trabaja de jueza
en el juzgado de Guadalajara.
En el juzgado guadalajareño
trabaja de jueza Genara.

> (!) En espagnol, la lettre **j** placée devant n'importe quelle voyelle et la lettre **g** placée devant un **e** ou un **i** se prononcent [x].
>
> Le son [x] ressemble au son du **r** français dans certains mots comme « car » ou « hier ». Pensez à ces mots pour vous entraîner à bien prononcer le [x] !

FICHA Grille autoév.
FICHA Grille éval.

Un programa de radio

Vamos a participar en un programa de radio sobre las aspiraciones profesionales de los adolescentes españoles.

1. **Haced grupos** de cuatro o cinco. Un miembro del grupo será el (la) **entrevistador(a)** y el resto, los **entrevistados**.
2. El (La) entrevistador(a) debe **escribir** las preguntas que hará en el programa de radio. Debe **preguntar** sobre estos temas.

estudios | profesión | sueldo | horario | lugar de trabajo | por qué han elegido los estudios y / o profesión

3. Los entrevistados deben **pensar** en lo que les gustaría hacer de mayores. Luego, **buscarán** esta información en internet.
   - Formación previa: estudios, prácticas, etc.
   - Salidas profesionales.
   - Condiciones del trabajo: lugar de trabajo, sueldo, horario, etc.
4. Entre todos, **preparad** un esquema con la estructura general del programa.
5. ¡**Grabad** vuestro programa de radio!

AYUDA

Para saludar
Bienvenidos al programa...
Hoy vamos a hablar de... / con...
Hola, ¿puedes presentarte?
Sí, soy... / tengo... / estudio...

Para preguntar
¿Qué quieres hacer cuando...?
¿Qué hay que hacer para...?
¿Cómo es el trabajo de...?

Para responder
Me gustaría ser / trabajar de...
Me gustaría dedicarme a...
Para... tengo que...

Para despedirse
Muchas gracias por vuestra colaboración / atención...
Hasta pronto / el próximo...

¡Consultad la **ficha de metodología** con consejos para buscar información fiable en internet!
www.espacelangues.emdl.fr/puravida

FICHA Métho-do.

Más documentos para disfrutar

Unidad 11. El futuro ya está aquí

NARRATIVA

La rebelión de los drones (Multicosmos 3), Pablo C. Reyna, 2016

CÓMICS

De mayor quiero ser... (profesiones del futuro), Jesús Moracho Sánchez y Rafael J. Cordero, 2018

"Bienvenidos al futuro", tira cómica de Manuel Bartual, *Orgullo y Satisfacción*, 2014-2017

"Tú, robot", *Superlópez*, n.º 126, Jan, 2009

CUENTOS

15 cuentos de Ciencia Ficción inventados, Itziar Varela, lifeder.com, 2017

REPORTAJES

"*eSports*: todo o nada", *Binario*, RTVE, 2018

El cazador de cerebros, RTVE, 2017

ConCiencia, la robótica y la inteligencia artificial, Telemadrid, 2015

DOCUMENTAL

Los e-Sports, Enric, Trabajo de investigación de Bachillerato, 2015

ARTÍCULOS

"10 profesiones del futuro", *Muy interesante*, n.º 437, 2017

"10 trabajos del futuro y qué estudiar para ellos", goconqr.com, Diego Santos, 2015

"*E-sports*, los galácticos de los videojuegos", *El País*, 2018

Unidad 12. Bienvenidos al mundo laboral

CANCIÓN

El rap de los oficios, Vallekana Sound System, 2017

ENSAYO

Universidad y empleo, manual de instrucciones, F. Jáuregui, L. Carmona y E. Carrión, 2016

CORTOMETRAJES

Exilios, Joan Álvarez Lladós, 2015

Alike, Daniel Martínez Lara y Rafael Cano Mendez

SERIE

Buscando el norte, Antena 3, 2016

PELÍCULA

La mano invisible, David Macián, 2016

REPORTAJES

La "mili laboral": precariedad y salarios bajos para los jóvenes, Agencia Atlas, 2018

"Precariedad en tiempos de economía colaborativa", *Binario*, RTVE, 2016

¿Qué quieres hacer con tu vida?, quequiereshacercontuvida.com, 2016

CARTA AL DIRECTOR

"Un cuento laboral", *El País*, David Iturbe, 2006

CÓMICS

Tu futuro empieza aquí, Isaac Rosa, 2017

Memorias de un hombre en pijama, Paco Roca, 2011

EL PUEBLO, EL BARRIO, LA CIUDAD

EJE 7

13 La ciudad y los jóvenes

TAREA FINAL

Grabar un vídeo con entrevistas a jóvenes opinando sobre su localidad

14 Barcelona, destino turístico

TAREA FINAL

Escribir una carta al director de un periódico sobre la situación del turismo en Barcelona

13 La ciudad y los jóvenes

¿Qué relación tienen los jóvenes hispanos con sus ciudades?

GRAMÁTICA
- *Le conditionnel*
- *L'expression du but :* **para que** *+ subjonctif*
- *Les quantifieurs*
- *L'expression de la volonté :* **querer / desear que** *+ subjonctif*

LÉXICO
- La ciudad
- Construcciones para hablar de la participación

PRONUNCIACIÓN
- La pronunciación de **d** en posición final

TAREA FINAL

Grabar un vídeo con entrevistas a jóvenes opinando sobre su localidad

A

Taller organizado en Santiago de Chile, 2018

B

Evento organizado en Mérida (España), 2018

C

Campaña del Ayuntamiento de Aguascalientes (México), 2017

¡EMPECEMOS!

a. Observa los carteles.
¿Qué tienen en común? ¿Te parecen atractivos?

b. Asocia cada cartel con lo que promueve.
Justifica tu elección.

1. Promueve que los jóvenes aprendan a cultivar la tierra y a trabajar colectivamente.
2. Promueve que los jóvenes dediquen su tiempo de ocio a actividades deportivas y artísticas.
3. Promueve que los jóvenes aporten sus ideas para resolver problemas medioambientales.

c. ¿En cuál de los proyectos participarías? ¿Por qué?
Me gustaría participar en... porque...

d. Da tu opinión. ¿Para qué sirven los proyectos de participación ciudadana? ¿Crees que son necesarios?
Sirven para que los ciudadanos...

Léxico ► p. 173 Activ. **prof.:** 80 **élève:** 75

- **el (la) ciudadano(a):** le (la) citadin(e)
- **el (la) joven:** le jeune homme (la jeune fille)
- **el medio ambiente:** l'environnement
- **el ocio:** les loisirs
- **el proyecto**
- **el taller:** l'atelier
- **comprometerse con:** s'engager
- **dar ganas de:** donner envie de
- **participar en**
  - └ **la participación ciudadana:** l'engagement citoyen

Dosier de documentos

espace langues
Cahier interactif (compréhension écrite)

1 ¿Cómo sería tu ciudad ideal?

FICHA Image

prof.: 81
élève: 76

Mabel Ojeda: "En mi ciudad ideal ninguna persona ni ser vivo sufriría. Nadie pasaría hambre[1], penurias, enfermedades... Cuidaríamos el planeta[2] en el que vivimos. No lo contaminaríamos y respetaríamos a todos los seres vivos que lo habitan. No se conocerían las armas, ni las guerras. En mi ciudad ideal no habría dinero, ni intereses económicos, habría una cooperación entre todos".

Lucía Zamora: "Veo una ciudad con muchos músicos callejeros[3], enamorándome de la vida, escuchándolos, bailando. Me imagino una ciudad con coles, institutos y universidades con hierba, con parques, con flores y con huertos, para que desde niño sientas la belleza de la naturaleza en cada estación[4], para que no te quieras alejar[5] de ella y aprendas a cuidarla siempre".

Nacho Sánchez: "Mi ciudad ideal sería sostenible, todos los edificios producirían su propia energía, la gestión del reciclaje de residuos sería tan buena que no se generaría basura, sino que todos los materiales se reutilizarían. Mi ciudad sería totalmente peatonal, todas las calles serían zonas verdes, llenas de árboles y animales. Se dispondrían zonas de huertos urbanos distribuidos de manera que todas las personas cultivarían su propia comida. Se primarían[6] las actividades culturales, educativas y deportivas gratuitas para los ciudadanos".

1. ne souffrirait de la faim **2.** nous prendrions soin de la planète **3.** musiciens de rue
4. à chaque saison **5.** éloigner **6.** on privilégierait

Comunidad educativa del CEIP Santander (España), 2015

(arriba) Barrio de La Boca, Buenos Aires, (Argentina)

(abajo) Lago de Chapultepec, Ciudad de México

Anticipa **a. Observa las fotografías.**
¿Qué te gusta de estas ciudades?

b. Lee el texto.
Asocia cada etiqueta a uno o a varios testimonios.

contacto con la naturaleza | enriquecimiento cultural | educación de las generaciones futuras
ambiente pacífico y de justicia | freno al consumismo | respeto por el medio ambiente

c. Di con cuál de estos sueños te sientes más identificado(a) y por qué.

Prepara la tarea **d. Escribe cómo sería tu ciudad ideal en la red social de esta comunidad educativa.**
En mi ciudad ideal habría...
Me imagino una ciudad con... para que...

espace langues Cahier interactif (compréhension orale)

2 ¿Qué opinas de tu ciudad?

PÉDAGOGIE DIFFÉRENCIÉE | FICHA Pédago. diff. | FICHA Image

Glorieta Jerónimo de Sola, Alcalá de Henares (España)

Centro histórico, Alcalá de Henares (España)

vidéo : 15

LÉXICO DEL VÍDEO:
los barrios de alrededor: les quartiers environnants • descuidadas: mal entretenues • alejados: éloignés • estas mejoras: ces améliorations

¿Qué opinas de tu ciudad? Mopka Art (España), 2016

Gramática ► p. 173 Activ.

- **Le conditionnel** ► p. 194 Précis
  DAR > daría, darías, daría...
  SER > sería, serías, sería...
  VIVIR > viviría, vivirías, viviría...
  irrégulier : HABER (HAY) > habría
  En mi ciudad ideal, ninguna persona sufriría.
- **Le but** ► p. 195 Précis
  para que + subjonctif
  Hay huertos para que puedas cultivar tus propias verduras.
- **Les quantifieurs** ► p. 186 Précis
  muy / poco + adjectif
  mucho(a/os/as) + nom
  poco(a/os/as) + nom
  Hay mucha basura aquí.
  Hay muchas zonas verdes.

Anticipa **a. Observa** las fotografías de Alcalá de Henares.
Haz hipótesis sobre si es una ciudad agradable, limpia, tranquila...
Parece que es una ciudad muy...

b. Mira el vídeo. ¿Qué tipo de documento es? ¿De qué trata?
Copia las preguntas que se hacen.

c. Di de cuáles de estos temas se habla.

la inseguridad | la suciedad | la cultura | la belleza
el tráfico | el transporte | las zonas verdes | las zonas peatonales

d. Vuelve a mirar el vídeo.
En parejas, cada uno(a) **se fija** en dos preguntas.
Apuntad dos respuestas a cada una de vuestras preguntas.

e. Poned en común vuestras respuestas.
¿Cuál es el aspecto más negativo de la ciudad, según los entrevistados?

Prepara la tarea **f. En parejas, haceos las preguntas** del vídeo.
Hablad de vuestro pueblo, barrio o ciudad.

Léxico ► p. 173 Activ. prof. : 82 élève : 77

la acera: le trottoir
el ayuntamiento: la mairie
el barrio: le quartier
la basura: les ordures
el centro ≠ la periferia: le centre ≠ la banlieue
el huerto urbano: le potager urbain
el tráfico: la circulation
el transporte público / privado
limpio(a) ≠ sucio(a): propre ≠ sale
sostenible: durable
tranquilo(a) ≠ ruidoso(a): calme ≠ bruyant(e)
contaminar: polluer
tener [ie] encanto: avoir du charme

3 Jóvenes con voz en Medellín

vídeo : 16

Jóvenes con voz, Alcaldía de Medellín (Colombia), 2017

LÉXICO DEL VÍDEO: barbero: coiffeur pour hommes • mi papel: mon rôle • empoderarse: se responsabiliser • dañar: faire du tort • las labores: les travaux • los vicios: (ici) la toxicomanie et la délinquance

a. Mira la primera parte del vídeo. **Presenta** al joven: edad, profesión, actividades.

b. Mira la segunda parte del vídeo. **Apunta** qué problemas y qué soluciones se mencionan.

c. Escribe qué quiere Juan para su comuna.
Juan quiere que en su comunidad...
Desea que los jóvenes...
Espera que algún día...

4 Civismo con humor

Imaginan un sitio [...] en el que ayudar al otro se convierta en un ritual divertido[1]. [...] Todo comenzó el año pasado como un trabajo para la facultad y terminó en varias campañas que intentan, desde la publicidad, el humor y la originalidad, "hacer un bien de forma divertida", como aseguran sus creadoras: Lina Caicedo, de 22 años; Ana Fuxman Bass y María Fernández Alonso, ambas de 24.

[Una de estas campañas es] "I Love Rampas", una propuesta que busca terminar con aquellos que[2] no respetan las rampas y estacionan delante de ellas.

"Lo que queremos es dejar en ridículo a los infractores[3] y con ironía demostrarles que lo que están haciendo perjudica a mucha gente. Por eso creamos varios diseños de calcomanías que llevamos siempre en la cartera y pegamos[4] en los parabrisas de los vehículos que están obstruyendo el paso", dice Caicedo.

1. amusant 2. en finir avec ceux qui 3. contrevenants 4. nous collons

Julieta Paci, *La Nación* (Argentina), 2012

a. Observa la imagen de la calcomanía. ¿Para qué puede servir? **Haz una hipótesis**.

b. Lee el artículo. **Resume** en qué consiste el proyecto descrito.

c. Da tu opinión. ¿Crees que este proyecto puede ayudar a ser más cívicas a las personas que no lo son? ¿Por qué?

Gramática ► p. 173 Activ.

• **La volonté** ► p. 195 Précis
querer / desear que + subjonctif
Juan quiere que en su ciudad no haya violencia.

Léxico ► p. 173 Activ. prof. : 83 élève : 78

el compromiso
la comunidad
la drogadicción: la toxicomanie
la persona discapacitada: la personne handicapée
la violencia
cambiar la mentalidad
dar vergüenza
estacionar = aparcar
intentar: essayer de
involucrarse: s'impliquer
perjudicar (a): porter préjudice
soñar [ue] con = ensoñarse [ue] (Am.): rêver de

Banco de actividades p. 173

LA CIUDAD

LAS CARACTERÍSTICAS

la basura
la inseguridad
la contaminación
└ contaminar
el tráfico
el transporte ┌ público
└ privado

el ambiente pacífico
agradable
limpio(a) ≠ sucio(a)
sostenible
tranquilo(a) ≠ ruidoso(a)
tener encanto

LUGARES Y ACTIVIDADES

la acera
el barrio
el centro ≠ la periferia
el huerto urbano
el ocio
el proyecto
el taller
la zona ┌ verde
└ peatonal

LOS HABITANTES

PERSONAS Y ENTIDADES

el ayuntamiento
el (la) ciudadano(a)
la comunidad
el (la) joven
la persona discapacitada

ACTITUDES NEGATIVAS

el consumismo
la drogadicción
la violencia
estacionar = aparcar en rampas
perjudicar a

ACTITUDES POSITIVAS

la participación ciudadana
└ participar en
el respeto por el medio ambiente
cambiar la mentalidad
comprometerse con
└ el compromiso
involucrarse en
ser cívico(a)
soñar con = ensoñarse

¡Crea tu propio mapa mental!
Personaliza este mapa pensando en tu localidad y en las palabras que necesitas. Puedes **añadir** o **quitar** categorías.

Palabras para construir

1 Construcciones para hablar de la participación

a. Observa estas series de palabras.
Escribe tres frases sobre ti y tu localidad utilizando algunas de estas construcciones.

proponer		una idea	una iniciativa	una solución	
organizar / montar		un taller	un evento	una campaña	una fiesta
participar	en	un proyecto	un taller	una iniciativa	
formar parte / hacer parte	de	un colectivo	una asociación	un grupo	

Souvenez-vous qu'on n'utilise pas toujours les mêmes prépositions en espagnol et en français. Un exemple : **participar en** > **participer à**.
Faites-vous une liste des verbes qui ne s'emploient pas avec la même préposition !

Haz oír tu voz

La pronunciación de la *d* en posición final

prof. : 84
élève : 79

a. Escucha estas frases leídas por dos españoles.
Fíjate en las letras destacadas.

1. En mi ciudad ideal nadie tendría ninguna enfermedad.
2. La verdad es que en mi barrio hay mucha seguridad.
3. Su capacidad de concentración es su principal virtud.

b. Responde.
¿Cómo pronuncia el chico las d finales?
¿Y la chica?

1. Casi no las pronuncia.
2. Las pronuncia como **z**.

prof. : 84
élève : 79

c. Vuelve a escuchar las frases.
Repítelas en voz alta imitando a una de las dos personas.

En espagnol, lorsqu'un mot se termine par un **d** (comme **ciudad**), on prononce généralement cette lettre de façon très légère. On peut même ne pas la prononcer du tout. Dans certaines régions d'Espagne, ce **d** final se prononce comme un **z**.

FICHA Grille autoév.

FICHA Grille éval.

Entrevistas sobre nuestra localidad

Mediación

Vamos a grabar entrevistas sobre lo que opinamos de nuestra localidad y a subirlas a la web del instituto.

1. En grupos de cuatro o cinco, **vais a grabar** un vídeo parecido al de la actividad 2 (página 129). Tenéis que hacer cinco preguntas. **Podéis hacer** estas u otras parecidas.
   - ¿Cómo sería tu ciudad ideal?
   - ¿Qué es lo mejor de tu barrio?
   - ¿Y lo peor?
   - ¿Qué iniciativas o proyectos propondrías para mejorar?
2. Individualmente, **preparad** vuestras respuestas tomando notas.

¡Consulta la **ficha de metodología** para obtener ideas para crear el vídeo y los subtítulos y consejos para mejorar la expresión oral!
www.espacelangues.emdl.fr/puravida

FICHA Métho-do.

3. Mientras uno(a) de vosotros(as) **graba**, otro(a) **hace las preguntas** y el resto **responde** delante de la cámara.
4. Luego, **intercambiaos** los papeles para que todos podáis dar vuestras respuestas.
5. **Subtitulad** el vídeo al francés y subidlo a la web del instituto en el Día Mundial de las Ciudades.

AYUDA

Me imagino una ciudad en la que no haya...
En mi ciudad ideal no habría...
Lo mejor / peor de mi barrio es que...
Hay muchas / pocas...
Yo organizaría un taller de...

14 Barcelona, destino turístico

El turismo en Barcelona: ¿construcción o destrucción?

GRAMÁTICA

- *La numération*
- *La préposition* **por**
- *L'expression de la demande et de la volonté*
- *L'expression de l'obligation*

LÉXICO

- El turismo
- Construcciones para hablar de cantidades
- Construcciones con el verbo **estar**

PRONUNCIACIÓN

- Las vocales en contacto

TAREA FINAL

Escribir una carta al director de un periódico sobre la situación del turismo en Barcelona

A

Restaurante en la playa de Barcelona, 2018

B

Parada del autobús turístico, Barcelona, 2018

C

Entrada del parque Güell, Barcelona, 2018

¡EMPECEMOS!

a. Lee el título de la unidad. ¿Qué sabes de Barcelona? ¿Por qué crees que es un destino turístico?

Yo creo que es un destino turístico **por**...

b. Observa las fotografías.
Describe dónde están y qué están haciendo los turistas.

En la imagen A, **están en**... y algunos turistas **están**...
En la imagen B, **están**..., **van a**...

c. Da tu opinión sobre el turismo en Barcelona a partir de las imágenes. ¿Te parece positivo o negativo para la ciudad?

Me parece positivo porque los turistas **gastan**...
Yo creo que **tiene algunos aspectos negativos**, por ejemplo, **las masas de turistas**...

Prepara la tarea

d. Enumera otras actividades que hacen habitualmente los turistas.

Léxico ► p. 190 Activ. **prof.:** 85 **élève:** 80

- **el buen / mal tiempo:** le bon / mauvais temps
- **el chiringuito = el bar de la playa**
- **coger el autobús**
- **comer fuera:** manger dehors
- **gastar dinero:** dépenser de l'argent
- **hacer fotos:** prendre des photos
- **hacer una ruta turística:** faire une visite touristique
- **ir a la playa**
- **ir de compras:** faire les boutiques
- **tomar algo:** prendre un verre
- **visitar monumentos**

Dosier de documentos

1 El gasto turístico

Comer, dormir, irse de copas[1] y visitar museos cuando uno está de viaje cuesta dinero. Y bastante, según las últimas cifras difundidas por la encuesta[2] del Instituto Nacional de Estadística (INE). El gasto de los turistas extranjeros que visitan Cataluña se ha disparado[3] en los seis primeros meses del año hasta los 8 187 millones de euros, un 14,82 % más que en el mismo período de 2016. El gasto medio por turista alcanza[4] los 947 euros en los algo más de cinco días que pasa en la región.

Cataluña es el principal destino turístico del país con 8,65 millones de visitantes extranjeros (el 23,7 % del total), la mayoría de los cuales viaja a Barcelona aunque sea solo un día. Cada turista se deja[5] 179 euros diarios, 40 más que la media estatal porque, a pesar de estar menos días, el gasto es mayor. En parte es porque los precios son más elevados que en otras zonas, pero también porque los turistas aprovechan[6] la gran oferta cultural, comercial y gastronómica.

Las buenas cifras del gasto son una muestra[7] del gran peso del sector turístico, que en ciudades como Barcelona representa el 12 % del PIB.

1. sortir boire un verre **2.** le sondage **3.** a grimpé en flèche **4.** atteint **5.** (ici) dépense **6.** profitent de **7.** une preuve

"El gasto de los turistas extranjeros se dispara", *Metrópoli Abierta*, 2017

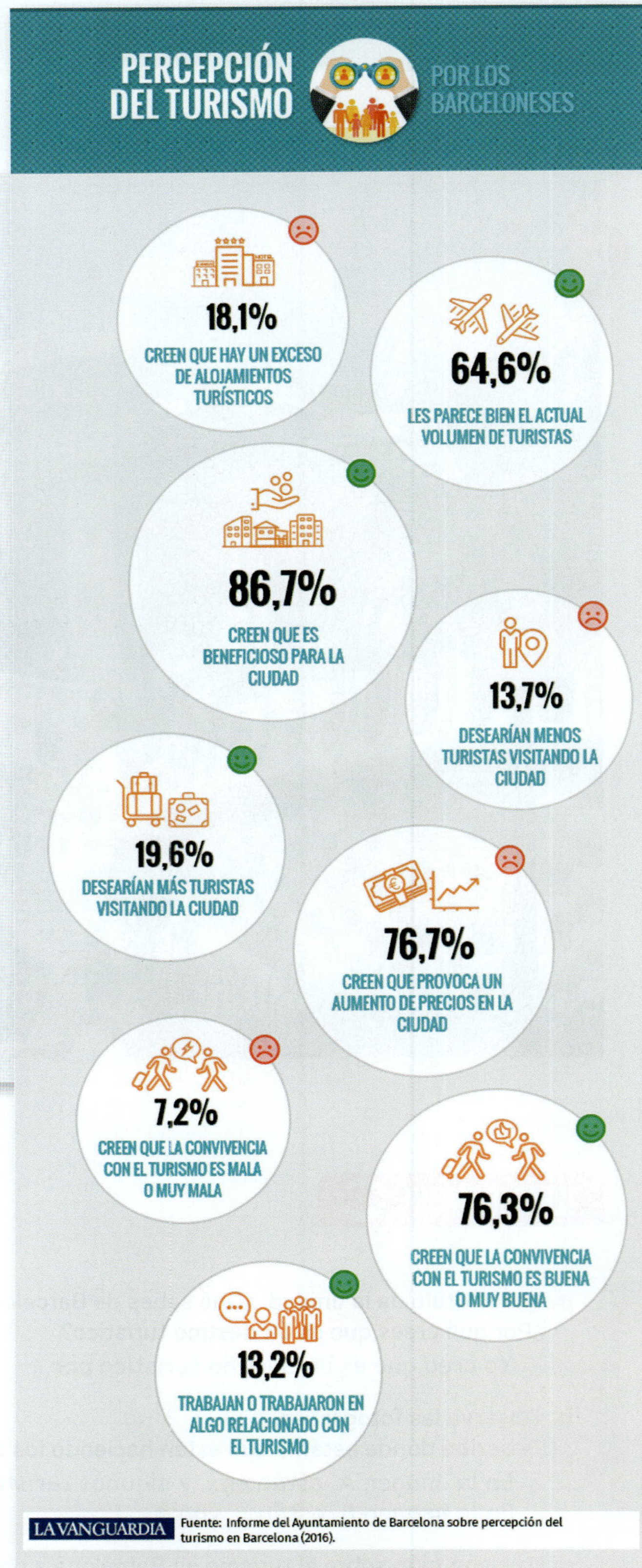

"¿Realmente hay turismofobia en Barcelona?", *La Vanguardia*, 2017

a. Lee el texto y responde.

1. ¿Cómo ha evolucionado el gasto de los turistas en Cataluña en 2017?
2. ¿Por qué los turistas gastan más dinero en Barcelona que en otras ciudades españolas?

b. Analiza la infografía.
Di si estas afirmaciones son verdaderas o falsas.
Justifica tu respuesta.

1. Más de la mitad de los barceloneses piensa que el número de turistas es excesivo.
2. La mayoría de los barceloneses cree que la convivencia con el turismo es buena.

c. Elige el dato de la infografía que mejor concuerda con el texto.
Justifica tu elección.

2 Turistas y vecinos

Vivo en un piso[1] del Eixample[2] y convivo desde hace años con un piso turístico en la puerta de enfrente y otro en el piso de abajo. El piso es lo bastante grande para alojar a grupos de 8 o 10 turistas, que pueden llegar a ser 15 si el mismo grupo alquila ambos[3] pisos. Lo habitual es que sean grupos de gente joven, de entre 20 y 30 años, que se hospedan[4] unos pocos días para disfrutar del ambiente de nuestra increíble ciudad, especialmente del ambiente nocturno. Estos pisos cuentan con la pertinente licencia turística.

Hemos denunciado alborotos[5] a la Guardia Urbana[6] en infinidad de ocasiones, suelen venir y advertirles y, a veces, mejora la situación, hasta que llega el grupo siguiente.

Ayer volví a llamar a la Guardia Urbana, vinieron y hoy unos agentes han llamado a mi puerta[7] a las nueve de la mañana porque, alertados por un vecino de una portería[8] cercana que descubrió a uno de estos turistas durmiendo en el suelo, querían devolverlo a su casa. Me preguntaban si lo conocía o si podía habitar en la puerta de enfrente. Podía, era francés y de edad similar a mis actuales vecinos. Habían llegado en grupo a las seis y no parecían ser capaces de abrir la puerta.

Trabajo en el sector turístico, sé bien lo que aporta y me encanta mi ciudad. Pero esto no está bien. ¿Hasta cuándo debemos seguir soportando esta situación los vecinos de Barcelona?

1. appartement 2. barrio del centro de Barcelona 3. loue les deux 4. logent 5. tapages 6. la policía de Barcelona 7. ont frappé à ma porte 8. immeuble

↑ Ferreres, *el Periódico*, 2017

← "Convivir con el turismo", *La Vanguardia*, 2014

Gramática ► p. 174 Activ.

- **La numération** ► p. 185 Précis
  El / Un trece por ciento de los barceloneses desearía que...
  Gastan novecientos cuarenta y siete euros de media.
- **La préposition *por*** ► p. 203 Précis
  Las cifras difundidas por la encuesta.
  El gasto medio por turista es de 947 euros.
- **La demande et la volonté (I)** ► p. 195 Précis
  pedir / querer que + subjonctif
  Pedimos que (los turistas) no vengan todos a la vez.

a. Observa la viñeta y describe la situación. Puedes utilizar estas palabras.

zona turística | pancartas de protesta | vecinos | balcones | estar harto(a) de | masa de turistas

En la viñeta se ve(n)..., hay...

Prepara la tarea

b. Lee la carta al director y responde.

1. ¿Cuántos pisos turísticos hay en el edificio de la mujer que escribe la carta?
2. ¿Cómo son habitualmente los turistas que se alojan allí?
3. ¿Qué situaciones molestan a los vecinos de los pisos turísticos?

c. ¿Qué quieren la pareja de la viñeta y la mujer de la carta? Escríbelo.

La pareja de la viñeta pide que...

Léxico ► p. 190 Activ. prof.: 86 élève: 81

el gasto medio: la dépense
la mayoría: la plupart
la mitad: la moitié
la oferta cultural
el precio elevado: le prix élevé
alojar(se): (se) loger
costar [ue] dinero
alquilar un piso: louer un appartement
disfrutar del ambiente: profiter de l'ambiance
estar en contra (de): être contre
estar harto(a): en avoir marre
molestar: déranger
ser respetuoso(a)
visitar museos

Dosier de documentos

espace langues — Cahier interactif (compréhension orale)

3 Por un turismo más respetuoso

FICHA Image

Campaña "Compartim Barcelona", Ayuntamiento de Barcelona, 2018

Prepara la tarea

a. Observa el cartel del Ayuntamiento de Barcelona. Contesta las preguntas.

1. ¿A quién se dirige la campaña? ¿Cómo lo sabes?
2. ¿Qué situación refleja la ilustración del cartel?

b. Explica con tus propias palabras el objetivo de la campaña.

La campaña busca llamar la atención sobre...
Pide a los turistas que...

Gramática ► p. 174 Activ.

- **La demande et la volonté (II)** ► p. 195 Précis
  pedir / querer que + subjonctif
  La campaña pide a los turistas que sean respetuosos.
- **L'obligation** ► p. 198 Précis
  hay que + infinitif
  tener que / deber + infinitif
  Tenemos que pensar un poco en el valor que le damos a viajar.

4 Reducir el turismo

PÉDAGOGIE DIFFÉRENCIÉE — FICHA Pédago. diff.

prof.: 87

Turismo descontrolado — 01:44 — *La W*, Radio W, 2017

LÉXICO DE LA AUDICIÓN: la receta maravillosa: la solution miracle • el daño: le dommage • el parque temático: le parc d'attractions • manejado: (ici) fréquenté

a. Escucha el programa de radio. ¿Con qué tipo de turista se identifica la periodista?

Se identifica con un turista que quiere...

b. Di si estas afirmaciones son verdaderas o falsas. Justifica tus respuestas.

1. El turismo de masas convierte las ciudades en parques temáticos.
2. Las turoperadoras proponen una gran diversidad de destinos.
3. Todos debemos viajar al extranjero varias veces al año.

Prepara la tarea

c. ¿Qué soluciones propone el señor Pardo para reducir el impacto del turismo? ¿Estás de acuerdo con ellas? Justifica tu respuesta.

Léxico ► p. 190 Activ. prof.: 88 élève: 82

el circuito (turístico)
el encanto: le charme
un lugar masificado: un lieu surchargé
la maleta: la valise
la mochila: le sac à dos
el turismo de proximidad
barato(a): bon marché
darse cuenta: se rendre compte
hacerse un selfi
invadir los espacios públicos: envahir les espaces publiques
ir cargado(a): être chargé(e)
llamar la atención: attirer l'attention
perjudicar: porter préjudice

Banco de actividades p. 190

EL TURISMO

LOS TURISTAS

LAS ACTIVIDADES TURÍSTICAS

- comer fuera
- disfrutar del ambiente / buen tiempo / encanto (de)
- hacer fotos / una ruta turística ≈ un circuito
- hacerse un selfi
- ir a la playa
- ir de compras
- tomar algo en un chiringuito / un restaurante
- visitar monumentos / museos

EL EQUIPAJE Y EL ALOJAMIENTO

- la maleta
- la mochila
- alojarse en un piso turístico
- alquilar un piso
- ir cargado(a)

TIPOS DE TURISMO

- la oferta comercial / cultural / gastronómica
- el turismo de masas / de proximidad / sostenible
- el turoperador

LAS CONSECUENCIAS

LA ECONOMÍA

- el aumento de los precios
- el gasto medio
- la mayoría
- la mitad
- el peso del sector turístico
- un precio elevado ≠ barato
- aportar
- costar / gastar dinero

LA CONVIVENCIA CON LOS VECINOS

- la pancarta de protesta
- darse cuenta
- invadir los espacios públicos
- estar en contra ≠ a favor
- estar harto(a) (de)
- molestar
- perjudicar
- llamar la atención
- respetar

Una de las torres del parque Güell

¡Crea tu propio mapa mental! Personalízalo con los lugares que sueles visitar durante tus vacaciones, el tipo de turismo que practicas y las actividades que realizas. Busca las palabras que necesites y añádelas a tu mapa.

Palabras para construir

1 Construcciones para hablar de cantidades

a. Observa las construcciones para hablar de las partes de un todo.
Elige tres y dibuja un gráfico circular *(camembert)* para cada una.

casi
más de
menos de

el doble
la mitad
una quinta parte
una cuarta parte
una tercera parte
dos terceras partes
tres cuartas partes

de

los turistas

la mayoría | de | los turistas

b. Reescribe estas frases sin porcentajes, con construcciones de la actividad anterior.

1. El 76,7 % de los barceloneses cree que el turismo provoca el aumento de los precios.
2. El 64,6 % piensa que el volumen de turistas es adecuado.
3. El 19,6 % quiere que haya más turistas en Barcelona.
4. El 86,7 % cree que el turismo es beneficioso para la ciudad.

2 Construcciones con *estar*

a. Observa las expresiones.
¿Utilizas el mismo verbo en francés en todos los casos?

estar | harto(a) de | los ruidos / los turistas

estar | bien / mal

estar | de | vacaciones / viaje

! Comparer l'espagnol avec le français ou avec d'autres langues que vous connaissez peut vous aider à prendre conscience de certaines différences et à mieux les mémoriser.

Haz oír tu voz

Las vocales en contacto

prof.: 89
élève: 83

a. Escucha y repite estas palabras.
¿Se pronuncian todas las letras destacadas?

1. la casa alquilada
2. la asamblea ciudadana
3. este espacio público
4. la puerta de enfrente

prof.: 90
élève: 84

b. Escucha y repite esta frase.

Hay un turista amable en la casa alquilada de mi amiga Ainara.

! En espagnol, quand un mot se termine par une voyelle et que le mot suivant commence par cette même voyelle, on fusionne la prononciation des deux lettres.

Pensez-y lorsque vous vous exprimez à l'oral !

FICHA Grille autoév. FICHA Grille éval.

Una carta al director de un periódico

Vamos a escribir una carta al director de un periódico de Barcelona sobre la situación del turismo en la ciudad.

1. **Imagina** que vives en Barcelona en una zona muy turística. **Elige** una de estas situaciones:

   Vives en un edificio con muchos pisos turísticos, hay mucho tráfico de turistas y hacen mucho ruido con las maletas.

   Tienes una pequeña tienda de artesanía. La mayoría de tus clientes son turistas.

   Enfrente de tu edificio hay una parada del autobús turístico. Los grupos de turistas obstruyen la calle y no te dejan pasar.

2. **Prepara** un borrador de la carta. **Escribe** tres párrafos siguiendo esta estructura:
   - preséntate (quién eres, desde dónde escribes...),
   - describe la situación,
   - termina pidiendo cambiar algo para mejorar la situación.

3. **Revisa** tu borrador. **Escribe** la carta definitiva (entre 100 y 120 palabras). No olvides **firmarla**.

4. ¡**Podéis leer** las cartas de vuestros compañeros y **exponer** las mejores en la clase o **publicarlas** en vuestro blog de clase!

AYUDA

Para presentarse
Soy un (una) vecino(a) de...

Para describir la situación
Vivo en...
Trabajo en...
La situación en mi barrio es...

Para hacer una petición
Los turistas tienen que / deben...
¿Hasta cuándo vamos a tener que...?
Los vecinos queremos / pedimos que...

¡Consulta la **ficha de metodología** para conocer cómo escribir una carta al director y mejorar tu producción escrita!
www.espacelangues.emdl.fr/puravida

FICHA Métho-do.

Más documentos para disfrutar

Unidad 13. La ciudad y los jóvenes

CORTOMETRAJE

Madriz, Luis Espín Gómez, 2018

ARTE URBANO

Grafitis de **Krear-T**, iniciativa social autogestionada de los vecinos del barrio de Llefià, Badalona (España)

↑ Mural en Badalona (España)

LITERATURA

La Habana para un infante, Guillermo Cabrera Infante, 1979

La ciudad de Arusabnarg, cuento del Colectivo de Educación Ambiental S. L. (CEAM, S. L.), Gobierno de Aragón, 1999

ARTÍCULO

"Así sería la ciudad ideal vista por los niños ", Ethic, Esther Peñas, 2017

PELÍCULA

Barrio, Fernando León de Aranoa, 1998

CÓMICS

Soy de pueblo, Moderna de pueblo, 2015

Jóvenes emprendedores sociales, Cristina Bueno, 2009

REPORTAJES

"Ciudad ideal", *Inéditos*, Canal IPe, 2017

Soy Joven, Consejo Juventud Zaragoza, 2011

Unidad 14. Barcelona, destino turístico

CANCIONES

Barcelona, Giulia y los Tellarini, 2006

Rumba de Barcelona, Manu Chao, 2002

Barcelona, Freddie Mercury y Montserrat Caballé, 1988

CÓMICS

El fantasma de Gaudí, El Torres y Jesús Alonso Iglesias, 2015

Todo sobre Barcelona, Jaume Vidal y Pep Brocal, 2014

CAMPAÑA

Love Casa Batlló, Nueveojos, premiado en el Festival Internacional de Filmes Turísticos de Riga, 2014

LITERATURA

Barcelona, la mirada de un turista, Josep Maria Casas Moreno, 2012

Sin noticias de Gurb, Eduardo Mendoza, 1990

ARTE URBANO

Grafitis de **Bombcelona**, colectivo de artistas de Barcelona (España)

DOCUMENTAL

Bye, bye, Barcelona, Eduardo Chibás, 2014

Edificio en el Park Güell, uno de los lugares más visitados de Barcelona por los turistas ⇢

EL PASADO EN EL PRESENTE

EJE 8

15 América, 1492

TAREA FINAL

Escribir el editorial de un número de una revista de historia dedicado a la conquista de América

16 España en conflicto

TAREA FINAL

Crear un audiolibro de relatos sobre la Guerra Civil española

15 América, 1492

La conquista de América: ¿motivo de celebración o de denuncia?

GRAMÁTICA

- *Les temps du passé : passé simple et plus-que-parfait*
- *Le superlatif absolu*
- *Les subordonées relatives*
- *Les dates*

LÉXICO

- La conquista de América
- Familias de palabras : **conquistar, conquistador, conquistar...**

PRONUNCIACIÓN

- La pronunciación de vocal + **m** y vocal + **n**

TAREA FINAL

Escribir el editorial del número de una revista de historia dedicado a la conquista de América

A

Estatua de Cristóbal Colón en Barcelona, 1888

B

Caña de azúcar, Diego Rivera, 1931

C

La tribu de los taínos recibe a Cristóbal Colón, Theodor de Bry, hacia 1594

¡EMPECEMOS!

FICHA Image

a. Observa la imagen A. ¿Sabes quién fue Cristóbal Colón? ¿A dónde crees que señala con el dedo?
Cristóbal Colón fue un... que...

b. Observa la imagen C y **describe** la escena. ¿Cómo recibieron los indígenas a los navegantes?
Los recibieron con...

c. Observa la imagen B.

1. **Identifica** a los trabajadores, a los capataces y al propietario. ¿Qué hacen?
2. ¿A qué personajes destaca el color blanco? ¿Por qué quiso destacarlos el pintor?
3. ¿Qué situación injusta denuncia el cuadro? **Justifícalo**.

Léxico ▸ p. 175 Activ. prof.: 91 élève: 85

el barco ≈ la carabela
el (la) capataz: le (la) chef(fe) d'exploitation
el (la) esclavo(a)
el (la) indígena
el látigo: le fouet
el (la) navegante: le (la) navigateur(trice)
el regalo: le cadeau
clavar una cruz: planter une croix
cortar caña de azúcar: couper la canne à sucre
estar tumbado(a): être allongé(e)
recoger frutas: ramasser des fruits

Dosier de documentos

1 Colón es recibido por los reyes

prof.: 92
élève: 86

Cristóbal Colón vuelve después de su segunda expedición y es recibido por el pueblo y por los Reyes Católicos.

Colón en la corte de Fernando e Isabel, Victor A. Searles, 1893

Cristóbal Colon volvió el miércoles 27 de noviembre. [...] Había salido de Cádiz el 25 de septiembre con una flota de diecisiete barcos, entre mil doscientos y mil quinientos hombres en la nómina real, doscientos voluntarios [...] y ninguna mujer. Traía semillas[1], plantas, animales domésticos y útiles para las Indias. Ahora era Almirante mayor, Virrey[2] y Capitán general de las Indias descubiertas y por descubrir [...]. A su regreso[3] del viaje, por los pueblos por donde pasó habían salido muchedumbres[4] a verlo, porque voló la fama[5] por Castilla que se habían descubierto tierras que se llamaban las Indias, y gentes tantas y diversas y cosas novísimas [...]. Además de papagayos[6] verdes, máscaras, cinturones de pedrería[7], huesos de pescado y otras cosas nunca vistas y oídas en España. En Barcelona habían salido a su encuentro todos los que estaban en la ciudad y en la corte[8], los reyes lo esperaron en su riquísimo trono y cuando fue a besarles la mano se levantaron como ante gran señor y lo hicieron sentar a su lado. Los indios que llevó fueron bautizados con padrinos[9] como los reyes y el infante don Juan y fueron llamados Don Fernando de Aragón, Don Juan de Castilla y Don Diego Colón.

1. Il transportait des graines 2. vice-roi 3. retour 4. foules 5. (ici) le bruit avait couru 6. perroquets 7. ceintures de pierres précieuses 8. cour 9. parrains

Memorias del Nuevo Mundo, Homero Aridjis, 1991

Anticipa **a. Observa la imagen.**
Imagina cómo contó Colón su viaje a los Reyes Católicos.
Fue un viaje... / Encontré...

b. Lee el texto.

1. **Enumera** qué llevó Colón a las Indias y **piensa** para qué lo necesitaba.
2. **Explica** por qué el regreso de los barcos causó entusiasmo entre los ciudadanos.

Causó entusiasmo porque sabían que Colón había...

Prepara la tarea **c. ¿Qué beneficios obtuvo Cristóbal Colón gracias a su expedición? Justifícalo.**

Prepara la tarea **d. Y los reyes, ¿qué beneficios querían obtener? Fíjate en los productos que trajo Colón de la expedición.**

e. ¿Por qué crees que bautizaron a los indios?

*** NOTA CULTURAL ***

Los **Reyes Católicos** (siglos XV y XVI), Fernando II de Aragón e Isabel I de Castilla, decidieron financiar la expedición de **Cristóbal Colón** hacia la India y otros territorios asiáticos.

espace langues — Cahier interactif (compréhension orale)

2 Historia de un... ¿descubrimiento?

PÉDAGOGIE DIFFÉRENCIÉE — FICHA Pédago. diff.

prof.: 93

500 eng-años 1. El descubrimiento de América
02:22 José Ignacio y María López Vigil, Radioteca, 1992

LÉXICO DE LA AUDICIÓN: **cae de rodillas:** tombe à genoux • **se me ponen los pelos de punta:** ça me donne la chair de poule • **por carambola:** au hasard • **nuez moscada:** noix de muscade • **clavo de olor:** clou de girofle

Prepara la tarea

a. Escucha el programa de radio.

1. ¿Cuál era el motivo de la expedición de Cristóbal Colón?
2. Apunta los condimentos que buscaban los españoles. Explica por qué eran productos valiosos.

Prepara la tarea

b. Vuelve a escuchar el programa y explica por qué se dice que "el descubrimiento de América fue una casualidad".

c. Comenta lo que dice uno de los personajes.

"Oiga, señor, ya nosotros estábamos descubiertos por nosotros mismos, ¿no le parece?"

∗ NOTA CULTURAL ∗

Antonio de Montesinos (1475 - 1540) fue un fraile dominico que fue a América a evangelizar a la población y denunció los abusos a los indígenas por parte de los españoles.

3 En defensa de los indígenas

vídeo: 17

También la lluvia, Icíar Bollaín, 2010

LÉXICO DEL VÍDEO: **están extrayendo el oro:** ils sont en train d'extraire de l'or • **obispos:** évêques • **sacerdote:** prêtre • **predicar la verdad:** prêcher la vérité • **exhaustos:** épuisés

a. Mira el vídeo.
Reescribe estas frases a partir de la información del vídeo.

1. Los españoles utilizaban a los indígenas para el cultivo de la caña de azúcar.
2. Montesinos solo acusa a las autoridades reales.
3. Montesinos dice que el trato que se da a los indígenas se puede justificar.

Prepara la tarea

b. Vuelve a mirar el vídeo.
Explica por escrito cómo eran las condiciones de vida de los indígenas colonizados.

c. Da tu opinión. ¿Cómo calificarías estas condiciones de vida? ¿Cómo crees que reaccionaron los colonizadores en aquella época? ¿Por qué?

Gramática ► p. 175 Activ.

- **Le passé simple et le plus-que-parfait**
  ► pp. 191, 192 Précis
  PASAR > pasé, pasaste, pasó...
  imparfait de haber + part. passé
  Por los pueblos por donde pasó, habían salido muchedumbres a verlo.
- **Le superlatif absolu**
  ► p. 187 Précis
  adjectif + ísimo(a/os/as)
  Estaba en su riquísimo trono.

Léxico ► p. 175 Activ. élève: 94 prof.: 87

la conquista
la crueldad
el (la) indio(a): (ici) le (la) natif (native) américain(e)
el pecado: le péché
la servidumbre: la servitude
el tesoro: le trésor
la tiranía
colonizado(a)
convertir al cristianismo
bautizar: baptiser
descubrir
└ **descubierto(a)**
estar hambriento(a) = tener hambre: être affamé(e) = avoir faim
volverse [ue] loco(a): devenir fou (folle)

Dosier de documentos

espace langues
Cahier interactif (compréhension écrite)

4 12 de octubre: ¿un día para celebrar?

El doce de octubre se celebra en España el Día de la Fiesta Nacional. En él se conmemora el momento en el que el navegante Cristóbal Colón descubrió América en 1492. Este día es también conocido como Día de la Hispanidad o Día de la Raza en el continente americano. En Latinoamérica, el doce de octubre es, sin embargo, más polémico. [...] Los nativos quisieron dar la vuelta[1] al motivo de celebración, dejar de reconocer de manera intencionada la supremacía de la raza hispánica frente a[2] la indígena. De este modo, el "encuentro entre dos mundos" celebra en la actualidad el reconocimiento a los asaltados[3] que fallecieron[4] durante la colonización y la diversidad cultural que dejó como consecuencia el cruce[5] de europeos, americanos y africanos en el nuevo mundo.

El sentimiento del pueblo indígena contra la superioridad de la cultura hispánica frente a la local ha llevado[6] a los gobiernos de algunos países sudamericanos a cambiar el nombre y el motivo de conmemoración del día doce de octubre:

Argentina: Día de la Diversidad Cultural Americana

Bolivia: Día de la Descolonización en el Estado Plurinacional de Bolivia

Perú: Día de los Pueblos Originarios y del Diálogo Intercultural

Nicaragua, República Dominicana y Uruguay: Día de la Resistencia Indígena, Negra y Popular

Guatemala y Venezuela: Día de la Resistencia Indígena

Costa Rica: Día de las Culturas

Chile: Día del Descubrimiento de Dos Mundos

1. changer radicalement 2. face à 3. personnes assaillies (les victimes) 4. sont décédés 5. le passage 6. a conduit

Julia González, publico.es, 2017

(arriba) Celebración del Día de la Hispanidad por parte de la comunidad latinoamericana de Pamplona (España)

(abajo) Manifestación el día 12 de octubre en Barcelona (España)

Anticipa **a. Mira** las fotos y **explica** en qué contrastan entre ellas.

b. Lee el texto y **responde**.

1. ¿Qué se conmemora en España el Día de la Fiesta Nacional?
2. ¿Por qué motivo esta celebración es polémica?

c. Fíjate en los nombres que dieron algunos países a esta celebración. ¿Hacen todos las mismas reivindicaciones?

d. ¿Cuál te parece más adecuado? **Explica** por qué.

Gramática ► p. 175 Activ.

- **Les subordonnées relatives** ► p 200 Précis
  préposition + el / la / los / las + que
  Se conmemora el momento en el que Colón llegó a América.
- **Les dates** ► p. 185 Précis
  el doce de octubre de mil cuatrocientos noventa y dos

Léxico ► p. 175 Activ. élève : 95 prof. : 88

la diversidad
el encuentro: la rencontre
el motivo: le motif
el pueblo indígena: le peuple indigène
el reconocimiento
└ **reconocer:** reconnaître
cambiar: changer
celebrar: célébrer
invadir: envahir
dejar de: arrêter de

Banco de actividades p. 175

LA CONQUISTA

LOS ACTORES

LOS INDÍGENAS

el condimento
el (la) esclavo(a)
el (la) indígena ≈ el (la) indio(a)
el (la) nativo(a)
el tesoro
recibir
regalar
└ el regalo
resistir
└ la resistencia

LOS CONQUISTADORES

el barco ≈ la carabela
el capataz
la conquista
└ conquistar
el descubrimiento
└ descubrir
el (la) navegante
el rey (la reina)
invadir

RECORDAR LA HISTORIA

DENUNCIAR

la crueldad
la servidumbre
la tiranía
cambiar
colonizar
└ la colonización
└ el (la) colonizador(a)
esclavizar
└ la esclavitud
estar hambriento(a) = tener hambre
invadir
└ la invasión

CELEBRAR

la diversidad
el encuentro
el motivo
alegre
celebrar
└ la celebración
conmemorar
└ la conmemoración
reconocer
└ el reconocimiento

LA EVANGELIZACIÓN

la cruz
los mandamientos
el padrino
el pecado
el sacerdote
bautizar
convertir al cristianismo
predicar la verdad

¡Crea tu propio mapa mental!
Haz un nuevo mapa mental con solo veinte palabras. **Elimina** las que ya conozcas bien y las que te parezcan menos necesarias.

Palabras para construir

1 Familias de palabras

a. Observa estas familias de palabras.
Completa las series con las palabras que faltan (puedes encontrarlas en la unidad).

conquistar	la ...	el (la) conquistador(a)	ser conquistado(a)
descubrir	el ...	el (la) descubridor(a)	ser descubierto(a)
colonizar	la colonización	el (la) colonizador(a)	ser ...
reconocer	el ...		ser reconocido(a)
navegar	la navegación	el (la)...	
encontrar	el ...		
llegar	la ...		

b. ¿Cuál es la raíz (la parte de la palabra que se repite) de cada familia?

c. Escribe siete frases sobre la conquista de América con una palabra de cada familia.

> ! Observer la **racine** d'un mot peut vous aider à en comprendre le sens !

Haz oír tu voz

La pronunciación de vocal + *n* y vocal + *m*

prof.: 96
élève: 89

a. Escucha estas palabras.
Fíjate en la pronunciación de las letras destacadas.

1. **con**quista	4. **in**dígena	7. **con**memorar	10. **in**vadir
2. den**un**cia	5. c**am**biar	8. m**an**dami**en**to	11. s**ím**bolo
3. naveg**an**te	6. cintur**ón**	9. **con**vertir	12. bi**en**venida

> ! En espagnol, lorsqu'un mot comprend l'ensemble « voyelle + **n** » ou « voyelle + **m** » (**están**; **cambiar**), vous devez prononcer les deux lettres séparément. La voyelle doit s'entendre clairement.

b. Pronuncia las palabras anteriores tratando de imitar la grabación. **Lee** la caja violeta y **vuélvelas a pronunciar** corrigiendo posibles errores.

prof.: 97
élève: 90

c. Escucha y **repite** este trabalenguas.
¿Quién consigue decirlo sin equivocarse?

Los navegantes indígenas
navegan en una embarcación elegante.
En su embarcación elegante nos dan la bienvenida
los navegantes indígenas.

FICHA Grille autoév.

FICHA Grille éval.

El editorial de una revista de historia

Mediación

Vamos a escribir el editorial (la introducción) de este número de la revista *Historia de Iberia Vieja* y subirla a la web del instituto.

1. Como director(a) de la revista, **vas a resumir** el contenido de este número.
Tu trabajo consiste en **despertar el interés** del lector y **animarlo a leer** los artículos de la revista.

2. **Observa** la portada de la revista y **toma nota** del título y el subtítulo del tema principal.

3. **Lee** el índice del dosier dedicado a la conquista de América.

4. **Revisa** la unidad y **toma nota** de la información más importante relacionada con cada tema.

5. Recuerda que debes **presentar los hechos** de forma neutral y, si das una opinión o extraes una conclusión, debe ser razonada.
¡Ya puedes **escribir** tu editorial!

6. **Subid** vuestros editoriales a la web del instituto para que puedan leerlos vuestros compañeros de español de otras clases.

LA CONQUISTA DE AMÉRICA: ÍNDICE

- 5 Cristóbal Colón desembarca en las islas caribeñas
- 8 La vuelta del primer viaje y la recepción de los Reyes Católicos
- 11 El papel de los misioneros: Antonio de Montesinos
- 14 El cuestionamiento de un mito: ¿Colón descubrió América?
- 18 ¿Celebrar, conmemorar o denunciar? La situación actual

AYUDA

El 12 de octubre de...
La conquista, llegada o descubrimiento fue...
En este número presentamos...
En primer lugar...
Además...
Para terminar...
Esperamos que disfruten de...

¡Consulta la **ficha de metodología** para saber cómo escribir el editorial de una revista!
www.espacelangues.emdl.fr/puravida

FICHA Métho-do.

16 España en conflicto

¿Cómo afectó la Guerra Civil a la vida de los jóvenes españoles?

GRAMÁTICA

- *Les temps du passé : passé composé, imparfait, passé simple et plus-que-parfait*
- *L'expression de la cause :* **a causa de (que), por, porque**
- *L'enclise à l'infinitif et au gérondif*

LÉXICO

- La Guerra Civil española
- Los verbos **acordarse**, **recordar**, **olvidar(se)** y **echar de menos**
- Expresar la repetición

PRONUNCIACIÓN

- La pronunciación de **u**

TAREA FINAL

Crear un audiolibro de relatos sobre la Guerra Civil española

A

"El día de la evacuación", dibujo infantil realizado por Mercedes Comellas Ricart durante la Guerra Civil, Avery Department, Columbia University Libraries

B

"Escena de guerra", dibujo infantil realizado por Antonio Sánchez durante la Guerra Civil, Avery Department, Columbia University Libraries

C

↑ Portada del cómic *Jamás tendré 20 años*, Jaime Martín, 2016

D

↑ Portada del libro *La guerra civil contada a los jóvenes*, Arturo Pérez-Reverte, 2015

¡EMPECEMOS!

a. Observa las imágenes.
Relaciónalas con una de estas frases.
1. En la Guerra Civil española se enfrentaron dos bandos: el republicano y el nacional.
2. Muchas familias dejaron sus casas huyendo de los bombardeos.
3. Muchos jóvenes murieron o perdieron su juventud.
4. Las escenas de guerra eran frecuentes en los dibujos de los niños.

b. Imagina y comenta cómo afectó la Guerra Civil a los niños y a los jóvenes españoles en estos ámbitos.

estudios | familia | pueblos y ciudades

c. Observa los documentos C y D.
¿En qué años se publicaron?
¿Por qué crees que este tema sigue interesando actualmente?
Creo que es importante recordar...

*** NOTA CULTURAL ***

La **Guerra Civil española** estalló en 1936, cuando una parte del ejército se sublevó en contra del Gobierno de la Segunda República, y terminó en 1939, con la victoria del bando sublevado.

Léxico ► p. 176 Activ. prof.: 98 élève: 91

el bando: le côté
el bombardeo = el ataque aéreo
el refugio
dejar = abandonar
enfrentarse: s'affronter
huir: fuir
morir [ue]
recordar [ue] ≠ **olvidar**

Dosier de documentos

1 Hoy ha empezado la guerra

Domingo, 19 de julio de 1936

Hoy ha sido un día horrible. El 19 de julio del año 1936 quedará grabado en la historia. Por la mañana me despertaron unos tiros a las cinco, pues teníamos que ir a la playa y mamá no nos dejó[1]. Es natural, pues se presentaba el día malo y tan malo. Las ametralladoras[2] iban, bombas por aquí, tiros por allá. Se oía muy bien cómo se derrumbaban[3] las casas en donde las tiraban [...]. Esta guerra ha sido a causa de que no quieren al Gobierno, quieren otra vez la monarquía [...].

Pero no sé quién ganará aún, pues hay mucho [jaleo][4]. Bueno, un día pésimo. No podíamos estar en el balcón porque disparaban balas. Estábamos afuera en la escalera hablando con los vecinos, pero sin parar los disparos[5]. Por la tarde dormí un poco, pero no se podía por el ruido: resulta que vivimos al lado de los frailes[6], de la iglesia y de su imprenta[7]. Los curas con ametralladoras, escopetas y revólveres hacían fuego contra el cuartel[8] que está al lado [...]. Jugamos con los vecinos en la escalera al parchís[9]. Ya tarde echaron las bombas (que resonaron por toda la casa) y prendieron fuego en la iglesia y colegio e imprenta, pero no podíamos salir por las balas.

1. nous l'a interdit 2. mitraillettes 3. s'effondraient 4. pagaille
5. les coups de feu 6. les religieux 7. imprimerie 8. la caserne
9. aux petits chevaux (jeu de société)

↑ *Querido Diario: hoy ha empezado la guerra*, Pilar Duaygües, 2017

↑ Portada del libro *Querido Diario: hoy ha empezado la guerra*, Pilar Duaygües, 2017

Anticipa **a. ¿Conoces algún diario personal famoso? ¿Has leído alguno? ¿De qué trata?**

He leído el diario de... que trata sobre...

b. Fíjate en la portada del libro y responde.

1. ¿Quién era Pilar Duaygües? Haz hipótesis sobre ella (edad, carácter...).

   Era una chica de unos...

2. ¿De qué crees que trata el libro?

c. Lee el texto y responde.

1. ¿En qué fecha escribió este fragmento? ¿Qué ocurrió ese día?
2. ¿Qué planes tenía Pilar para ese día?
3. ¿Qué hizo Pilar aquella tarde?
4. ¿Cómo era la situación en la calle?

d. Da tu opinión. ¿Crees que Pilar era realmente consciente de la gravedad de la situación? ¿Por qué?

(No) Era consciente porque dice / parece...

↑ Barricada republicana en una calle de Barcelona, 19 de julio de 1936

espace langues — Cahier interactif (compréhension orale)

2 Niños refugiados

PÉDAGOGIE DIFFÉRENCIÉE — FICHA Pédago. diff.

Portada del libro *Mexique, el nombre del barco*, Mª José Ferrada y Ana Penyas, 2017

*** NOTA CULTURAL ***

En 1937, la ciudad vasca de **Guernica** sufrió un ataque aéreo sobre la población civil por parte de las tropas fascistas alemanas e italianas, aliadas del bando franquista, contrario al Gobierno de la Segunda República.

prof.: 99

Niños vascos refugiados en Inglaterra
01:20 — *Hispanorama*, RTVE, 2012

LÉXICO DE LA AUDICIÓN: seguir vivos: rester en vie • rumbo al norte: en direction du nord • una estancia: un séjour • el Habana: nombre de uno de los barcos que transportó a niños refugiados

Anticipa **a.** **Lee** el título de la actividad y **observa** la portada del libro. ¿Dónde están los niños? ¿Cómo crees que se sienten?
Están en... Algunos parecen estar...

Anticipa **b.** ¿Has oído hablar de Guernica?
Lee la nota cultural y **explica** qué ocurrió allí en 1937.

c. **Escucha** el programa de radio.
¿Cómo afectó la Guerra Civil a los niños españoles?
¿Qué países los acogieron?

d. **Vuelve a escuchar** la audición.
Identifica las afirmaciones falsas y **corrígelas**.

1. Muchos niños vascos se fueron del país después del bombardeo de Guernica.
2. Los niños pensaban que abandonaban el país para siempre.
3. Los niños refugiados viajaban solos, sin la compañía de ningún adulto.

Prepara la tarea **e.** **En parejas**, uno(a) de vosotros **imagina** que es uno(a) de los niños del barco y **escribe** una carta a sus padres.
El (La) otro(a) **imagina** que es su padre (o su madre) desde España y **contesta** la carta.

Gramática ► p. 176 Activ.

- **Les temps du passé (I)** ► pp. 190-193 Précis
  passé composé, passé simple et imparfait
  Hoy ha sido un día horrible.
  No pude dormir porque había mucho ruido.
- **La cause** ► pp. 201, 203 Précis
  a causa de + nom
  a causa de que + verbe
  por + nom
  porque + verbe
  La guerra es a causa de que no quieren el Gobierno.
  No podía dormir por el ruido.

Léxico ► p. 176 Activ. prof.: 100 élève: 92

el barco: le bateau
el (la) refugiado(a)
la víctima
asustado(a): effrayé(e)
desaparecido(a): disparu(e)
└ **desaparecer**
preocupado(a)
despedirse [i] de: dire au revoir à
disparar: tirer
echar de menos a alguien: s'ennuyer de qqn, manquer
escapar de: échapper à
resultar herido(a): être blessé(e)
tener miedo

Dosier de documentos

espace langues — Cahier interactif (compréhension écrite)

3 La trama del tiempo

FICHA Image

prof.: 101
élève: 93

Tenía cinco años cuando se fue. Creció en otro país, habló otra lengua. Cuando regresó, ya había vivido mucha vida.

Felisa Ortega llegó a la ciudad de Bilbao, subió a lo alto del monte Artxanda y anduvo el camino, que no había olvidado, hacia la casa que había sido su casa.

Todo le parecía pequeño, encogido[1] por los años; y le daba vergüenza que los vecinos escucharan los golpes de tambor que le sacudían el pecho[2].

No encontró su triciclo, ni los sillones de mimbre[3] de colores, ni la mesa de la cocina donde su madre, que le leía cuentos, había cortado de un tijeretazo[4] al lobo que la hacía llorar. Tampoco encontró el balcón, desde donde había visto los aviones alemanes que iban a bombardear Guernica.

Al rato, los vecinos se animaron a decírselo: no, esta casa no era su casa. Su casa había sido aniquilada[5]. Esta que ella estaba viendo se había construido sobre las ruinas. Entonces, alguien apareció, desde el fondo del tiempo. Alguien que dijo:

–Soy Elena.

Se gastaron abrazándose[6]. Mucho habían corrido, juntas, en aquellas arboledas de la infancia. Y dijo Elena:

–Tengo algo para ti.

Y le trajo una fuente[7] de porcelana blanca, con dibujos azules. Felisa la reconoció. Su madre ofrecía, en esa fuente, las galletitas de avellanas[8] que hacía para todos.

Elena la había encontrado, intacta, entre los escombros, y se la había guardado durante cincuenta y ocho años.

1. rétréci 2. vibraient dans sa poitrine 3. d'osier 4. d'un coup de ciseaux 5. anéantie 6. Elles s'usèrent à force d'étreinte 7. un plat 8. aux noisettes

Bocas del tiempo, Eduardo Galeano, 2017

Cartel del Departamento de Propaganda de la Delegación de Gcbierno de Euskadi en Cataluña, Paco de Ribera, 1937

Gramática ► p. 176 Activ.

- **Les temps du passé (II)** ► pp. 190 - 193 Précis
  imparfait, passé simple et plus-que-parfait
  Era pequeña cuando se fue y, cuando regresó, ya había vivido mucha vida.
- **L'enclise** ► p. 188 Précis
  infinitif / géröntif + pronom collé
  Se animaron a decírselo.
  Se gastaron abrazándose.

Léxico ► p. 176 Activ.

prof.: 102
élève: 94

el daño: le dommage
la destrucción
acordarse [ue] **de**
= **recordar** [ue]
└ **el recuerdo**
emocionarse: émouvoir
└ **estar emocionado(a)**
estar nervioso(a)
guardar: garder
reconocer: reconnaître
reencontrarse [ue]: se retrouver
└ **el reencuentro**
regresar: rentrer, revenir
traer recuerdos: rappeler des souvenirs

Anticipa **a. Mira el cartel y descríbelo. ¿Qué representa?**

b. Lee el texto y responde.

1. ¿Cuántos años tenía Felisa cuando se marchó?
2. ¿Encontró la casa igual a como la recordaba? ¿Por qué?
3. ¿Con quién se reencontró en Bilbao?
4. ¿Cuánto tiempo había pasado cuando volvió a Bilbao?

c. Imagina cómo se sintió Felisa al recibir la fuente.
Yo creo que se sintió...

Prepara la tarea **d. Resume la historia de Felisa por escrito.**

Palabras para recordar

Banco de actividades p. 176

LA GUERRA CIVIL

EL CONFLICTO BÉLICO

- el bando
  - nacional
  - republicano
- el bombardeo ≈ el ataque aéreo
  - bombardear
- la población civil
- el refugio
- combatir = luchar
- disparar
- enfrentarse
- ganar ≠ perder

LAS CONSECUENCIAS

- el daño ≈ la destrucción
- la ruina
- la víctima
- derrumbarse (un edificio)
- desaparecer
  - desaparecido(a)
- estar
  - asustado(a)
  - preocupado(a)
- morir
- resultar herido(a)

LOS NIÑOS REFUGIADOS

LA PARTIDA

- el barco
- el refugio
- crecer en otro país
- dejar el país = abandonar el país
- despedirse de
- echar de menos a alguien
- estar
  - nervioso(a)
  - triste
- huir
- tener miedo

EL REGRESO

- abrazarse
- devolver = regresar
- emocionarse
  - estar emocionado(a)
- guardar
- reconocer
- recordar = acordarse de ≠ olvidarse (de)
  - el recuerdo
- reencontrarse
  - el reencuentro
- traer recuerdos

¡Crea tu propio mapa mental!
Escoge las veinte palabras que te parecen más importantes para cortarle a un(a) amigo(a) en qué consistió la Guerra Civil española.

Palabras para construir

Banco de actividades p. 176

1 Los verbos *acordarse, olvidar(se), recordar* y *echar de menos*

a. Observa las series de palabras.
Escribe cuatro frases con verbos distintos.

acordarse | de | su antigua casa | Elena
olvidarse | de | su antigua casa | Elena
recordar | su antigua casa | a Elena
olvidar | su antigua casa | a Elena
echar de menos | su antigua casa | a Elena

> (!) Avec les verbes **recordar** et **olvidar**, on n'utilise jamais la préposition **de**.

2 Expresar la repetición

a. Observa las series de palabras. ¿Cómo las traducirías al francés?

reencontrarse | con | una amiga
volver a | encontrarse | con | una amiga
encontrarse | con | una amiga | de nuevo | otra vez

b. Expresa la repetición de diferentes maneras con estos verbos.
Puedes usar un diccionario si lo necesitas.

leer | vivir | utilizar

> (!) Pour exprimer la répétition, on peut employer indifféremment **volver a...** et **...de nuevo**. En revanche, le préfixe **re-** ne peut s'utiliser que devant certains verbes (ex. : **reconstruir**).

Haz oír tu voz

La pronunciación de *u*

prof.: 103
élève: 95

a. Escucha estas palabras.
Indica en qué casos se pronuncia la **u** de **qu** o **gu**.

1. guerra
2. guardar
3. porque
4. lengua
5. vergüenza
6. monarquía
7. Guernica
8. alguien

b. Repite las palabras anteriores en voz alta.

prof.: 104
élève: 96

c. Escucha y **repite** este trabalenguas.
¿Quién consigue decirlo sin equivocarse?

¿Por qué guarda Guadalupe sus guantes antiguos?
Guadalupe guarda sus guantes antiguos
porque quiere recordar a un antiguo amigo.

> (!) En espagnol, la lettre **u** se prononce comme le son **ou** français.
>
> Dans les ensembles **gue**, **gui**, **que** et **qui** (**guerra**, **porque**...), on ne prononce pas le **u**, à moins qu'il ne porte un tréma (**vergüenza**).

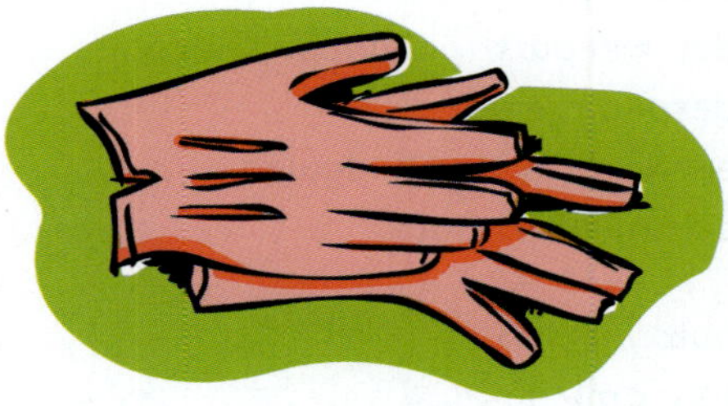

FICHA Grille autoév.

FICHA Grille éval.

Un audiolibro sobre la Guerra Civil

Mediación

Vamos a crear el audiolibro “Recuerdos de una guerra” y a compartirlo con otras clases de español.

1. En parejas, **buscad** en la unidad una imagen que os inspire para escribir vuestro minirrelato.
2. **Observad** la imagen e **imaginad** una situación. **Haced un esquema** para definir vuestras ideas.

¿Qué personaje(s) interviene(n)? | ¿Dónde está(n)? | ¿Qué hace(n)? | ¿Cómo se siente(n)? | ¿Por qué se siente(n) así? | ...

3. **Escribid** un minirrelato. Podéis **narrar una historia completa** o podéis **describir un día concreto** a modo de diario.
4. **Grabaos leyendo** vuestros minirrelatos para crear un audiolibro. Pero antes... ¡no olvidéis **practicar la pronunciación** leyendo vuestro minirrelato en voz alta varias veces!
5. **Compartid** vuestros audiolibros con otras clases de español del instituto o de otros centros.

FICHA Métho-do.

¡Consultad la **ficha de metodología** con consejos para mejorar vuestra expresión oral!
www.espacelangues.emdl.fr/puravida

AYUDA

Para introducir diálogos
–le preguntó–
–le respondió–
–dijo–
–añadió–

Para organizar las ideas
entonces...
luego...
al rato...
de repente...
al final...

Para situar en el tiempo
Hoy ha sido...
Al día siguiente...
El día anterior...
Años después...

Más documentos para disfrutar

Unidad 15. América, 1492

CANCIÓN

¡Ay! Tenochtitlán!, Seguridad Social, 1991

LITERATURA

"El eclipse", ***Obras completas y otros cuentos***, cuento de Augusto Monterroso, 1959

"El descubrimiento", ***Los hijos de los días***, poema de Eduardo Galeano, 2012

REPORTAJE

"¿Cómo se enseña el descubrimiento de América?", *El País*, Pablo Ferri, 2016

ARTE

El encuentro, Jaime Zapata, 2007

El sueño de Cristóbal Colón, Salvador Dalí, 1958-1959

PELÍCULA

También la lluvia, Icíar Bollaín, 2010

SERIES

Isabel la Católica, Jordi Frades, temporadas 2 y 3, 2012-2014

"Tiempo de lo oculto", ***El Ministerio del Tiempo***, temporada 2, 2016

MONEDA

Encuentro de dos Mundos (1492-1992), moneda conmemorativa de Ecuador de 5 000 Sucres, 1991

CAMPAÑA

"El 12 de octubre, no hay nada que celebrar", La Gaitana XVI, 2015

Unidad 16. España, en conflicto

ENSAYO

La guerra civil contada a los jóvenes, Arturo Pérez-Reverte, 2015

ARTE

Guernica, Pablo Picasso, 1937

Monumento al exilio, Joan García-Codina y Lola Reyes, 2000

Monumento al exlio en La Vajol, Girona (España)

CÓMICS

Mexique, María José Ferrada y Ana Penyas, 2017

Los surcos del azar, Paco Roca, 2013

DIBUJOS

Children's Drawings of the Spanish Civil War, colección de la biblioteca digital de la Universidad de Columbia

CANCIONES

Justo, Rozalén, 2017

Madre anoche en las trincheras, Raquel Eugenio Cover, 2016

LITERATURA

"La lengua de las mariposas", ***¿Qué me quieres, amor?***, cuento de Manuel Rivas, 2000

"Explico algunas cosas", ***España en el corazón***, poema de Pablo Neruda, 1937

PELÍCULAS

Las 13 rosas, Emilio Martínez-Lázaro, 2007

El laberinto del fauno, Guillermo del Toro, 2006

LE PRÉSENT DE L'INDICATIF : LES VERBES À DIPHTONGUE ET À AFFAIBLISSEMENT

1 Completa las frases con los verbos en presente.

a. Los jóvenes **(esforzarse)** ..se esfuerzan.. por aprender cosas nuevas.

b. Algunos adultos **(pensar)** ..... que los jóvenes son irresponsables.

c. Sergio no **(querer)** ..... decirle a Eva lo que **(sentir)** ..... por ella.

d. Alba y Rocío **(vestir)** ..... genial, son muy modernas.

e. Alberto siempre **(reírse)** ..... de sus compañeros. No me gusta nada.

f. Yo **(preferir)** ..... ver vídeos en internet a ver la tele.

LES VERBES DE TYPE *GUSTAR*

2 Escribe frases con estos elementos.

a. Óscar y Simón | encantar | la tecnología

➔ ..A Óscar y a Simón les encanta la tecnología...

b. nosotros | molar | las fiestas de primavera

c. Sara | encantar | jugar con el móvil

d. Pablo | costar | relacionarse con los demás

e. Yo | interesar | los canales de ciencia

LES PRONOMS COD ET COI À LA 3e PERSONNE

3 ¿A quién se refiere el pronombre destacado? Elige la opción correcta en cada caso.

a. **Le** han dado un premio por un videotutorial.

➔ **a Santi / a Laura y a Beatriz**

b. Míra**lo**, no hace nada en todo el día.

➔ **a mi hermano / a mis amigos**

c. **Les** han dicho que deben respetar las normas.

➔ **a los alumnos / al profesor**

d. Los profes **la** adoran.

➔ **a Clara / a Mateo**

e. No **los** entiendo, siempre están enfadados.

➔ **a mis hermanas / a mis padres**

4 Completa las frases con el pronombre de COI o de COD adecuado en cada caso.

a. Este meme ..lo.. ha creado Zaira. **(COD)**

b. Todos los días ..... envío mensajes a Susana. **(COI)**

c. El bocadillo ..... llevo en la mochila. **(COD)**

d. A Isabel ..... conocemos muy bien. Vamos a la misma clase. **(COD)**

e. Miguel y Carla ..... han quitado los libros a Ana. **(COI)**

SER ET *ESTAR*

5 ¿Ser o estar? Elige la opción correcta en cada caso.

a. **Estamos / Somos** ansiosos porque hoy es un día muy importante.

b. Pedro y Raúl **están / son** en el patio.

c. Nacho **está / es** muy maleducado, siempre insulta a todo el mundo.

d. **Estoy / Soy** muy concienciada con los problemas actuales de los jóvenes.

e. Si te ríes de los abusos, **estás / eres** cómplice.

f. Martina es la chica que **está / es** sentada en el suelo.

ESTAR + GÉRONDIF

6 Completa las frases utilizando la estructura estar + gerundio.

a. Fernando **(hablar)** ..está hablando.. con Paula y Daniel.

b. ¡Siempre **(mirar, tú)** ..... el móvil! ¿No te aburres?

c. Parece que los jóvenes de ahora no **(seguir)** ..... los mismos patrones que sus padres.

d. ¿Qué tal? ¿**(Divertirse, vosotros)** ..... ? **(Reírse, vosotros)** ..... mucho.

e. ¿Qué le pasa a Vicky? **(Llorar)** ..... .

LA ADOLESCENCIA

7 Busca el intruso.

a.	b.	c.
rebelde	insultar	asustado (a)
cómplice	pegar	ansioso(a)
inconformista	reírse de alguien	mono(a)
incomprendido(a)	valorar	cabreado(a)

HABLAR DE HABILIDADES: *COSTAR Y DÁRSELE BIEN / MAL*

8 ¿Cómo te desenvuelves en las siguientes situaciones? Escríbelo.

a. Reconocer tus errores cuando estás equivocado.

➔ ..No me cuesta reconocer.....

b. Hablar en público.

➔ ..(No) se me da.....

c. Conservar la calma ante una injusticia. ➔ .....

d. Hacer amigos en vacaciones. ➔ .....

e. Los estudios. ➔ .....

Banco de actividades

espace langues — Cahier interactif (plus d'activités)

L'IMPARFAIT

1 ¿Cuáles de estos verbos están en imperfecto?

llegaron | sabía | comí | estudié | se casaban | sintió | ~~se dedicaban~~ | tenían | estaban | luchó | rechazaban | discrimina

2 Completa las frases con los verbos en imperfecto de la actividad anterior.

a. Antes muchos gitanos se dedicaban a la venta ambulante.

b. Muchas mujeres gitanas ..... muy jóvenes.

c. Mi madre no ..... leer ni escribir.

d. Antes los gitanos no ..... las oportunidades que ahora tienen los jóvenes.

e. Los habitantes de la península ibérica ..... a los gitanos por sus diferencias culturales.

LE PASSÉ SIMPLE

3 Escribe los verbos en pretérito indefinido *(passé simple)*.

a. llegar, ellos → llegaron

b. nacer, ella → .....

c. decidir, él → .....

d. escuchar, yo → .....

e. sentir, ellos → .....

4 Completa las frases con los verbos en pretérito indefinido *(passé simple)*.

a. Los gitanos **(llegar)** llegaron a España en el siglo XV.

b. El flamenco **(nacer)** ..... de la fusión entre la música morisca y la música judía.

c. El pueblo gitano **(decidir)** ..... quedarse en Andalucía.

d. Un día **(escuchar, yo)** ..... que los gitanos no podían ir a la misma escuela que yo.

e. Mi padres me **(decir)** ..... que hay que respetar a todo el mundo.

IR A + INFINITIF

5 Completa las frases con estos verbos. Utiliza la estructura ir a + infinitivo.

transmitir | ser | ~~casarse~~ | luchar

a. Yo no voy a casarme tan joven como mi madre.

b. Con esta canción (nosotros) ..... los valores del pueblo gitano.

c. Las mujeres gitanas ..... contra los estereotipos.

d. Teresa ha decidido que ..... abogada.

LE PRÉSENT DE L'INDICATIF : LES VERBES À DIPHTONGUE

6 Escribe el infinitivo de los siguientes verbos. ¿Qué cambio vocálico tiene cada verbo? Clasifícalos en la tabla.

duelen | cuenta | recuerdan | siento | demuestran | sueño | encuentras | tiene

O → UE	E → IE
doler → duelen	

7 Completa el texto con los verbos en presente de indicativo.

Muchos gitanos **(a. sentir)** sienten que no **(b. tener)** ..... acceso a las mismas oportunidades que el resto de la sociedad. Algunos **(c. contar)** ..... cómo se han visto despreciados por tener una cultura diferente y otros dicen que les **(d. doler)** ..... que no se haga un esfuerzo mayor por comprenderlos. Muchos **(e. soñar)** ..... con el día en el que no se los estigmatice por su etnia y nos **(f. demostrar)** ..... que el respeto es un esfuerzo y una tarea de toda la sociedad.

EL PUEBLO GITANO

8 Busca el intruso.

a.	b.	c.
cante	costumbres	respeto
baile	valores	represión
chatarra	estereotipos	discriminación
flamenco	tradiciones	persecución

9 Elige la opción correcta en cada caso.

a. Romper .....
→ **los estereotipos / los valores**

b. Transmitir .....
→ **la cultura / la represión**

c. Respetar .....
→ **los tópicos / a los ancianos**

d. Sufrir .....
→ **estudios / discriminación**

e. Ser de .....
→ **nómada / fiar**

f. Tener .....
→ **una carrera universitaria / los estudios**

LE PRÉSENT DE L'INDICATIF : QUELQUES VERBES IRRÉGULIERS

1 Completa las frases con los verbos en presente de indicativo.

a. Este año **(volver)** ..vuelven.. los ritmos latinos.
b. ¿A qué hora estás libre? Yo **(salir)** ..... de clase de salsa a las seis.
c. Este grupo de música **(venir)** ..... de Cuba.
d. ¿Tú **(tener)** ..... un grupo de rock? ¡No lo sabía!
e. Si puedo, **(aparecer)** ..... por la fiesta por la noche.
f. Yo siempre **(venir)** ..... a los conciertos de esta sala.

UN EMPLOI DU GÉRONDIF : LA MANIÈRE

2 Transforma las frases utilizando el gerundio.

a. Voy al colegio (andar).
→ ..Voy al colegio andando...
b. Aprendo a cocinar (cocinar con mis padres). → .....
c. Memorizo palabras (hacer mapas mentales). → .....
d. Practico español (cantar canciones). → .....
e. Siempre subo las escaleras (correr). → .....
f. Vivo la vida (disfrutar cada momento). → .....

LE PARTICIPE PASSÉ

3 Completa las frases con la forma adecuada del participio.

a. Esta es la película más **(ver)** ..vista.. del último año.
b. *Despacito* es una canción muy **(escuchar)** ..... en todo el mundo latino.
c. Pitbull es un cantante muy **(conocer)** ..... .
d. La salsa es una música **(crear)** ..... por músicos de origen cubano y caribeño.
e. La música urbana latina, **(impulsar)** ..... por el éxito de *Despacito*, ha ganado popularidad en todo el mundo.

LE SUPERLATIF RELATIF

4 Completa las frases con el artículo que falta: el, la, los o las.

a. La salsa es ..el.. ritmo más alegre que conozco.
b. Estas son ..... entradas más baratas para el concierto.
c. El flamenco es ..... música más triste que he escuchado.
d. El Caribe es ..... destino de viaje más solicitado.
e. Esos son ..... discos más vendidos del año.
f. ..... artistas más famosos del país también venden muchos discos en el extranjero.

5 Escribe frases de superlativo con estos elementos.

a. *Despacito* | canción | escuchada | YouTube
→ ..*Despacito* es la canción más escuchada en YouTube...
b. Celia Cruz | artista | famosa | Cuba → .....
c. la salsa | baile | popular | el Caribe → .....
d. una mujer de origen latino | artista | exitosa | EE.UU. → .....

LA MÚSICA Y LA FILOSOFÍA DE VIDA

6 Escribe las palabras en el lugar correspondiente.

mar | palmera | playa

7 Di si estas parejas de palabras tienen el mismo significado (=) o el contrario (≠). Escribe el símbolo adecuado en cada caso.

a. alegría ..=.. felicidad
b. triste ..... alegre
c. reír ..... llorar
d. disfrutar ..... gozar
e. pena ..... tristeza

8 Completa las frases con estas palabras.

baila | pasarlo | ~~alegre~~ | filosofía | lado

a. La gente es muy ..alegre.. .
b. La gente ..... en la calle de forma natural.
c. Los caribeños se toman la vida con ..... .
d. Los caribeños saben cómo ..... bien.
e. Es importante buscar el ..... bueno de las cosas.

LE PASSÉ SIMPLE

1 Completa las frases con los verbos en pretérito indefinido *(passé simple)*.

a. ¿Cómo **(surgir)** surgió la cumbia?

b. Los guitarristas **(introducir)** ..... el rock en Perú.

c. El concierto del sábado **(ser)** ..... increíble.

d. La cumbia **(contribuir)** ..... a enriquecer el folclore peruano.

e. En los años 60, las discográficas **(producir)** ..... muchos discos de bandas de Lima.

f. Isabel **(tocar)** ..... el violín en la fiesta de cumpleaños de su abuelo.

L'EXPRESSION DE LA DURÉE

2 Completa las frases con estas expresiones.

desde que | desde hace

a. Andrés toca la guitarra desde hace ocho años.

b. A Paula le gusta la cumbia ..... tenía cinco años.

c. Tocan juntos ..... mucho tiempo.

d. Vivimos en Perú ..... varios meses.

e. La cumbia se difunde más ..... se modernizó.

LA TRADUCTION DE « DEVENIR »

3 Reescribe las frases. Utiliza la expresión adecuada en cada caso.

se ha puesto | se ha vuelto

a. Ahora la música peruana es más variada y genuina.
→ La música peruana se ha vuelto más variada y genuina.

b. Desde hace algunos años el huayno es más popular entre los jóvenes. → .....

c. La cumbia está cada vez más de moda en Europa. → .....

d. La cumbia es un estilo cada vez más popular. → .....

L'EXPRESSION DE LA CAUSE ET DU BUT

4 Elige la opción correcta en cada caso.

a. A Luis no le gustan los conciertos **por / para** el ruido.

b. Elena creó un festival de cumbia **por / con el fin de** difundir la música peruana.

c. Los discos podrían desaparecer **por / con el fin de** la música digital.

d. Los músicos del barrio se reúnen una vez al mes **por / para** recuperar la música popular.

LA CREACIÓN ARTÍSTICA

5 Relaciona estas palabras con sus definiciones.

~~pintor(a)~~ | cumbia | cálidos | popular | caligrafía | banda | tradicional

a. El (La) artista que pinta: → pintor(a)

b. El arte de escribir con letra bella: → .....

c. El color amarillo, el fucsia, el rojo o el naranja son colores: → .....

d. Lo contrario de "moderno": → .....

e. Ritmo latinoamericano resultado de la mezcla de las culturas indígena y negra: → .....

f. Grupo de música rock: → .....

g. Arte o música para todo el mundo: → .....

LOS INSTRUMENTOS

6 Escribe el nombre de estos instrumentos musicales.

a 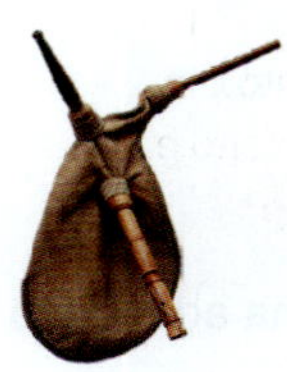
la gaita

b 
.....

c 
.....

d 
.....

e 
.....

f 
.....

7 Y tú, ¿qué instrumento tocas o te gustaría tocar? Escríbelo.

→ A mí me gustaría mucho...

CONSTRUCCIONES CON *DAR* Y *TOCAR*

8 Elige la opción correcta en cada caso.

a. Dengue Dengue Dengue **va a dar / va a jugar** un concierto en Francia en junio.

b. ¿Podrías **dar / tocar** mi canción favorita con tu guitarra?

c. Mi hermano **toca / juega** el violín desde los cinco años.

d. No sé a quién le **toca / da** presentar su trabajo.

e. Me emociono cuando los cantantes **interpretan / dan** canciones folclóricas.

L'IMPARFAIT

1 Completa las frases con los verbos en pretérito imperfecto.

a. Antes de jubilarme **(pensar)** ...pensaba... que a partir de ese momento me iba a aburrir.

b. Cuando mi marido y yo **(viajar)** ..... en avión, él siempre **(ponerse)** ..... nervioso.

c. Todos los días, después de desayunar, mi abuelo **(salir)** ..... a pasear con el perro.

d. Mi abuela **(hablar)** ..... francés porque vivió en Suiza muchos años.

2 Completa el texto con estos verbos. Conjúgalos en pretérito imperfecto o en presente de indicativo.

entrar | ~~trabajar~~ | aprovechar | trabajar | levantarse | salir | ir | ser

Antes de jubilarse, Juan **(a.)** ...trabajaba... ocho horas cada día. De lunes a viernes **(b.)** ..... a las siete de la mañana, **(c.)** ..... a trabajar a las nueve y **(d.)** ..... a las cinco.

Después de jubilarse, Juan **(e.)** ..... su día para hacer cosas que le hacen sentir bien: **(f.)** ..... al gimnasio, lee, queda con sus amigos y **(g.)** ..... como voluntario en una ONG. Juan **(h.)** ..... muy feliz en esta etapa de su vida.

LE PRÉSENT DU SUBJONCTIF

3 Escribe las formas que faltan.

HABLAR	COMER	ESCRIBIR	HACER
hable	coma	.....	haga
...hables...	comas	escribas	hagas
hable	.....	escriba	.....
.....	comamos	.....	.....
.....	.....	escribáis	hagáis
hablen	coman	.....	.....

L'EXPRESSION DU CONSEIL

4 Completa estos consejos con los verbos en presente de subjuntivo.

a. • No sé qué hacer cuando me jubile.
   ◦ Te aconsejo que **(buscar)** ...busques... actividades que te gusten.

b. • El médico dice que todo está bien, pero yo estoy preocupado.
   ◦ Te aconsejo que **(consultar)** ..... a otro médico.

c. • Todos me dicen que parezco más viejo.
   ◦ Te aconsejo que te **(comprar)** ..... ropa más moderna y alegre.

LO + ADJECTIF

5 Elige la forma correcta en cada caso.

a. **Lo / El** sorprendente es que los ancianos tengan tanta energía.

b. **Lo / El** tesoro más importante de una cultura es la sabiduría de sus mayores.

c. **Lo / El** más increíble fue **lo / el** viaje a las Bahamas. Lo pasamos muy bien.

d. **Lo / El** sostenible siempre es mejor para el planeta.

LA VEJEZ

6 Relaciona cada palabra con su contrario.

a. formal → ...4...
b. recordar → .....
c. anciano(a) → .....
d. sedentario(a) → .....

1. joven
2. olvidar
3. activo(a)
4. informal

7 Busca el intruso.

a. hacer la cama | ir al gimnasio | ser de la tercera edad | escribir

b. cansarse | ir a la moda | tener un estilo juvenil | vestir bien

c. hacerse viejo | llevar una vida sedentaria | doler las rodillas | el acompañante

8 Observa la fotografía. Completa la descripción con estas palabras.

~~juvenil~~ | zapatillas | barba | vaqueros | camiseta

Es un hombre mayor con un estilo bastante **(a.)** ...juvenil... . Es alto y lleva **(b.)** ..... . También lleva un sombrero, unas gafas de sol, una camisa azul, una **(c.)** ..... rosa, unos **(d.)** ..... azules, unas **(e.)** ..... y una bolsa deportiva.

L'IMPARFAIT

1 Completa las frases utilizando el imperfecto.

a. Mis abuelos ya no **me compran** caramelos.
Antes ..me compraban.. muchos cada semana.

b. En el quiosco de la esquina **regalan** cromos.
Antes no los ..... .

c. Dice que no **quiere** volver a la ciudad.
Antes, no ..... que ..... volver a la ciudad.

d. Ya no **me quedo** en la estación esperando su llegada.
Antes ..... horas esperando.

e. Mis padres ya no **son** tan estrictos conmigo.
Antes ..... mucho más estrictos.

2 Reescribe este texto utilizando el imperfecto.

Me **gusta** salir a la calle a jugar con mis amigos. **Nos pasamos** las tardes jugando y nuestras madres **tienen** que llamarnos a gritos desde el balcón cuando **llega** la hora de cenar.
Soy un buen alumno, pero las matemáticas me **cuestan** un poco. ¡Menos mal que mi madre me **ayuda** con los deberes!

→ ..Me gustaba salir a la calle a jugar con mis amigos...

LA COMPARAISON

3 Completa las frases comparando la vida hace 30 años y ahora.

a. Los coches | ser | (–) seguros
→ Antes, los coches eran menos seguros que los de ahora...

b. Los niños | tener | (–) juguetes
→ Los niños de antes...

c. Los viajes | durar | (+)
→ Hace 30 años, los viajes...

d. En la televisión | haber violencia | (–)
→ Antes, en la televisión no...

L'EXPRESSION DE L'OPPOSITION

4 Completa las frases.

a. Antes los niños podían comer muchos dulces, pero...
..algunos tenían caries o estaban gordos...

b. Antes las calles no tenían tantos coches, en cambio... .....

c. Los niños eran más bestias antes, sin embargo... .....

d. Antes había móviles, pero... .....

L'EXPRESSION DE LA DURÉE

5 Elige la opción correcta en cada caso.

a. Me gusta estudiar **desde / desde que** pequeño.

b. Vamos a la playa en verano **desde que / desde** encontramos un apartamento de alquiler en la costa.

c. Los dentistas dicen **desde que / desde** siempre que las chuches dañan los dientes.

d. Desde que / desde sé coser, me hago mis vestidos.

e. Vivo en este barrio **desde / desde que** mayo.

LE PASSÉ COMPOSÉ

6 ¿Cómo han cambiado los niños españoles en los últimos 30 años?
Reescribe el texto utilizando el pretérito perfecto *(passé composé)*.

Los niños españoles **pasan** de jugar al aire libre a estar dentro de casa y sobreprotegidos. Los padres **están** muy ocupados y los abuelos **se hacen** cargo de sus nietos. Esto **afecta** a las relaciones entre niños y adultos. Un estudio **muestra** cómo **se transforma** la infancia en España con este hecho.

→ ..Los niños españoles han pasado de jugar al aire libre a estar dentro de casa y sobreprotegidos...

LA INFANCIA

7 Lee las definiciones y completa las palabras.

a. Cuidar a alguien para que no le pase nada malo: P _ _ _ _ _ _ _

b. Los lugares y las personas que nos rodean son nuestro...: E _ _ _ _ _ _

c. Cumplir años y desarrollarse: C _ _ _ _ _

d. Forma coloquial de decir "bocadillo": B _ _ _ _ _

e. Lo opuesto de "seguro": P _ _ _ _ _ _ _ _

f. Zona de una ciudad descuidada y sin edificios: D _ _ _ _ _ _ _ _ _

CONSTRUCCIONES PARA HABLAR DE RELACIONES

8 Relaciona los elementos para construir frases.

a. Es importante llevarse... → ..4..

b. Mis padres cuidan... → .....

c. Antes los niños no pedían permiso... → .....

d. Mi padre está preocupado... → .....

e. Ahora los niños se quedan... → .....

1. con los abuelos al acabar el colegio.

2. de mis hijos porque trabajo.

3. por mi madre porque está sola.

4. bien con los amigos.

5. para salir a jugar.

L'IMPÉRATIF

1 **¿Cuáles de estos verbos están en imperativo? Identifícalos.**

guarda | alquilas | comparte | proceden | reduce | intercambia | fomenta | convivimos | vende | animas

2 **Escribe el imperativo de los siguientes verbos.**

a. **(Reutilizar, tú)** Reutiliza las bolsas de plástico.
b. **(Comer, vosotras)** ..... fruta de temporada.
c. **(Reciclar, nosotras)** ..... estas cajas de cartón.
d. **(Vivir, tú)** ..... en una casa ecológica.
e. **(Vender, nosotros)** ..... la ropa no usada.
f. **(Escribir, vosotros)** ..... en papel reciclado.
g. **(Reducir, tú)** ..... los residuos.
h. **(Llevar, tú)** ..... la pantalla vieja al punto de reciclaje.

L'IMPÉRATIF NÉGATIF

3 **¿Qué cosas no debes hacer? Completa las frases y escribe dos más.**

a. No **(comprar, tú)** compres productos envasados individualmente.
b. No **(tirar, tú)** ..... tu ropa vieja.
c. No **(olvidar, vosotros)** ..... llevar una bolsa de tela a la compra.
d. No **(utilizar, nosotras)** ..... vasos y platos de plástico.
e. .....
f. .....

L'ENCLISE À L'IMPÉRATIF

4 **Relaciona los elementos de las columnas.**

a. Las pilas están gastadas. → 5
b. La chaqueta no me vale. → .....
c. Los cruasanes no están envasados. → .....
d. Esta bolsa de plástico está perfecta. → .....
e. Necesito unos patines. → .....
f. Quiero un televisor. → .....

1. Ponlos en una bolsa de papel.
2. Alquílalos.
3. Reutilízala.
4. Cómpralo de bajo consumo.
5. Depositalas en el contenedor.
6. Regálamela.

5 **Completa con los pronombres adecuados.**

a. Indícame **(a mí)** la opción menos contaminante.
b. Explíca ..... **(a ellos)** las normas.
c. Arrégla ..... **(a nosotros)** el avión a Jorge y a mí.
d. Da ..... **(a ella)** estos rotuladores a María.
e. Infórma ..... **(tú)** sobre las ventajas.

6 **Da consejos para practicar un consumo colaborativo como en el ejemplo.**

a. • Tengo una casa en la playa y casi no voy.
 ◦ **(Alquilar)** Pues alquílala.
b. • No utilizo el coche.
 ◦ **(Vender)** .....
c. • Mi hijo tiene muchos juguetes.
 ◦ **(Regalar)** .....
d. • Ya he leído estas novelas.
 ◦ **(Intercambiar)** ..... con otra gente.
e. • Tengo muchos conocimientos de informática.
 ◦ **(Compartir)** .....

L'ENCLISE À L'INFINITIF ET AU GÉRONDIF

7 **Elige la opción correcta en cada caso.**

a. • He comprado pescado. Voy a **prepararlo / prepararla** para cenar esta noche.
 ◦ Puedes hacerlo más saludable **cocinándolas / cocinándolo** al vapor.
b. • Las zapatillas están despegadas.
 ◦ Puedes **llevarlas / llevarlo** al zapatero del barrio.
c. • No sé si hay algún contenedor de reciclaje en el instituto.
 ◦ Puedes **preguntárselas / preguntárselo** a la profesora.
d. • Carlos y Jaime no saben cómo funciona el horno.
 ◦ Yo puedo **enseñarles / enseñarlas**.

EL CONSUMO

8 **Elige la opción correcta en cada caso.**

a. el producto de **temporada / época**
b. el consumo **colaborativo / reciclado**
c. el electrodoméstico de **pequeño / bajo** consumo
d. el cambio **plástico / climático**
e. los **residuos / basura** electrónicos

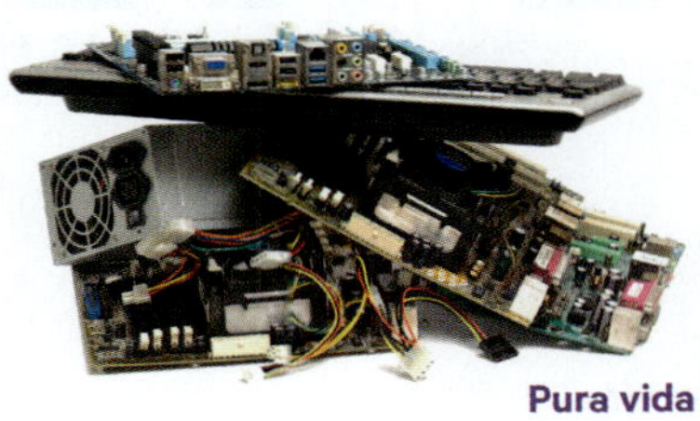

LES QUANTIFIEURS

1 Completa las descripciones de estas ciudades con estas palabras.

mucho(a/os/as) | poco(a/os/as) | muy

a. Mi ciudad no es verde: hay .. muchos .. edificios en mi barrio y ..... parques. Hay ..... naturaleza y está ..... contaminada.

b. Mi ciudad es verde: hay ..... árboles y ..... plazas tienen zonas con césped. Es ..... agradable.

SEGUIR + GÉRONDIF

2 Reescribe las frases utilizando seguir + gerundio.

a. Todavía hay pocos parques en la ciudad.
→ En la ciudad sigue habiendo pocos parques.

b. Los ecoparques todavía tienen animales en cautividad.

c. Mis amigos y yo tenemos 15 años y todavía disfrutamos cuando vamos al ecoparque.

d. Mucha gente todavía visita zoológicos.

e. Hay gente que todavía piensa que los zoológicos no plantean ningún problema.

ESTAR + GÉRONDIF

3 ¿Qué están haciendo estas personas? Escríbelo.

a Sara

.....

b Ana y Alejandro

.....

c Diego

.....

d Iván

.....

4 ¿Qué crees que están haciendo ahora mismo estas personas? Escríbelo.

a. Tu mejor amigo(a)
→ Creo que mi mejor amigo(a) ahora mismo...

b. Tus padres → .....

c. Tus vecinos → .....

d. Tu profesor(a) de inglés → .....

L'EXPRESSION DU BUT

5 Completa las frases con los verbos en presente de subjuntivo.

a. Los espacios verdes ayudan a que **(no haber)** .. no haya .. inundaciones por la lluvia.

b. Las plazas y los parques permiten que los vecinos **(socializar)** ..... y **(hacer)** ..... deporte.

c. Los árboles ayudan a que el aire **(ser)** ..... más limpio.

d. Una ciudad verde contribuye a que sus habitantes **(tener)** ..... buena salud.

LOS ESPACIOS VERDES Y LOS ANIMALES EN LA CIUDAD

6 Completa las frases con estas palabras.

cuidar | ~~parque~~ | hacer ejercicio | huerto | mascota | en cautividad | bosque

a. Cerca de mi casa hay un .. parque .. al que voy a ..... .

b. En mi barrio hay un ..... comunitario. Yo voy con algunos vecinos y cultivamos verduras.

c. Es muy triste ver animales ....., metidos en jaulas.

d. ¿Quieres montar en bici por el ..... este fin de semana?

e. Si no te gusta ..... de los animales, ¿por qué quieres tener una ..... ?

7 Relaciona cada palabra con su contrario.

a. aumentar → 3
b. crear → .....
c. mejorar → .....
d. ahorrar → .....
e. salud → .....

1. gastar
2. empeorar
3. disminuir
4. destruir
5. enfermedad

LE PASSÉ COMPOSÉ

1 Conjuga estos verbos en pretérito perfecto *(passé composé)*.

a. abandonar, ella → ha abandonado

b. ganar, nosotros → .....

c. competir, yo → .....

d. practicar, nosotros → .....

e. admirar, ellos → .....

f. apoyar, tú → .....

g. unir, vosotros → .....

2 Completa las frases con los verbos en pretérito perfecto *(passé composé)*.

a. Gracias al deporte, Inés Melchor ha aprendido disciplina.

b. Los deportistas peruanos **(obtener)** ..... importantes logros en competiciones internacionales.

c. Los bolivianos **(aprender)** ..... mucho con la organización de los Juegos Suramericanos.

d. El presidente de Bolivia **(decir)** ..... que estos juegos **(ser)** ..... los más importantes para la historia de su país.

e. ¿**(Ir, tú)** ..... a ver a la cholita luchadora?
Yo la **(ver)** ..... con mi hermano, a él le encanta la lucha.

SER ET *ESTAR*

3 Escoge la opción correcta en cada caso.

a. Elizabeth **está** / **es** muy contenta.

b. La cholita saluda desde el *ring* a una niña que **es / está** sentada en el público.

c. Elizabeth **es / está** triste porque no ha conseguido la medalla.

d. La lucha libre **es / está** un deporte como los otros.

e. El estadio olímpico **está / es** reformado.

L'EXPRESSION DE L'OPINION ET DU GOÛT

4 Completa las frases con los verbos en presente de subjuntivo.

a. A los atletas les encanta que los aficionados los **(animar)** animen .

b. A las cholitas les gusta que **(haber)** ..... mucha gente en sus espectáculos.

c. Me sorprende que muchos niños colombianos **(ir)** ..... en bicicleta por las montañas.

d. Hoy prefiero que **(practicar, nosotros)** ..... algún deporte. Estoy cansada de estar sentada.

e. A Bárbara le encanta que las competiciones deportivas **(servir)** ..... para establecer relaciones entre países cercanos.

L'ENCLISE À L'INFINITIF

5 Reescribe estas frases. Sustituye los elementos subrayados por los pronombres correspondientes.

a. Los espectadores se acercaron para abrazar <u>a la cholita</u>.
→ Los espectadores se acercaron para abrazarla.

b. Los niños asisten emocionados al espectáculo, su único objetivo es tocar <u>a la luchadora</u>.

c. Antes de retirarse, la cholita quiere firmar <u>todos los autógrafos</u>.

d. A la luchadora le gusta mucho ver <u>a muchos extranjeros</u> en los espectáculos.

e. Todas mis amigas han venido hasta aquí solo para ver <u>a las cholitas</u>.

f. Vamos a preguntar <u>a la luchadora</u> <u>cómo se siente</u>.

EL DEPORTE

6 Relaciona los elementos de las dos columnas para construir frases lógicas.

a. Voy a asistir a... → 1

b. Inés Melchor es... → .....

c. Yo practico... → .....

d. Lucho Garrido ha ganado... → .....

e. Los deportistas de la delegación ecuatoriana están... → .....

1. ...un evento deportivo.
2. ...orgullosos de su país.
3. ...mucho deporte.
4. ...una atleta peruana.
5. ...una medalla.

7 Responde a las preguntas.

a.

¿Cómo se llaman las personas que siguen espectáculos deportivos?

b.

¿Cómo se llaman los deportistas que corren carreras?

c.

¿Qué premio consigue el ganador (o la ganadora) de los Juegos Suramericanos?

d.

¿Qué deporte practican las cholitas luchadoras?

Banco de actividades

espace langues — Cahier interactif (plus d'activités)

A + COD DE PERSONNE

1 Escoge la opción correcta en cada caso.

a. La policía detuvo **a / Ø** los aficionados violentos después del partido.

b. Nuestro equipo tiene **a / Ø** un estadio nuevo.

c. Los jugadores deben respetar **a / Ø** los árbitros.

d. El River presentó **a / Ø** sus nuevos jugadores en un partido amistoso contra el Independientes.

e. En el instituto han comprado **a / Ø** balones oficiales para la próxima temporada.

f. Los buenos aficionados apoyan **a / Ø** sus jugadores en la victoria y en la derrota.

LA TRADUCTION DE « ON »

2 Reescribe estas frases utilizando la construcción se + 3ª persona.

a. La mayoría de los argentinos celebra las victorias de su selección por las calles de todo el país.
➔ En Argentina se celebran las victorias de la selección por las calles de todo el país.

b. Cuando los jugadores salen al campo, todo el mundo canta el himno.
➔ Cuando los jugadores salen al campo, ... el himno.

c. Los argentinos viven las derrotas con la misma intensidad que las victorias.
➔ En Argentina las derrotas ..... con la misma intensidad que las victorias.

LA TRADUCTION DE « DEVENIR » : *CONVERTIRSE EN, LLEGAR A SER, VOLVERSE*

3 Traduce las frases al español.

a. Dans notre famille, regarder le football ensemble chez nos grands-parents est devenu une tradition.
➔ En nuestra familia, ver el fútbol todos juntos en casa de mis abuelos...

b. Lionel Messi est devenu le meilleur jouer du monde.
➔ ......

c. Ces dernières années, assiter à un derby est devenu dangereux.
➔ ......

LE PASSÉ SIMPLE : QUELQUES VERBES IRRÉGULIERS

4 ¿Cuáles de estos verbos son irregulares en pretérito indefinido *(passé simple)*? Identifícalos.

hizo | comí | fui | consiguió | escribí | tuvo | jugaron | tuvimos | animé | defendieron | nos enfrentamos | pedí | estuviste

5 Completa las frases con los verbos en pretérito indefinido *(passé simple)*.

a. La selección argentina **(estar)** estuvo en la final del Mundial de 1986.

b. Hace 10 años **(tener, yo)** ..... un entrenador de fútbol argentino.

c. La tarde del cásico **(hacer)** ..... mucho frío, pero a la afición no le importó.

d. Los goles de Maradona **(ser)** ..... importantes en el partido contra los ingleses.

e. En 2018 miles de hinchas argentinos **(ir)** ..... a Rusia para alentar a su selección.

LES DÉMONSTRATIFS

6 Escoge la opción correcta en cada caso.

a. Hace ya muchos años que pasó, pero recuerdo **aquello / aquel** mundial de 1986 perfectamente.

b. No estoy hablando de por qué hemos perdido, **ese / eso** lo comentaremos en el entrenamiento.

c. **Este / Esto** fin de semana podríamos ver el partido en mi casa con unas pizzas.

d. ¿Ves cómo animan a su equipo? **Ese / Eso** es lo que me encanta de esta afición.

e. El portero es una pieza clave ante los ataques del adversario. **Ese / Eso** trabajo no puede hacerlo bien cualquiera.

EL FÚTBOL

7 Relaciona cada palabra con una imagen.

la camiseta | el campo | la bandera

a

.....

b

.....

c

.....

8 Lee las definiciones. Completa las palabras.

a. Lo contrario de "ganar": P _ _ _ _ _

b. Partido entre dos equipos de la misma ciudad: C _ _ _ _ _ _

c. Superstición que da suerte: C _ _ _ _ _

d. Nombre del equipo nacional: S _ _ _ _ _ _ _ _

e. Equipo que gana el campeonato: C _ _ _ _ _ _

f. Sinónimo de "adversario": R _ _ _ _

g. Sinónimo de "apoyar": A _ _ _ _ _ _

LE FUTUR

1 ¿Cuáles de estos verbos están en futuro? Identifícalos.

trabajaré | soñamos | descubriremos | estudiábamos | juego | aprenderán

2 Completa las frases con los verbos en futuro.

a. Dentro de cinco años, los pilotos de drones **(ganar)** ...ganarán... mucho dinero.

b. En el futuro no **(haber)** ..... escritores ni traductores.

c. Dentro de dos meses, Juan **(tener)** ..... un trabajo nuevo.

d. ¿Crees que **(poder, nosotros)** ..... trabajar desde casa?

e. Algunas personas no **(saber)** ..... quiénes son los hermanos Moreno Durán.

LES INDÉFINIS

3 Completa las frases con la forma correcta de estos indefinidos.

nadie | algún(uno/a/os/as) | ningún(uno/a/os/as) | mucho(a/os/as) | poco(a/os/as) | cualquier(a)

a. ...Nadie... quiere pasar horas trabajando.

b. Ricardo tiene ..... conocimientos en informática y necesita que le ayudemos con el ordenador.

c. Juan va a ..... talleres de programación porque le encanta.

d. Ana no ha jugado a ..... videojuego últimamente.

e. ..... persona puede utilizar este robot, es muy fácil.

f. ..... estudiantes hemos ido a la feria de robótica, otros han ido a la feria de diseño.

YA (NO) ET *TODAVÍA (NO)*

4 Elige la opción correcta en cada caso.

a. Antes trabajaba para mi padre, ahora **ya / ya no** he montado mi propia empresa.

b. **Todavía / Todavía no** hay coches voladores.

c. La mayoría de los jugadores de videojuegos **todavía / todavía no** tienen muy buenas condiciones de trabajo.

d. Algunas personas afirman que **ya / ya no** nadie lee, pero yo creo que **todavía / todavía no** se lee mucho.

5 Continúa las frases.

a. Mis padres todavía no ...entienden que quiero ser videobloguera....

b. Desde hace algunos años ya no .....

c. Actualmente ya .....

d. Dentro de 10 años todavía .....

L'EXPRESSION DE L'OBLIGATION

6 Escribe frases con estos elementos. Utiliza la construcción deber + infinitivo.

a. El próximo año | Lucía | trabajar más rápido

→ ...El próximo año Lucía deberá trabajar más rápido...

b. Si quieres ser jugadora profesional | entrenar mucho

c. Las escuelas del futuro | enseñar tecnología

d. Los jóvenes (nosotros) | ser curiosos

LAS PROFESIONES TECNOLÓGICAS

7 ¿A qué se dedican estas personas? Escribe el nombre de sus profesiones.

a

.....

b

.....

c

.....

d

.....

LOS VERBOS *APRENDER* Y *ENSEÑAR*

8 Elige la opción correcta en cada caso.

a. De mayor quiero ser profesor, me encanta **aprender / enseñar**.

b. En el taller, la profesora nos **ha aprendido / ha enseñado** a manejar las máquinas.

c. Este curso **hemos aprendido / hemos enseñado** muchas cosas nuevas que no sabíamos.

d. Si quieres **aprender / enseñar** a jugar Minecraft, yo puedo **aprenderte / enseñarte**.

LOS VERBOS *DEDICAR* Y *DEDICARSE*

9 Elige la opción correcta en cada caso.

a. Los jugadores de deportes electrónicos **dedican / se dedican** muchas horas a entrenar.

b. En el futuro me encantaría **dedicar / dedicarme** a crear videojuegos.

c. Normalmente **dedico / me dedico** unas dos horas al día a los deberes.

espace langues — Cahier interactif (plus d'activités)

L'EXPRESSION DE L'OPINION

1 ¿Qué es importante en los estudios y en el trabajo? Completa las frases con los verbos en presente de subjuntivo.

a. Es importante que te **(gustar)** guste lo que estudias.
b. Es interesante que **(ser)** ..... fácil encontrar trabajo después.
c. Está bien que tu carrera te **(permitir)** ..... trabajar al mismo tiempo.
d. Es justo que **(poder, tú)** ..... acceder a una beca si lo necesitas.
e. Es importante que **(ofrecer, ellos)** ..... prácticas en empresas.

L'EXPRESSION DE LA VOLONTÉ

2 ¿Infinitivo o presente de indicativo? Completa las frases con la forma correcta en cada caso.

a. Quiero que me **(llamar, ellos)** llamen para hacer una entrevista.
b. Quiero **(encontrar, yo)** ..... trabajo de lo mío.
c. Mi hermano espera que su jefe le **(dar)** ..... vacaciones en agosto.
d. Los trabajadores no quieren que la fábrica **(cerrar)** ..... .
e. Sara quiere **(cambiar, ella)** ..... de trabajo.

3 ¿Qué piden los manifestantes? Escribe tres frases.

Piden que...

CUANDO + SUBJONCTIF

4 ¿Cuándo sucederán estas cosas? Completa las frases con los verbos en presente de subjuntivo.

a. Cuando **(acabar)** acabe mis estudios, buscaré trabajo.
b. Cuando **(tener)** ..... un título, será más fácil que encuentres trabajo.
c. Cuando **(ir)** ..... a la entrevista, lleva tu currículum y una carta de presentación.
d. Cuando **(teminar)** ..... el instituto, estudiaré Psicología.
e. Cuando **(tener)** ..... trabajo, me emanciparé.
f. Cuando **(estudiar)** ..... , tendré empleos temporales.

5 Continúa la cadena de frases.

a. Cuando termine el instituto, estudiaré en la universidad / formación profesional.
→ b. Cuando estudie en la universidad / formación profesional, **(hacer prácticas)** ..... .
→ c. Cuando ..... , **(obtener un título)** ..... .
→ d. Cuando ..... , **(encontrar trabajo)** ..... .
→ e. Cuando ..... , **(emanciparse)** ..... .
→ f. Cuando ..... , ...

L'EXPRESSION DE L'HYPOTHÈSE

6 Coloca los verbos en las frases. Conjúgalos en presente de subjuntivo.

tener | ser | ~~contratar~~ | hablar | cambiar

a. Puede ser que contraten a un nuevo periodista para el departamento.
b. Es posible que ..... de opinión más adelante, pero Sergio ahora quiere ser veterinario.
c. Puede ser que la situación laboral ..... diferente dentro de unos años.
d. Es posible que los profesores ..... que estudiar inglés para obtener un título.
e. Es probable que ..... con mi jefe la semana que viene para pedirle un día libre.

EL MUNDO LABORAL

7 Busca el intruso.

a. médica | Arquitectura | ama de casa | jardinera
b. carrera universitaria | paro | máster | licenciatura
c. sueldo | entrevista | contrato | policía

8 Encuentra cinco palabras relacionadas con los estudios y el trabajo.

F	O	R	M	A	C	I	Ó	N	R	L
R	T	A	G	B	N	L	F	A	A	L
E	X	P	E	R	I	E	N	C	I	A
O	P	D	C	G	D	B	I	F	T	E
F	L	M	H	I	S	N	O	S	A	P
I	R	V	D	L	P	U	R	X	T	R
C	O	N	T	R	A	T	O	U	O	I
I	S	B	O	Q	R	I	Ñ	H	U	V
O	P	A	K	Q	O	R	F	J	I	D

LE CONDITIONNEL

1 Completa las frases con los verbos en condicional.

a. En mi ciudad ideal, los parques **(ocupar)** ocuparían la mitad del espacio urbano.

b. Las casas **(estar)** ..... rodeadas de vegetación.

c. **(Prohibirse)** ..... los coches y no **(haber)** ..... atascos.

d. Todos los ciudadanos **(tener)** ..... derecho a utilizar los transportes públicos de forma gratuita.

e. La gente **(cultivar)** ..... verduras en huertos comunes.

f. Los edificios **(generar)** ..... la energía necesaria para todos sus vecinos.

2 ¿Qué podrías mejorar en estos lugares? Escribe propuestas utilizando el condicional.

a. En mi habitación.
→ Pondría algunas plantas y...

b. En mi barrio. → .....

c. En el mundo. → .....

L'EXPRESSION DU BUT

3 Completa las frases con infinitivo o subjuntivo.

a. Los ciudadanos deberían comprometerse más para que la ciudad sea un lugar tranquilo y seguro. / hacer de la ciudad un lugar tranquilo y seguro.

b. Los jóvenes de la Comuna se han reunido para ..... .

c. Acaban de construir un local para ..... .

d. El ayuntamiento busca voluntarios para ..... .

e. Es bueno que en las ciudades haya huertos urbanos para ..... .

f. En mi ciudad ideal habría dinero para ..... .

LES QUANTIFIEURS

4 Elige la opción correcta en cada caso.

a. Los jóvenes son **muchos / muy** cívicos.

b. En mi ciudad hay **pocos / muy** parques.

c. En nuestro barrio hay **bastantes / poco** huertos urbanos.

d. En el centro hay **mucha / muy** contaminación.

L'EXPRESSION DE LA VOLONTÉ

5 Completa las frases con los verbos en presente de subjuntivo.

a. Quiero una ciudad que **(tener)** tenga más espacios para los jóvenes

b. Deseo que en mi ciudad **(haber)** ..... muchos parques.

c. Espero que en el futuro las ciudades **(estar)** ..... menos contaminadas.

d. Deseo que las ciudades de nuestro país **(ser)** ..... totalmente sostenibles.

e. Quiero que los jóvenes **(participar)** ..... en los talleres del barrio.

6 Formula tres deseos para hacer mejor tu ciudad.

→ Espero que...

LA CIUDAD

7 Reescribe las frases. Utiliza los opuestos de los elementos subrayados.

a. Agnès vive en una zona segura de la ciudad.
→ Agnès vive en una zona insegura de la ciudad.

b. Vivo en el centro de la ciudad.

c. Mi barrio es tranquilo.

d. Esta zona está bastante limpia.

e. Yo prefiero moverme en transporte público.

8 Lee las definiciones. Completa las palabras.

a. Habitante de una ciudad: → C _ _ _ _ _ _ _ _

b. Comportamiento que respeta las normas de la sociedad: → C _ _ _ _ _

c. Lo contrario de "sucio": → L _ _ _ _ _

d. Sinónimo de "involucrarse": → I _ _ _ _ _ _ _ _ _

e. Residuos que se generan: → B _ _ _ _ _

espace langues — Cahier interactif (plus d'activités)

LA NUMÉRATION

1 Relaciona cada frase con un porcentaje.

a. A la mayoría de la gente de mi ciudad les agradan los turistas. → 4

b. Más de la mitad de los turistas llegan a la ciudad en avión. → .....

c. Una cuarta parte de los visitantes contrata guías turísticos. → .....

d. Menos de una quinta parte de los habitantes de Barcelona desea que el turismo desaparezca de la ciudad. → .....

65 %	25 %	15 %	90 %
1.	2.	3.	4.

2 Reescribe las frases del ejercicio anterior con porcentajes.

→ El noventa por ciento de...

LA PRÉPOSITION *POR*

3 Relaciona el principio de estas frases con su terminación.

a. Barcelona es famosa por... → 5

b. Los turistas gastan casi 200 euros por... → .....

c. Me encanta la campaña creada por... → .....

d. Estuvimos paseando por... → .....

e. Este año ha aumentado el gasto medio por... → .....

1. ...día.
2. ...turista.
3. ...el ayuntamiento.
4. ...el parque Güell.
5. ...su arquitectura.

L'EXPRESSION DE LA DEMANDE

4 Completa las frases con los verbos en presente de subjuntivo.

a. Los vecinos piden que los turistas **(respetar)** respeten su descanso.

b. El propietario del piso turístico quiere que cada vez **(haber)** ..... más turistas.

c. Pedimos que las entradas a los museos de la ciudad **(ser)** ..... gratuitas.

d. Los turistas quieren que el viaje les **(resultar)** ..... barato.

e. Mis padres quieren que nosotros **(viajar)** ..... al extranjero varias veces al año.

L'EXPRESSION DE L'OBLIGATION

5 Reescribe las frases expresando la obligación personal.

a. Para visitar la ciudad en un autobús turístico hay que comprar el billete en la oficina de turismo.
→ Para visitar la ciudad en autobús turístico **(tú)** tienes que compar el billete en la oficina de turismo.

b. Hay que esperar más de una hora para entrar en el parque Güell.
→ Para entrar en el parque Güell **(vosotras)** ..... .

c. Cuando vamos de vacaciones hay que respetar el descanso de los habitantes de la ciudad.
→ Cuando vamos de vacaciones **(nosotros)** ..... .

d. Hay que prestar atención para no molestar a los demás.
→ **(los turistas)** ..... para no molestar a los demás.

EL TURISMO

6 Relaciona cada tipo de turismo con su definición.

- Turismo de masas
- Turismo de proximidad
- Turismo sostenible

a. Consiste en visitar lugares cercanos al lugar de residencia. → .....

b. Respeta el entorno natural y humano en el que se realiza. → .....

c. Concentra un gran número de visitantes. → .....

7 Lee las definiciones. Completa las palabras.

a. Que cuesta poco dinero: B _ _ _ _ _

b. Causar daños: P _ _ _ _ _ _ _ _ _

c. Instalarse temporalmente en una casa o en un hotel: A _ _ _ _ _ _ _

d. Objeto para transportar ropa que se lleva en la espalda: M _ _ _ _ _ _

e. Emplear dinero en algo: G _ _ _ _ _

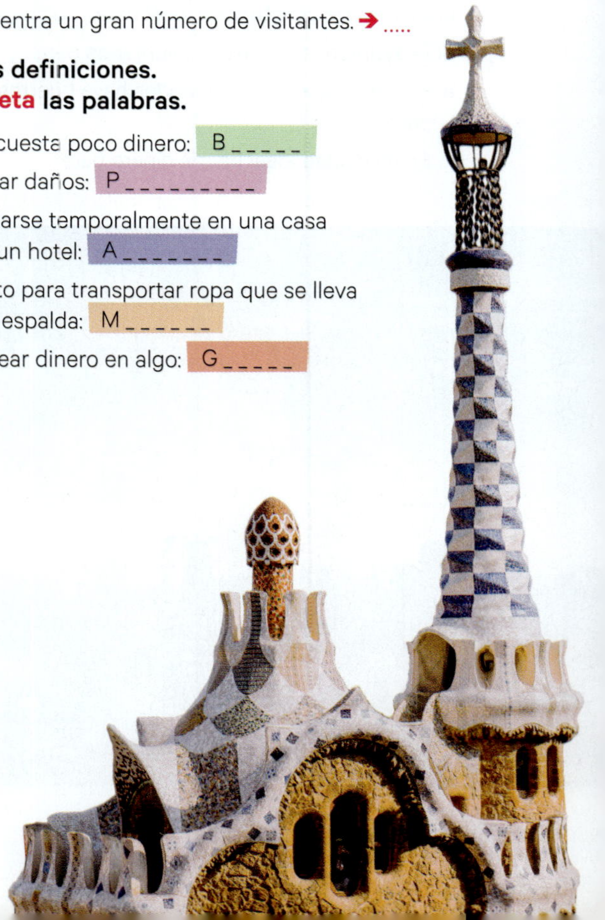

LE PASSÉ SIMPLE ET LE PLUS-QUE-PARFAIT

1 Completa las frases con los verbos en pretérito indefinido *(passé simple)* o en pretérito pluscuamperfecto *(plus-que-parfait)*.

a. Hasta el día de su muerte, Colón **(pensar)** ..pensó.. que **(descubrir)** ..había descubierto.. una nueva ruta para llegar a las Indias.

b. El capitán no les **(decir)** ..... a los marineros que el viaje iba a durar tanto tiempo.

c. Cuando los españoles **(desembarcar)** ..... no sabían que **(llegar)** ..... a América.

d. Cristobal Colón **(regresar)** ..... a España en abril de 1493, **(salir)** ..... en agosto de 1492.

e. Al volver a España, Colón **(llevar)** ..... animales y objetos que los españoles no **(ver)** ..... nunca.

LE SUPERLATIF ABSOLU

2 Completa las frases con estos adjetivos. Utiliza el superlativo.

entusiasmada | ~~generosos~~ | valiosas | malo

a. Los indígenas se mostraron ..generosísimos.. con los recién llegados.

b. El trato de los españoles hacia los nativos fue ..... .

c. Colón volvió de su expedición con mercancías ..... .

d. La gente recibió ..... a los barcos que regresaban.

LES SUBORDONNÉES RELATIVES

3 Transforma estos pares de frases en una sola frase de relativo *(subordonnée relative)*.

a. Los españoles desembarcaron en una isla. + La isla se llamaba Guanahaní.
→ ..La isla en la que desembarcaron los españoles se llamaba Guanahaní.

b. Miles de indígenas murieron. + La causa de estas muertes fueron las enfermedades que llevaron los colonizadores.
→ ..La causa por.....

c. Los españoles viajaron en tres barcos. + Los barcos eran carabelas.
→ ..Los barcos.....

d. Los indígenas extraían oro. + Los colonos construían sus ciudades con ese oro.
→ ..Los indígenas extraían el oro.....

LES DATES

4 Relaciona estas fechas.

a. 1492 → ..4..
b. 1042 → .....
c. 1942 → .....
d. 1294 → .....
e. 2024 → .....

1. mil cuarenta y dos
2. dos mil veinticuatro
3. mil novecientos cuarenta y dos
4. mil cuatrocientos noventa y dos
5. mil doscientos noventa y cuatro

5 Escribe estas fechas con letras.

a. 6/1/2009 → ..El seis de enero de dos mil nueve..
b. 14/11/1701 → .....
c. 21/5/1977 → .....
d. 23/10/1525 → .....
e. El día que naciste → .....
f. La fecha de hoy → .....

LA CONQUISTA DE AMÉRICA

6 Busca el intruso de cada serie.

a. cristianismo | cruz | condimento | sacerdote
b. crueldad | celebración | conmemoración | alegre
c. tiranía | esclavizar | colonizar | regalar

7 Completa las frases con estas palabras.

navegante | ~~indígenas~~ | esclavos | tesoros | conmemoración

a. Los españoles utilizaron a los ..indígenas.. americanos como ..... para cultivar las tierras.

b. Cristóbal Colón fue un ..... que llegó a América en 1492.

c. Los barcos españoles volvían a Europa cargados de ..... de gran valor.

d. La ..... de la llegada de Colón a América es una celebración polémica.

Banco de actividades

espace langues — Cahier interactif (plus d'activités)

LES TEMPS DU PASSÉ

1 **¿En qué tiempo está cada verbo?**
Clasifica los verbos en la tabla.

dividió | era | había vuelto | hemos compartido | se abrazaron | tuvo | regresó | había | había estado | fueron | había vivido | he tenido | recordaba | iba

PASSÉ COMPOSÉ	IMPARFAIT	PASSÉ SIMPLE	PLUS-QUE-PARFAIT
		dividió	

2 **Elige la forma correcta en cada caso.**

a. Cuando **estalló / estallaba** la Guerra Civil, la población española se dividió en 2 bandos.
b. Felisa **tuvo / tenía** cinco años cuando se fue.
c. Cuando era niño, su padre le **contó / contaba** historias antes de irse a dormir.
d. No **he podido / podía** dormir en toda la noche, porque había mucho ruido en la calle.
e. En aquel momento **recordó / recordaba** que en esa habitación su madre le leía cuentos.
f. Hoy no **he podido / podía** jugar con mis vecinos porque no estaban en casa.

3 **Completa las frases con los verbos en pretérito indefinido *(passé simple)* o en pretérito pluscuamperfecto *(plus-que-parfait)*.**

a. Elena le **(dar)** ...dio... una fuente de porcelana que **(guardar)** ...había guardado... durante años.
b. Mi abuela me **(enseñar)** .... unas fotografías que **(hacer)** ..... durante la Guerra.
c. En aquel momento **(darse, ellos)** ..... cuenta de que la Guerra **(empezar)** ..... .
d. No **(reconocer, ella)** ..... la casa en la que **(vivir)** ..... durante tantos años.
e. Mi padre me **(contar)** ..... por qué nadie **(poder)** ..... olvidar aquellos años.

4 **Completa el texto con los verbos en pretérito indefinido *(passé simple)*, en imperfecto (imparfait) o en pretérito pluscuamperfecto *(plus-que-parfait)*.**

> Cuando Felisa **(a. acercarse)** ...se acercó... al lugar donde creía que **(b. estar)** ..... su casa, no **(c. encontrar)** ..... su casa porque las bombas la **(d. destruir)** ..... durante la Guerra. Su amiga Elena le **(e. dar)** ..... una fuente de porcelana que ella misma **(f. rescatar)** ..... de las ruinas de su casa.

L'ENCLISE À L'INFINITIF ET AU GÉRONDIF

5 **Reescribe estas frases.**
Sustituye los elementos subrayados por los pronombres correspondientes.

a. Al ver <u>su antiguo triciclo</u>, empezó a llorar.
→ ...Al verlo, empezó a llorar...
b. No pude decir adiós <u>a mis amigos</u> antes de marcharme.
c. Después de abandonar <u>sus casas</u>, tuvieron que huir del país.
d. Cuando llegó a su antigua ciudad fue a abrazar <u>a su amiga</u>.

L'EXPRESSION DE LA CAUSE

6 **Completa las frases con estas palabras.**

por | porque

a. No salíamos ...por... miedo a las balas.
b. No podíamos dormir ..... había mucho ruido.
c. Estaba triste ..... sus padres estaban lejos.
d. Los niños lloraban ..... estaban lejos de su casa.
e. Muchos refugiados tardaron años en volver a España ..... la dictadura.
f. Según Pilar la Guerra tuvo lugar ..... algunas personas no querían la República.
g. Muchos niños sufrieron ..... la Guerra.

LA GUERRA CIVIL ESPAÑOLA

7 **Lee las definiciones.**
Completa las palabras.

a. Lanzar bombas sobre un lugar: B _ _ _ _ _ _ _ _ _
b. Lo contrario de "ganar": P _ _ _ _ _
c. Sinónimo de "combatir": L _ _ _ _ _
d. Restos de un edificio destruido: R _ _ _ _ _
e. Perder la vida: M _ _ _ _
f. Escapar: H _ _ _

LOS VERBOS *ACORDARSE, RECORDAR, OLVIDAR(SE)*

8 **Elige la opción correcta en cada caso.**

a. Elena no **se había olvidado / no había olvidado** de su amiga.
b. Felisa **recordaba / se acordaba** perfectamente la mesa donde su madre le leía cuentos.
c. Nadie **ha podido olvidar / ha podido olvidarse** el sonido de las bombas.
d. Pilar **se acuerda / recuerda** el día que empezó la Guerra.
e. ¿No **recuerdas / te acuerdas** de mí?

1 Comment utiliser un dictionnaire

1. Quelques principes généraux

- Avant de vous ruer sur un dictionnaire, assurez-vous que vous ne connaissez pas déjà le mot ou que vous ne l'avez pas déjà vu en cours : si vous trouvez son sens par vous-mêmes, vous aurez beaucoup plus de chance de le retenir par la suite !
- Apprenez les codes des dictionnaires :
  - » Les mots sont classés par **ordre alphabétique**. Pour les retrouver, repérez l'ordre des lettres : d'abord la première, puis la deuxième, etc.
  - » Les abréviations indiquent la **nature des mots**, par exemple : **adj.** pour « adjectif », **v.tr.** pour « verbe transitif », **n.m.** pour « nom masculin », etc.
  - » Lorsqu'un mot a **plusieurs sens**, ces derniers sont introduits par un chiffre ou une lettre, en commençant par le sens premier.
- Repérez la nature grammaticale du mot que vous cherchez. S'agit-il d'un nom, d'un verbe, d'un adjectif ? C'est important car la traduction doit être un mot de même nature. Dans la phrase suivante, ***cuenta*** est un verbe. On ne peut donc pas le traduire en français par le nom « addition » !
  La profesora cuenta una historia.
- Un dictionnaire vous proposera toujours plusieurs traductions. Ne choisissez pas la première venue sans avoir regardé les autres.
- Si vous hésitez entre plusieurs propositions, aidez-vous du contexte pour faire votre choix. Le mot doit avoir du sens dans la situation dont il est question. Les exemples fournis par le dictionnaire peuvent vous guider.
- Un bon moyen de ne pas se tromper consiste à faire la recherche en sens inverse. Par exemple, si vous hésitez entre plusieurs mots espagnols, cherchez la traduction de chacun d'eux en français. Lequel correspond au terme que vous cherchiez initialement ?
- Prenez garde à l'orthographe, cela peut avoir des conséquences sur le résultat.
- Si vous cherchez la traduction d'un verbe, écrivez-le à l'infinitif et conjuguez-le ensuite, pour éviter les confusions.

2. Les dictionnaires en ligne

- Les dictionnaires bilingues en ligne (wordreference.com, larousse.fr, reverso.net) ont une utilité multiple : trouver la prononciation d'un mot, son origine, son pluriel, un contraire, un synonyme, des expressions idiomatiques…
- Si vous cherchez une expression idiomatique, tapez les mots-clés de l'expression et regardez si vous la trouvez parmi les exemples proposés.
- Si vous ne trouvez pas de traduction qui vous convienne, sachez que certains dictionnaires en ligne proposent des forums où il est possible de lire des traductions proposées par des natifs.
- Après avoir testé plusieurs dictionnaires en ligne, choisissez celui avec lequel vous êtes le plus à l'aise. Faites-en votre outil de référence, facile à consulter. Si vous avez un smartphone, installez-y une application gratuite telle que **linguee** ou **wordreference**.
- Attention cependant : les applications sur smartphones et les sites de traduction en ligne ne sont pas pleinement fiables. Sans vérification, ils peuvent mener à des contresens, voire à des non-sens. Évitez donc les traducteurs automatiques et n'essayez jamais de traduire une phrase complète. En effet les traducteurs ont tendance à traduire mot à mot et ne peuvent pas prendre le contexte en compte. Le résultat est donc rarement cohérent !

2 Comment faire des recherches sur Internet et déceler les *fake news*

1. Soignez votre recherche !

- Choisissez un moteur de recherche reconnu (Google, Bing, Qwant, DuckDuckGo). Si vous cherchez un support en particulier (une vidéo, une image, une carte…), faites une recherche spécifique (ex : Google images, Qwant images).
- Trouvez les mots-clés de votre recherche, c'est-à-dire les mots importants en lien avec votre sujet.
- Utilisez des opérateurs de recherche pour obtenir des résultats plus précis. Il en existe beaucoup et ceux-ci varient selon le navigateur.
  - » **Les guillemets** : pour chercher une phrase ou une expression exacte, par exemple une citation.
  - » **AND** : pour obtenir uniquement les résultats comprenant tous les termes spécifiés. Exemple : pour trouver des informations sur les *fake news* en Espagne, tapez : noticias falsas AND España.
  - » **Le signe -** : il exclut un mot de votre recherche. Exemple : noticias falsas - broma.
  - » **OR** : pour chercher l'un ou l'autre des termes. Exemple : noticias falsas OR broma.

2. Validez l'information

- Sur Internet, tout le monde peut partager des informations. Il faut donc questionner la fiabilité des renseignements trouvés.
- **Vérifiez que le site est pertinent**. Les journaux, bien que parfois un peu orientés, sont généralement une source fiable d'information.
  - » **Interrogez-vous** : vous donne-t-on un **fait objectif** ou une **opinion** ? Une **certitude** ou une **hypothèse** ?
  - » **Comparez les informations** en allant sur différents sites fiables et reconnus.
  - » Demandez-vous **d'où viennent les images que vous trouvez** sur Internet. N'oubliez pas qu'il est facile de les modifier, ou de changer leur légende.
- Décelez les *fake news* grâce à ces six questions :

  - » **Qui ?** L'auteur(e) est-il (-elle) connu(e) ou anonyme ? A-t-il (-elle) un intérêt personnel, politique ou économique à partager l'information ?
  - » **Quoi ?** Le site est-il truffé de majuscules et de signes de ponctuation ? Y a-t-il des fautes d'orthographe ?
  - » **Quand ?** Prêtez attention au contexte de diffusion de l'information. S'agit-il d'une période politique tendue ou d'une élection ? L'information a-t-elle été mise à jour récemment ?
  - » **Où ?** Repérez le nom de domaine du site. Les domaines fiables finissent en général par **.com**, **.net** ou **.edu** ou par l'extension du pays : **.es**, **.mx**, **.ar**…
  - » **Pourquoi ?** L'information vise-t-elle à attirer l'attention des lecteurs ? Est-elle caricaturale, parodique, agressive… ?

3. Respectez les auteurs !

- Une fois l'information trouvée, vous devez respecter la propriété intellectuelle et le droit à l'image. Pour cela : citez votre source, indiquez la date de publication, nommez l'auteur(e) et mettez les citations entre guillemets.

W CONCERNANT WIKIPÉDIA

- Wikipédia est un site qui regorge d'informations, mais il faut savoir que celles-ci sont renseignées par des usagers ordinaires : il suffit d'avoir un compte pour participer. Vérifiez donc toujours les sources qui sont données en fin d'article.
- Les articles de Wikipédia sont souvent très complets, très longs, et parfois compliqués. Il faut donc trier les informations. Cherchez surtout des sources fiables et adaptées !

3 Comment comprendre un document écrit

1. Avant de lire le texte

- Avant même de commencer votre lecture, vous pouvez faire des hypothèses sur la nature, le thème principal et le contenu du document en observant le paratexte.
  - » **Les titres** (celui de l'activité et celui du texte d'origine) : ils peuvent vous aider à définir la ou les idée(s) principale(s) du document.
  - » **Les images** : elles orientent sur le thème abordé.
  - » **Le sous-titre ou chapô** : il fournit plus de détails sur le contenu du texte qui va suivre.
  - » **L'auteur(e)** : est-ce un(e) romancier(ière), un(e) journaliste, un(e) étudiant(e)... ? Ne le (la) confondez pas avec le narrateur ou la narratrice, c'est-à-dire avec la personne qui raconte l'histoire !
  - » **La source** : s'agit-il d'un article de presse, d'un blog, d'un extrait de roman... ?
  - » **La date de publication** : elle indique si le texte a été publié récemment ou non. Attention : il ne s'agit pas forcément de la date à laquelle s'exprime le (la) narrateur(trice) !
- S'il y a une rubrique de lexique près du texte, étudiez son contenu ! Il vous sera utile pour comprendre le document et pour en parler.
- Lisez attentivement les consignes de l'activité. Elles indiquent quels éléments il vous faudra repérer lors de votre lecture.

2. Pendant la lecture du texte

- Lisez le texte une première fois en entier.
  - » **Concentrez-vous uniquement sur les mots connus et ceux qui sont transparents.** Oui, vous pouvez comprendre un texte sans en comprendre tous les termes ! Faites le test : photocopiez un texte de votre manuel et, à l'aide d'un marqueur, barrez tous les mots que vous ne connaissez pas. Vous verrez qu'il en restera assez pour comprendre le message général. Saisir les détails et nuances est ensuite une simple question d'apprentissage du vocabulaire.
  - » **Notez le thème abordé** : de quoi est-il question ?
- Au cours de cette première lecture et des suivantes, soyez attentifs aux indices ci-dessous :
  - » **Les phrases simples** : souvent, les phrases longues font peur car on s'y perd. Pourtant, il suffit souvent de revenir à la phrase simple (sujet + verbe + complément) pour saisir l'idée globale.
  - » **Les champs lexicaux** : pouvez-vous en identifier un ou plusieurs dans le texte (celui de la nourriture, de la lutte, du travail...) ? Ils vous indiqueront le thème ou les idées principales.
  - » **Les mots-clés** : surlignez ou notez les mots, expressions ou phrases qui vous semblent essentiels.
  - » **La ponctuation** : les majuscules permettent de repérer les noms propres (personnages, lieux...) et d'amorcer la compréhension du texte.

> **Astuce** Tout ce qui se trouve entre deux virgules dans une phrase apporte un détail et peut être mis de côté à la première lecture.

  - » **la structure** : si le texte s'y prête, essayez de le subdiviser en différentes parties. Donnez un titre à chacune d'elles ou écrivez une phrase qui résume ce dont il y est question.
- Grâce à tous les indices relevés, émettez des hypothèses, puis (in)validez-les au cours des lectures suivantes. Vous progresserez ainsi peu à peu dans la compréhension du document.

4 Comment comprendre un document audio ou vidéo

1. Avant l'écoute ou le visionnage

- Avant l'écoute ou le visionnage, vous pouvez déjà obtenir certaines informations sur le document.
  - » Dans votre manuel, les vidéos et fichiers audio sont toujours **légendés**, précédés d'un **titre**, et souvent accompagnés d'une **image**, légendée ou non. Observez ces éléments pour **émettre des hypothèses** sur le **type** de document que vous allez découvrir et sur son **contenu**.
  - » S'il y a une rubrique lexicale sur la double page, **lisez-la** ! Elle vous sera utile pour comprendre le document, puis pour en parler.
  - » **Lisez attentivement les consignes** de l'activité pour savoir quels éléments vous devrez repérer.

2. Pendant l'écoute ou le visionnage

- Écoutez / Regardez le document en entier pour vous faire une idée plus précise de son thème. Ne stressez pas si vous ne saisissez pas tout ! Concentrez-vous sur ce que vous comprenez et sur ce que vous pouvez déduire. Vous n'avez pas besoin de comprendre tous les mots pour saisir le sens global d'un document.
- Soyez actifs : notez toutes les informations que vous pouvez voir ou entendre.
- Prenez des notes en espagnol, sans faire de phrases complètes.

Astuce Écrivez en laissant de l'espace pour compléter vos notes au fur et à mesure des écoutes suivantes.

- Repérez les indices sonores ou visuels suivants.
  - » **Les voix** : elles permettent de définir le nombre de locuteurs, leur sexe et leur âge.
  - » **Les bruits** : ils indiquent la nature du document (flash info, publicité, interview...) et/ou l'endroit où se passe l'action (une école, un jardin...).
  - » **L'intonation** : elle révèle l'état d'esprit des locuteurs (joie...) et leur objectif (convaincre...).
  - » **L'image** : dans le cas d'une vidéo, appuyez-vous sur les images. Observez les expressions des personnes filmées, leurs attitudes, leurs regards.
  - » **Le lexique** : y a-t-il des mots qui se répètent ? Pouvez-vous identifier un champ lexical dominant ? Si oui, déduisez-en le thème principal.
  - » **Les chiffres**, **indicateurs temporels** (ayer, en 2019, la semana pasada...) et **noms propres**.
  - » **Les mots de liaison** (pero, sin embargo...) : ils indiquent le lien entre les idées énoncées dans le document.
- Grâce aux indices relevés, faites des hypothèses sur le sens du document et validez-les (ou pas !) lors des écoutes suivantes.
- Classez et reliez ensuite vos informations en répondant aux questions suivantes :
  - » **Qui ?** Qui sont les personnages ? Quels liens entretiennent-ils ? Quel est leur métier... ?
  - » **Où ?** Où la scène a-t-elle lieu ?
  - » **Quand ?** Quelle est la date du document, la chronologie des événements... ?
  - » **Quoi ?** De quel type de document s'agit-il ? De quoi parle-t-il ? À qui ? Dans quel but ?
- Acceptez que des doutes subsistent, ne vous découragez pas et, surtout, entraînez-vous en regardant des séries ou des fims en VO et en écoutant des chansons en espagnol !

5 Comment relire ses devoirs

1. Pourquoi se relire ?

- Lorsqu'on apprend une langue, il est normal de se tromper. Cela fait partie de l'apprentissage. Cependant, la plupart des erreurs peuvent être évitées en prenant le temps de bien se relire.

2. Vérifiez que vous avez fait ce qu'on vous demande

- Assurez-vous que vous avez bien réalisé la tâche demandée : demandez-vous si vous n'êtes pas hors sujet et si vous n'avez rien oublié.
- Avez-vous respecté les contraintes données (nombre de mots, type de texte, mise en forme...) ?
- Soyez objectifs : quelle est votre impression ? Votre texte est-il intéressant et cohérent ?

3. Détectez les erreurs

- Relisez-vous plusieurs fois, et si possible, en plusieurs étapes. Passez en revue tous les points qui apparaissent dans la liste ci-dessous. Terminez en vérifiant l'orthographe et la ponctuation.

Astuce Copiez la liste des erreurs fréquentes sur votre cahier et ajoutez-y celles que vous faites souvent. Révisez-la avant chaque devoir !

4. Soignez votre présentation

- Vérifiez que vous avez bien :
  - » écrit **votre nom, votre classe et la date**.
  - » **changé de ligne** à chaque nouvelle idée.
  - » écrit de façon **lisible** et travaillé **proprement**.

Liste des erreurs fréquentes

1. Le genre

- × Les mots terminés en -***a*** ne sont pas tous féminins : el problema, el idioma, el mapa...
- × Les noms et adjectifs terminés en -***ista***, -***ante*** et -***ente*** sont invariables en genre : el (la) deportista, el (la) cantante, un chico (una chica) inteligente...

2. L'emploi des articles

- × L'article partitif n'a pas d'équivalent en espagnol. Il ne se traduit donc pas : Me gusta beber zumo.

3. Les prépositions

- × On n'emploie pas toujours les mêmes prépositions en français qu'en espagnol. Faites une fiche avec les différents emplois des prépositions et complétez-la lorsque vous verrez de nouveaux cas.
- × ***En*** / ***A***. En espagnol, ***en*** indique la position dans l'espace et ***a*** indique un mouvement vers un lieu ou la destination. Los sábados voy a casa de mis abuelos y los domingos me quedo en casa.
- × ***Por*** / ***Para***. En espagnol, ***por*** indique la cause : Andalucía es conocida por el flamenco.

  Para indique le but : Hay robots que sirven para limpiar la casa.

4. *A* devant un COD de personne

- × Quand le COD est une personne, on place la préposition « a » devant : Llama a su hermana.

5. *Porque* / *Por qué*

- × ***Porque*** signifie « parce que » (Canto porque me gusta.) et ***por qué***, « pourquoi » (¿Por qué lloras?).

6. *Ser* / *Estar*

- × Le verbe « être » peut se traduire par ***ser*** ou ***estar***. Faites une fiche avec leurs différents emplois !
- × On emploie le verbe ***estar*** devant des adjectifs pour parler d'un état d'esprit : Hoy estoy nerviosa.
- × On utilise toujours le verbe ***estar*** pour situer un objet ou une personne dans l'espace : Mi barrio está en el centro de la ciudad. Si on peut remplacer ***estar*** par « se trouver », c'est sûr que c'est le bon choix !
- × On emploie ***ser*** lorsqu'on peut traduire « être » par « avoir lieu » : La fiesta es en mi casa.

6 Comment devenir médiateur ou médiatrice

1. Des médiateurs, pour quoi faire ?

- Dès qu'il y a communication entre des personnes, des obstacles à la compréhension peuvent surgir. Ils peuvent être linguistiques, culturels ou simplement relever d'un manque d'information. En devenant médiateurs(trices) de la langue et de la culture du monde hispanophone, vous pourrez jouer les intermédiaires, informer, lever tout préjugé et contribuer ainsi à un meilleur « vivre ensemble » !

2. Votre mission

- Que faut-il faire ? Il s'agit de transmettre et d'expliquer à d'autres ce que vous avez découvert en cours d'espagnol, tant au niveau de la langue que de la culture. Toutes les occasions sont bonnes pour cela. Intervenez et transmettez !
- Auprès de qui ? Il peut s'agir de vos camarades de classe, de ceux des autres classes, ou d'un public extérieur (correspondants espagnols ou latino-américains, parents, auditeurs de la radio locale…).
- Par quel biais ? La médiation peut prendre la forme d'une explication, d'un résumé, d'un compte rendu, d'un exposé, d'articles sur le site Internet du lycée, d'une exposition, d'un blog, etc.

3. Comment faire ?

- Il ne s'agit pas d'exprimer un point de vue, mais de transmettre à vos interlocuteurs les informations dont vous disposez.
- Il ne vous est pas demandé de traduire un texte ou un document sonore, mais d'en restituer un maximum de contenu pour informer correctement, de rendre un message intelligible et de donner à comprendre une culture.

LE SAVEZ-VOUS ?

De nombreux métiers nécessitent des compétences de médiation : traducteur(trice), interprète, diplomate, ambassadeur(drice), médiateur(trice) culturel(le), enseignant(e)…

- Choisissez la langue la plus appropriée à vos interlocuteurs. Il peut s'agir de l'espagnol, du français ou de toute autre langue commune. Il s'agit ici de créer du lien.

4. Les compétences à développer

- Pour devenir un(e) bon(ne) médiateur(trice), apprenez à :
  - » **Interagir** (poser des questions simples, faire des propositions, demander l'avis de l'autre, etc.).
  - » **Transmettre des informations simples** et à **expliciter des points de vue différents**, afin de favoriser la compréhension et le dialogue.
  - » **Reformuler** : la reformulation est la forme basique de la médiation. Elle permet à tout le monde d'être intégré à l'activité.
  - » **Vous « décentrer »**, voir qui est l'autre et être conscients qu'**on communique avec un individu** et pas seulement avec une « communauté ».
  - » **Bannir toute généralisation** afin d'éviter de véhiculer des préjugés.
  - » **Prendre en compte ce que vous savez de vos interlocuteurs** (identité, âge, culture…) pour mieux établir la communication et les intéresser. Le (la) médiateur(trice) doit être capable de **décoder les références culturelles** pour construire des ponts entre les langues et les cultures.

Précis grammatical

1. Les adjectifs et pronoms démonstratifs

p. 102

Les adjectifs et pronoms démonstratifs servent à désigner une personne ou une chose, dans l'espace ou dans le temps. Leur choix dépend de l'éloignement spatial ou temporel entre ce qui est désigné (objet ou personne) et le locuteur ou l'interlocuteur. Les démonstratifs sont donc liés aux adverbes de lieux **aquí**, **ahí** et **allí**.

- Si ce qui est désigné est proche de la personne qui parle (aquí) : **este, esta, estos, estas, esto**
- Si ce qui est désigné est proche de la personne qui écoute (ahí) : **ese, esa, esos, esas, eso**
- Si ce qui est désigné est loin des deux personnes (allí) : **aquel, aquella, aquellos, aquellas, aquello**

Este partido tenemos que ganarlo.
Nous devons gagner ce match.

Aquel partido contra los ingleses teníamos que ganarlo.
Ce match contre les Anglais, nous devions le gagner.

Esto, **eso** y **aquello** sont des démonstratifs neutres. Ils sont utilisés lorsque l'on veut désigner quelque chose, mais que l'on ne connaît pas son nom, ou lorsque l'on ne parle pas d'un objet spécifique (par exemple une situation, ce que nous venons de mentionner, etc.)

¿Qué siento por el fútbol? Mucha pasión, esto es lo que siento.
Ce que je ressens pour le football ? Une grande passion, voilà ce que je ressens.

Aquello no era un partido, era una revancha.
Ça, ce n'était pas un match, c'était une revanche.

2. Les adjectifs et pronoms indéfinis

p. 111

Les indéfinis s'utilisent pour parler de quantités non précises ou pour mentionner l'absence de quelque chose ou de quelqu'un. Ils peuvent avoir deux fonctions : adjectifs ou pronoms.

- Adjectifs

algún(una/unos/unas), **ningún(una/unos/unas)**, **cualquier** + **nom**

> Devant un nom, **alguno** et **ninguno** (qui sont masculins singuliers) se transforment en **algún** et **ningún**.
>
> No quiere hacer ningún trabajo pesado.
>
> Voir 3. L'apocope

- Pronoms

alguno(a/os/as), **ninguno(a/os/as)**, **cualquier(a)** + **∅**

• ¿Hay algún trabajo para el verano?
° No, no hay ninguno.

• Di alguna profesión que no necesite la tecnología.
° Mmm, ahora no se me ocurre ninguna.

Pour parler de personnes ou de choses sans spécifier de qui ou de quoi on parle précisément, on utilise :

alguien / nadie
• ¿Hay alguien? Il y a quelqu'un ?
° No hay nadie. Il n'y a personne.

algo / nada
• Veo algo. Je vois quelque chose.
° No veo nada. Je ne vois rien.

> Quand les indéfinis négatifs (**nadie**, **nada**, **ningún(uno/una/unos/unas)**) sont placés avant le verbe, on ne doit pas employer **no**.
>
> Ninguna profesión ø me parece tan interesante como la de veterinario.
> Aucun métier ne me paraît aussi intéressant que celui de vétérinaire.

3. L'apocope

p. 111

L'apocope est la perte d'une voyelle ou d'une syllabe à la fin de certains mots lorsqu'ils sont placés :

- Devant un nom masculin singulier :

primero → primer
tercero → tercer
alguno → algún
ninguno → ningún
malo → mal
bueno → buen

Soy el primer corredor. / Leo es un buen jugador.

- Devant un nom pluriel et devant **mil** :

ciento → cien

Hay cien jugadores. / Hay cien mil jugadores.

- Devant un nom singulier (masculin ou féminin) :

grande → gran
cualquiera → cualquier

Mario es mi gran amigo de la infancia.
Cualquier chaqueta me sirve.

- Devant un adjectif ou un adverbe :

tanto → tan

Su perro es tan cariñoso que se va con todo el mundo.

4. La numération : les nombres cardinaux

p. 137

0 cero	11 once	22 veintidós	33 treinta y tres	400 cuatrocientos
1 uno	12 doce	23 veintitrés	40 cuarenta	500 quinientos
2 dos	13 trece	24 veinticuatro	41 cuarenta y uno	600 seiscientos
3 tres	14 catorce	25 veinticinco	50 cincuenta	700 setecientos
4 cuatro	15 quince	26 veintiséis	60 sesenta	800 ochocientos
5 cinco	16 dieciséis	27 veintisiete	70 setenta	900 novecientos
6 seis	17 diecisiete	28 veintiocho	80 ochenta	1000 mil
7 siete	18 dieciocho	29 veintinueve	90 noventa	2000 dos mil
8 ocho	19 diecinueve	30 treinta	100 cien(to)	1000000 un millón
9 nueve	20 veinte	31 treinta y uno	200 doscientos	2000000 dos millones
10 diez	21 veintiuno	32 treinta y dos	300 trescientos	

On utilise **cien** quand on se réfère exactement au nombre 100. Dans tous les autres cas, on utilise **ciento** :

El hotel cuesta cien euros por noche.
El billete de avión cuesta ciento veinte euros.

Pour lire des pourcentages, on utilise **por ciento** :

El trece coma siete por ciento (13,7%) de los barceloneses quiere menos turismo en la ciudad.

À partir de 200, les centaines s'accordent avec le nom qu'elles déterminent :

Hay quinientas personas y doscientos perros.

Lorsque **millón** ou **millones** sont suivis d'un nom, on utilise la préposition **de** devant ce nom :

Un millón de turistas visitaron Mallorca el año pasado.

> ! **Uno** se transforme en **un** devant un nom masculin singulier.
>
> • ¿Cuántos billetes tienes?
> ◦ Uno.
> ◦ Tengo un billete.

> ! En espagnol, on place toujours un article (**un** ou **el**) devant les pourcentages.
>
> El / Un siete por ciento de los alumnos elige una tercera lengua.

5. L'expression de la date

p. 148

el + jour + de + mois + de + année

El 12 de octubre de 1492 Colón llegó a América.

en + mois + de + année

La Guerra Civil empezó en julio de 1936.

6. Les quantifieurs

p. 83, 129

1. Les quantifieurs avec un nom

Lorsqu'ils sont employés avec un nom, les quantifieurs s'accordent en genre et en nombre avec ce nom auquel ils se rapportent.

demasiado(a/os/as) trop de
mucho(a/os/as) beaucoup de
bastante(s) assez de
un poco de un peu de
poco(a/os/as) peu de
no... nada de pas... du tout

\+ **nom**

En mi ciudad hay demasiada contaminación.
Hay bastantes coches aparcados, pero hay sitio.

> **!** **Un poco de** et **nada de** sont suivis de noms non comptables et sont toujours invariables.
>
> Hoy hay un poco de contaminación.
> No he bebido nada de agua hoy.

2. Les quantifieurs avec un adjectif, un adverbe ou un verbe

Lorsqu'ils sont employés avec un adjectif, un adverbe ou un verbe, les quantifieurs sont invariables.

demasiado trop
bastante assez, suffisant
un poco un peu
poco peu
no... nada pas... du tout

\+ **adjectif / adverbe / verbe**

muy très + **adjectif /adverbe**

mucho beaucoup + **verbe**

Las ideas del foro son bastante utópicas.
Los jóvenes del club hablan mucho con el alcalde.
Nuestro barrio es muy agradable.

> **!** **Un poco** ne s'utilise qu'avec des adjectifs négatifs.
>
> Mi barrio es un poco feo y aburrido.
> ~~Mi barrio es un poco bonito.~~

7. La comparaison

p. 65

1. La comparaison avec un nom ou un adjectif

más / menos + **nom / adjectif** + **que**

tanto(a/os/as) + **nom** + **como**

tan + **adjectif** + **como**

Ahora los padres tienen más miedo que hace treinta años.
Aujourd'hui, les parents ont plus peur qu'il y a trente ans.

Los niños de ahora tienen menos amigos que los de antes.
Les enfants d'aujourd'hui ont moins d'amis que ceux d'avant.

Los niños de los años 90 eran tan curiosos como los de ahora.
Les enfants des années 90 étaient aussi curieux que ceux d'aujourd'hui.

2. La comparaison avec un verbe

verbe + **más / menos** + **que** / **verbe** + **tanto** + **como**

Antes, los niños jugaban más al aire libre que actualmente.
Avant, les enfants jouaient davantage dehors qu'aujourd'hui.

En aquella época, los niños se divertían tanto como como ahora.
À cette époque, les enfants s'amusaient autant qu'aujourd'hui.

> **!** Il existe quelques comparatifs irréguliers :
>
> ~~más bien~~ ➡ **mejor** meilleur(e)
> ~~más mal~~ ➡ **peor** pire
>
> Los padres de ahora no educan peor que los de antes.
>
> Pour dire « plus grand(e) » et « plus petit(e) », on utilise généralement **más grande** et **más pequeño(a)**, mais dans certains cas, il faut utiliser les irréguliers ci-dessous :
>
> **más grande** ➡ **mayor** plus grand(e)
> **más pequeño(a)** ➡ **menor** plus petit(e)
>
> La habitación de mi hermano es más grande que la mía.
>
> - ¿Quién es mayor, Florence o Laureen?
> - Florence es mayor, tiene 17 años.

8. Le superlatif

pp. 40, 147

1. Le superlatif relatif (« le plus », « le moins »…)

el / la / los / las + **nom** + **más / menos** + **adjectif**

Despacito es la canción más escuchada de la historia del streaming.

el / la / los / las + **más / menos** + **adjectif**

Este grupo de música es el más popular de su país.
Estas canciones son las más tristes del disco.

el / la / los / las + **nom** + **que** + **más / menos** + **verbe**

¿Cuál es el grupo que más vende?
¿Cuáles son los ritmos que menos se conocen?

En espagnol, l'article placé devant le nom ne se répète pas devant l'adjectif.

Despacito es la canción ~~la~~ más escuchada.

Despacito est la chanson la plus écoutée.

2. Le superlatif absolu (« très », « extrêmement »…)

Le superlatif absolu se forme de deux façons :

muy + **adjectif**

Las plantas que trajeron eran muy raras.
Les plantes qu'ils ramenèrent étaient très étranges.

adjectif + **-ísimo(a/os/as)**

Colón volvió con objetos rarísimos que nadie había visto.
Colomb revint avec des objets extrêmement étranges que personne n'avait jamais vus.

9. *Lo* + adjectif

p. 58

lo + **adjectif**

En français, cette structure correspond à « ce qui est » + adjectif.

Solo importa lo último, lo nuevo.
La seule chose qui compte, c'est ce qui est récent, ce qui est nouveau.

Lo sostenible es tener una falda que dure diez años. Ce qui est durable, c'est d'avoir une jupe qui dure dix ans.

10. Les adverbes

p. 104

Les adverbes terminés en **-mente** sont nombreux. Ils se forment de la façon suivante :

adjectif au féminin + **-mente**

ciega ➡ **ciegamente**

Dans la plupart des cas, ces adverbes expriment la façon dont quelque chose se passe.

Mateo apoya a su equipo ciegamente.
Mateo soutient son équipe aveuglément.

Certains adverbes peuvent aussi servir à intensifier la valeur de l'adjectif : **realmente**, **verdaderamente**, **sumamente**…

Aquel fue un partido partido verdaderamente emocionante.
Ce match-là fut véritablement palpitant.

11. Les pronoms

→ p. 21

1. Les pron. réfléchis (« me », « te », « se »...)

me	te	se
nos	os	se

Si te informas sobre el origen de los productos, serás un consumidor más responsable. Si tu te renseignes sur l'origine des produits, tu seras un consommateur plus responsable.

2. Les pronoms COD (« me », « te », « le »...)

me	te	lo / la
nos	os	los / las

Nacho tira el bocadillo al suelo. Nacho lo tira.
Nacho jette le sandwich par terre. Nacho le jette.

Lorsque le COD apparaît avant le verbe, il faut obligatoirement utiliser aussi le pronom COD correspondant avant ce verbe.

A mi amiga Carla la veo todos los días. Mon amie Carla, je la vois tous les jours.

2. Les pronoms COI (« me », « te », « lui »...)

me	te	le (se)
nos	os	les (se)

Es el cumpleaños de Ana, le he comprado un libro.
C'est l'anniversaire d'Ana, je lui ai acheté un livre.

Lorsque le COI est placé avant le verbe, il faut obligatoirement utiliser aussi le pronom COI correspondant avant ce verbe.

A David le han regalado un móvil.

Lorsque le COI est placé après le verbe, il est très fréquent d'utiliser aussi le pronom correspondant avant ce verbe.

Le han regalado un móvil a David.

4. Les combinaisons de pronoms COD et COI

L'ordre des pronoms est toujours le suivant :

pronom COI + pronom COD

¡Qué boli más chulo!, ¿me lo das? Quel chouette stylo ! Tu me le donnes ?

Les pronoms COI des troisièmes personnes du singulier et du pluriel changent si on les combine avec les pronoms COD des troisièmes personnes du singulier et du pluriel.

~~le~~ → se / ~~les~~ → se + lo / la / los / las = se lo / se la / se los / se las

- ¿Quién le ha robado el bocadillo a Santiago? Qui a volé le sandwich de Santiago ?
- ~~Le lo ha robado Nacho.~~ → Se lo ha robado Nacho. C'est Nacho qui l'a volé.

5. L'enclise

→ p. 75, 76, 94, 156

L'enclise consiste à souder un pronom COD ou COI à un verbe. Elle se produit à l'impératif, à l'infinitif et au gérondif.

- ¿Qué hago con la ropa que no uso?
- Véndela con esta aplicación o regálamela.
- ¿Qué hago con la ropa que no uso?
- Puedes venderla con esta aplicación o regalármela.
- Qué hago con la ropa que no uso?
- Puedes ganar dinero vendiéndola con esta aplicación.

Dans les constructions incluant un infinitif ou un gérondif (périphrases verbales), les pronoms peuvent se placer devant la forme conjuguée ou derrière la forme non conjuguée.

No te puedes enfadar por eso. = No puedes enfadarte por eso.
Tu ne peux pas te fâcher pour ça.

Katia se está maquillando. = Katia está maquillándose.
Katia est en train de se maquiller.

! Au gérondif et à l'impératif, il est fréquent de devoir ajouter un accent écrit pour respecter la place de l'accent tonique :

¡Alégrate!

! À l'impératif, à la 2e personne du pluriel des verbes pronominaux, le **d** disparaît :

Chicos, poneos en parejas y sentaos todos.
Les enfants, mettez-vous par groupes de deux et asseyez-vous tous.

12. Le présent de l'indicatif

p. 21, 30, 39

1. Les verbes réguliers

Formation du présent de l'indicatif (verbes réguliers) :

HABL~~AR~~ + -o, -as, -a, -amos, -áis, -an
COM~~ER~~ + -o, -es, -e, -emos, -éis, -en
ESCRIB~~IR~~ + -o, -es, -e, -imos, -ís, -en

HABLAR	COMER	ESCRIBIR
hablo	**como**	**escribo**
hablas	**comes**	**escribes**
habla	**come**	**escribe**
hablamos	**comemos**	**escribimos**
habláis	**coméis**	**escribís**
hablan	**comen**	**escriben**

2. Les verbes à affaiblissement

PEDIR (E > I)
pido
pides
pide
pedimos
pedís
piden
Autres verbes : **reír, competir, repetir, seguir...**

Il n'y a pas d'irrégularité à ces personnes.

3. Les verbes à diphtongue

DIVERTIRSE (E > IE)	VOLVER (O > UE)	JUGAR (U > UE)
me divierto	**vuelvo**	**juego**
te diviertes	**vuelves**	**juegas**
se divierte	**vuelve**	**juega**
nos divertimos	**volvemos**	**jugamos**
os divertís	**volvéis**	**jugáis**
se divierten	**vuelven**	**juegan**
Autres verbes : **empezar, querer, sentir, preferir...**	Autres verbes : **encontrar, dormir, morir, poder...**	**Jugar** est le seul verbe qui se conjugue de cette façon.

4. Autres verbes irréguliers

Quelques verbes sont irréguliers à la première personne du singulier seulement :
aparecer ➡ aparezco, ver ➡ veo, salir ➡ salgo, hacer ➡ hago, saber ➡ sé, dar ➡ doy, estar ➡ estoy...

D'autres verbes ont plusieurs irrégularités.

TENER	DECIR	SER	IR
tengo	**digo**	**soy**	**voy**
tienes	**dices**	**eres**	**vas**
tiene	**dice**	**es**	**va**
tenemos	**decimos**	**somos**	**vamos**
tenéis	**decís**	**sois**	**vais**
tienen	**dicen**	**son**	**van**

Le verbe **venir** se conjugue comme le verbe **tener**.

*Pour la conjugaison du verbe **haber**, voir 13. Le passé composé.*

5. Les emplois du présent de l'indicatif

Le présent de l'indicatif s'emploie notamment pour exprimer la fréquence avec laquelle on fait des actions habituelles. Il est alors souvent accompagné des adverbes et expressions ci-dessous :

siempre toujours
todos los días / los fines de semana / ...
todas las mañanas / las tardes / las semanas / ...
normalmente
muchos días / muchas veces / ...
a veces parfois
casi nunca presque jamais
(no...) nunca jamais

Todas las mañanas salgo a pasear.
Je sors me promener tous les matins.

Normalmente duermo unas ocho horas.
Normalement, je dors environ huit heures.

Casi nunca bailo en público.
Je ne danse presque jamais en public.

Nunca voy al cine. = No voy nunca al cine.
Je ne vais jamais au cinéma.

13. Le passé composé

→ p. 66, 93, 155

1. Les verbes réguliers

Formation du passé composé (verbes réguliers) :

présent de l'indicatif de HABER + **participe passé**

he has ha hemos habéis han	+	viajado comido vivido

On ne sépare jamais l'auxiliaire du participe passé et le participe passé est toujours invariable.

Hemos llegado bien a nuestro destino.
~~Hemos bien llegado a nuestro destino.~~
Nous sommes bien arrivés / arrivées à destination.

→ *Pour la formation du participe passé, voir 14. Le participe passé.*

2. Les verbes irréguliers

Certains verbes ont un participe passé irrégulier.

→ *Pour les participes passés irréguliers, voir 14. Le participe passé.*

3. Les emplois du passé composé

Le passé composé renvoie à une action située dans une période de temps non encore révolue ou à une action dont on veut souligner le lien avec le présent.

- ¿Cuántas carreras has ganado hasta ahora?
- He ganado doce carreras en competiciones nacionales y tres en internacionales.
- Combien de courses as-tu gagnées jusqu'à maintenant ?
- J'ai gagné douze courses en compétition nationale et trois en compétition internationale.

Le passé composé s'emploie fréquemment avec les indicateurs de temps ci-dessous :

hoy aujourd'hui
esta mañana / tarde / semana…
este fin de semana / mes / año / …
siempre toujours
(no…) nunca jamais
alguna vez déjà
una vez / dos veces / muchas veces
ya déjà
todavía no pas encore

Esta mañana me ha despertado un ruido.
He ido a los Juegos Suramericanos dos veces.
Ya he decidido lo que quiero estudiar.
- ¿Habéis ido a Barcelona alguna vez?
- Sí, hemos ido tres veces.

Nunca he ido a esquiar. = No he ido nunca a esquiar.

14. Le participe passé

→ p. 40

1. Les verbes réguliers

Formation du participe passé des verbes en **-ar** :

CANT~~AR~~ + -ado = cantado

Formation du participe passé des verbes en **-er**, **-ir** :

COM~~ER~~ + -ido = comido

VIV~~IR~~ + -ido = vivido

2. Quelques verbes irréguliers

ABRIR	➡ abierto	PONER	➡ puesto
DECIR	➡ dicho	ROMPER	➡ roto
ESCRIBIR	➡ escrito	VER	➡ visto
HACER	➡ hecho	VOLVER	➡ vuelto

3. Les emplois du participe passé

Le participe passé s'emploie pour former le passé composé.

Esta canción ha llegado al número uno.
Cette chanson est devenue numéro un.

→ *Voir 13. Le passé composé*

Employé comme adjectif, le participe passé s'accorde en genre et en nombre avec le nom auquel il se rapporte.

La canción *Despacito* es la más escuchada.
La chanson *Despacito* est la plus écoutée.

15. Le passé simple

pp. 29, 47, 102, 147, 155

1. Les verbes réguliers

Formation du passé simple (verbes réguliers) :

LLEG~~AR~~ + -é, -aste, -ó, -amos, -asteis, -aron

NAC~~ER~~ / VIV~~IR~~ + -í, -iste, -ió, -imos, -isteis, -ieron

LLEGAR	NACER	VIVIR
llegué	nací	viví
llegaste	naciste	viviste
llegó	nació	vivió
llegamos	nacimos	vivimos
llegasteis	nacisteis	vivisteis
llegaron	nacieron	vivieron

2. Les verbes à affaiblissement

PEDIR (E > I)	MORIR (O > U)
pedí	morí
pediste	moriste
pidió	murió
pedimos	morimos
pedisteis	moristeis
pidieron	murieron
Autres verbes : **competir**, **reír**, **repetir**, **seguir**...	Le verbe **dormir** se conjugue comme le verbe **morir**.

3. Autres verbes irréguliers

DAR	SER / IR
di	fui
diste	fuiste
dio	fue
dimos	fuimos
disteis	fuisteis
dieron	fueron

Certains verbes ont un radical irrégulier au passé simple. Leurs terminaisons sont identiques.

Verbe	Radical	Terminaisons
DECIR	dij- *	-e
ESTAR	estuv-	-iste
HACER	hic-	-o
PODER	pud-	-imos
PONER	pus-	-isteis
QUERER	quis-	-ieron
SABER	sup-	
TENER	tuv-	
VENIR	vin-	

! *Les verbes **decir**, **traer** et tous les verbes en **-ucir** ont un radical irrégulier terminé en **-j** et une terminaison en **-eron** à la 3e personne du pluriel : **trajeron**, **dijeron**, **produjeron**, **condujeron**...

Lorsque le radical d'un verbe en **-er** ou **-ir** se termine par une voyelle, le **i** de la terminaison des troisièmes personnes du singulier et du pluriel se transforme en **y** : **caer** > **cayeron**, **contribuir** > **contribuyeron**.

4. Les emplois du passé simple

Le passé simple s'utilise pour parler d'actions passés qui n'ont pas de lien avec le présent.

! En espagnol, le passé simple s'empoie beaucoup plus fréquemment qu'en français, tant à l'oral qu'à l'écrit.

Cuando era joven, viví dos años en México.
Quand j'étais jeune, j'ai vécu deux ans au Mexique.

Le passé simple est souvent accompagné des indicateurs de temps ci-dessous :

ayer hier
la semana pasada
el mes / año pasado / ...
un / ese / aquel día un jour / ce jour-là
en 2015 / en marzo / ...
en esa / aquella época
en esos / aquellos tiempos
en ese / aquel momento

Aquel día empezó la guerra.

En los años 60 surgieron muchas bandas de rock en Lima.

16. L'imparfait

→ pp. 29, 57, 65, 66

1. Les verbes réguliers

Formation de l'imparfait de l'indicatif (verbes réguliers) :

JUG~~AR~~ + -aba, -abas, -aba, -ábamos, -abais, -aban

POD~~ER~~ / SAL~~IR~~ + -ía, -ías, -ía, -íamos, -íais, -ían

JUGAR	PODER	SALIR
jugaba	**podía**	**salía**
jugabas	**podías**	**salías**
jugaba	**podía**	**salía**
jugábamos	**podíamos**	**salíamos**
jugabais	**podíais**	**salíais**
jugaban	**podían**	**salían**

2. Les verbes irréguliers

Il existe seulement trois verbes irréguliers :

VER	SER	IR
veía	**era**	**iba**
veías	**eras**	**ibas**
veía	**era**	**iba**
veíamos	**éramos**	**íbamos**
veíais	**erais**	**ibais**
veían	**eran**	**iban**

3. Les emplois de l'imparfait de l'indicatif

L'imparfait de l'indicatif s'emploie notamment pour faire des descriptions ou de la narration dans des textes au passé, ou pour situer un événement dans le passé et l'opposer au présent.

On l'emploie souvent avec les indicateurs de temps ci-dessous :

antes avant
en los años 80 dans les années 80
en aquella época / tiempo à cette époque / en ce temps-là
en la época / tiempo de à l'époque de(s) / au temps de(s)
hace 20 años il y a 20 ans

Pour comparer le passé avec le présent, on emploie fréquemment les indicateurs de temps ci-dessous :

ahora maintenant
actualmente actuellement
hoy en día aujourd'hui
el / la / los / las ... actual(es) le / la / les ... d'aujourd'hui

Antes muchas mujeres gitanas no tenían acceso a la educación, ahora hay bastantes jóvenes gitanas universitarias.

En los años 80, muchos niños jugaban solos en la calle, pero hoy en día casi ninguno lo hace.

Antes todos los juguetes eran manuales, pero los niños actuales casi solo juegan con juguetes digitales.

17. Le plus-que-parfait

→ pp. 147, 156

1. La formation du plus-que-parfait

Les verbes réguliers se conjuguent de la façon suivante :

imparfait du verbe **HABER** + **participe passé**

había / habías / había / habíamos / habíais / habían + viajado / comido / vivido

Certains verbes ont un participe passé irrégulier.
→ Voir 14. Le participe passé

2. Les emplois du plus-que-parfait

Le plus-que-parfait s'emploie pour décrire des actions que se sont produites avant un moment donné du passé.

Cristobal Colón volvió el 27 de noviembre. Había salido de Cádiz el 25 de septiembre.

Au plus-que-parfait comme au passé composé, le participe passé est toujours invariable et on ne le sépare jamais de l'auxiliaire.

Ella ya no estaba, había huido secretamente la noche anterior. Elle n'était plus là, elle s'était secrètement enfuie la nuit précédente.

18. La combinaison des temps du passé

pp. 147, 155, 156

Dans un récit, on peut utiliser plusieurs temps du passé :

- Le passé composé et le passé simple servent à faire avancer l'histoire avec chaque événement que l'on présente.

  Felisa Ortega llegó a la ciudad, subió a lo alto del monte Atxanda y anduvo el camino.
  Felisa Ortega arriva en ville, monta en haut du mont Atxanda et suivit le chemin.

- L'imparfait sert à arrêter l'action et à observer les circonstances qui l'entourent.

  Me despertaron las bombas. Se oía muy bien cómo se derrumbaban las casas donde caían.
  Je fus réveillée par les bombes. On entendait très bien comment les maisons sur lesquelles elles tombaient s'effondraient.

- Avec le plus-que-parfait, on indique qu'une action est antérieure à une autre. L'histoire n'avance pas, on fait un saut en arrière pour expliquer les circonstances passées.

  Cuando volvió del exilio a su casa, no encontró su triciclo, ni la mesa de la cocina. Tampoco encontró el balcón desde donde había visto los aviones alemanes.
  Quand elle rentra à la maison après son exil, elle ne retrouva pas son tricycle, ni la table de la cuisine. Elle ne retrouva pas non plus le balcon d'où elle avait vu les avions allemands.

19. Le futur

p. 111

1. Les verbes réguliers

Formation du futur (verbes réguliers) :

TRABAJ**AR**
APREND**ER**
DORM**IR**
\+ -é, -ás, -á, -emos, -éis, -án

TRABAJAR	APRENDER	DORMIR
trabajaré	aprenderé	dormiré
trabajarás	aprenderás	dormirás
trabajará	aprenderá	dormirá
trabajaremos	aprenderemos	dormiremos
trabajaréis	aprenderéis	dormiréis
trabajarán	aprenderán	dormirán

2. Les verbes irréguliers

Les irrégularités affectent toujours le radical du verbe. Les terminaisons, elles, sont toujours régulières.

DECIR	➡ dir-	
HABER	➡ habr-	
HACER	➡ har-	
PODER	➡ podr-	
QUERER	➡ querr-	+ -é, -ás, -á, -emos, -éis, -án
SABER	➡ sabr-	
SALIR	➡ saldr-	
TENER	➡ tendr-	
VENIR	➡ vendr-	

3. Les emplois du futur

Le futur s'emploie pour parler d'un événement à venir. On l'utilise fréquemment avec les indicateurs de temps suivants :

algún día un jour
en … años dans … ans
dentro de … años dans … ans
en los próximos … años dans les … prochaines années
pronto bientôt
en el futuro dans le futur, à l'avenir
el año que viene l'année prochaine
(no…) nunca jamais

Algún día los robots serán más inteligentes que los humanos.
Un jour, les robots seront plus intelligents que les humains.

Dentro de poco desaparecán muchas profesiones manuales.
Dans peu de temps, de nombreuses professions manuelles disparaîtront.

Nunca colonizaremos Saturno.
= No colonizaremos nunca Saturno.
On ne colonisera jamais Saturne.

20. Le conditionnel

p. 129

1. Les verbes réguliers

Formation du conditionnel (verbes réguliers) :

UTILIZAR / DEBER / SERVIR + -ía, -ías, -ía, -íamos, -íais, -ían

UTILIZAR	DEBER	SERVIR
utilizaría	debería	serviría
utilizarías	deberías	servirías
utilizaría	debería	serviría
utilizaríamos	deberíamos	serviríamos
utilizaríais	deberíais	serviríais
utilizarían	deberían	servirían

2. Les verbes irréguliers

Les verbes irréguliers du conditionnel sont les mêmes que les verbes irréguliers du futur. Voir 19. Le futur

Seuls les radicaux sont irréguliers. Les terminaisons, elles, sont toujours régulières : **-ía**, **-ías**, **-ía**, **-íamos**, **-íais**, **-ían**.

3. Les emplois du conditionnel

Le conditionnel s'emploie pour évoquer des situations hypothétiques.

En mi ciudad ideal habría muchos árboles y no habría contaminación.

Il s'emploie également pour conseiller ou suggérer.

Deberías aprender robótica, es el futuro.

21. Le présent du subjonctif

p. 57

1. Les verbes réguliers

Formation du présent du subjonctif (verbes réguliers) :

HABLAR + -e, -es, -e, -emos, -éis, -en

COMER / VIVIR + -a, -as, -a, -amos, -áis, -an

HABLAR	COMER	VIVIR
hable	coma	viva
hables	comas	vivas
hable	coma	viva
hablemos	comamos	vivamos
habléis	comáis	viváis
hablen	coman	vivan

2. Les verbes irréguliers à la 1re personne du singulier du présent de l'indicatif

Ces verbes conservent cette même irrégularité (**tener** > **tengo**) à toutes les personnes du présent du subjonctif.

- TENER → **tenga, tengas, tenga, tengamos, tengáis, tengan**
- SALIR → **salga, salgas, salga, salgamos, salgáis, salgan**
- CONOCER → **conozca, conozcas, conozca, conozcamos, conozcáis, conozcan**

3. Les verbes à affaiblissement (E > I)

- PEDIR → **pida, pidas, pida, pidamos, pidáis, pidan**
- SEGUIR → **siga, sigas, siga, sigamos, sigáis, sigan**

4. Les verbes à diphtongue (E > IE, O > UE)

- PENSAR → **piense, pienses, piense, pensemos, penséis, piensen**
- VOLVER → **vuelva, vuelvas, vuelva, volvamos, volváis, vuelvan**

5. Les v. à alternance (E > IE / I, O > UE / U)

Au présent du subjonctif, ces verbes diphtonguent aux trois personnes du singulier et à la 3e personne du pluriel et s'affaiblissent aux 1re et 2e personnes du pluriel.

- SENTIR → **sienta, sientas, sienta, sintamos, sintáis, sientan**
- DORMIR → **duerma, duermas, duerma, durmamos, durmáis, duerman**

6. Les verbes totalement irréguliers

- SER → **sea, seas, sea, seamos, seáis, sean**
- SABER → **sepa, sepas, sepa, sepamos, sepáis, sepan**
- IR → **vaya, vayas, vaya, vayamos, vayáis, vayan**

22. Quelques emplois du subjonctif

1. L'expression de la volonté et du souhait pp. 119, 130, 137

querer / necesitar / desear / esperar / buscar + que + subjonctif

Quiero que me lleven la compra a casa.

Los grafiteros buscan que sus obras tengan un impacto en los ciudadanos.

2. L'expression du but pp. 84, 129

intentar / ayudar a / permitir / conseguir / lograr + que + subjonctif

verbe + para que + subjonctif

Los huertos urbanos permiten que la gente esté en contacto con la naturaleza.

Trabajamos para que las ciudades sean más sostenibles.

3. L'expression de l'hypothèse p. 120

es probable, es posible, puede ser + que + subjonctif

Es posible que veamos un mundo sin contaminación.

Puede ser que algún día no existan los humanos.

4. L'expression de la demande et du conseil pp. 57, 137, 138

pedir / exigir / sugerir / aconsejar / recomendar + que + subjonctif

La campaña pide a los turistas que respeten el descanso de los vecinos.

Aconsejo a todo el mundo que haga actividad física.

5. L'expression du goût p. 94

gustar / encantar / odiar / molestar / preferir + que + subjonctif

Algunas personas prefieren que haya zoológicos para poder ver animales exóticos.

Me encanta que se creen ecoparques en lugar de zoológicos.

6. *Cuando* + subjonctif p. 120

cuando + subjonctif , futur

Cuando acabe el instituto, iré a viajar un año por España.

Quand j'aurai fini le lycée, je ferai un voyage d'un an en Espagne.

7. L'expression de l'opinion pp. 94, 119

importar / preocupar / sorprender + que + subjonctif

No me sorprende que las mujeres mestizas quieran tener visibilidad.

Me preocupa que los jóvenes admiren a Pablo Escobar.

estar bien / mal + que + subjonctif

Está muy bien que las mujeres ocupen lugares de poder.

ser / parecer + genial, triste, importante, interesante, indignante, (in)justo... + que + subjonctif

Es importante que una profesión esté bien pagada.

Me parece indignante que aún haya discriminación hacia las mujeres.

8. L'expression de la défense pp. 75, 76

Le présent du subjonctif s'emploie dans l'expression de la défense.

→ *Voir 23.3. L'impératif négatif (l'expression de la défense)*

23. L'impératif

p. 75, 76

1. Les verbes réguliers

L'impératif des verbes réguliers se forme de la façon suivante :

	COMPRAR	VENDER	CONSUMIR
TÚ	compra	vende	consume
USTED	compre	venda	consuma
NOSOTROS(AS)	compremos	vendamos	consumamos
VOSOTROS(AS)	comprad	vended	consumid
USTEDES	compren	vendan	consuman

- TÚ : 2e personne de l'indicatif présent sans le **S** (**compras**)
- NOSOTROS(AS) : Mêmes formes qu'au subjonctif présent
- VOSOTROS(AS) : Infinitif **– R + D** (**comprar > comprad**)

Si quiere reducir su impacto, consuma productos de proximidad.

Compatriotas: ¡unamos nuestras fuerzas para construir un país mejor!

2. Les verbes irréguliers

DECIR ➡ **di, diga, digamos, decid, digan**
HACER ➡ **haz, haga, hagamos, haced, hagan**
IR ➡ **ve, vaya, vayamos, id, vayan**
PONER ➡ **pon, ponga, pongamos, poned, pongan**
SALIR ➡ **sal, salga, salgamos, salid, salgan**
SER ➡ **sé, sea, sed, seamos, sean**
TENER ➡ **ten, tenga, tengamos, tened, tengan**
VENIR ➡ **ven, venga, vengamos, venid, vengan**

3. L'impératif négatif (l'expression de la défense)

Formation de l'impératif négatif :

no + **présent du subjonctif**

Compra con responsabilidad y no consumas si no lo necesitas.

No permitamos que la corrupción y la violencia gobiernen nuestro país.

24. Les verbes de type *gustar*

p. 21

(a mí) me / (a ti) te / (a él/ella) le / (a nosotros/as) nos / (a vosotros/as) os / (a ellos/as) les

+ **encanta, gusta, mola, interesa, da vergüenza** + **infinitif / nom singulier**
+ **encantan, gustan, molan, interesan, dan vergüenza** + **nom pluriel**

A mis amigos y a mí nos encanta hacer vídeos.
Mes amis et moi adorons faire des vidéos.

A mis amigos y a mí nos encantan los vídeos sobre ciencia.
Mes amis et moi adorons les vidéos scientifiques.

Me da vergüenza cantar en público.
J'ai honte de chanter en public.

! Les verbes de type **gustar** se conjuguent comme le verbe « plaire » en français :

Me gustan estos libros. = Estos libros me gustan. Ces livres me plaisent.

25. L'expression de l'hypothèse à l'indicatif et au subjonctif

→ p. 120

Certaines expressions peuvent s'utiliser avec l'indicatif ou avec le subjonctif sans que le sens de la phrase ne change.

tal vez
quizá(s)
probablemente
seguramente
\+ **indicatif** / **subjonctif**

Quizá trabajaré en una oficina.
= Quizá trabaje en una oficina.

> ! L'expression **a lo mejor** est toujours suivie de l'indicatif.
>
> A lo mejor estudio bellas artes y me voy a vivir a Berlín.
> Peut-être que je ferai les Beaux Arts et que j'irai vivre à Berlín.

26. Le gérondif

→ p. 39

1. Les verbes réguliers

Verbes en **-ar** :

CANT~~AR~~ + -ando = cantando

Verbes en **-er** / **-ir** :

COM~~ER~~ + -iendo = comiendo
VIV~~IR~~ + -iendo = viviendo

2. Les verbes irréguliers

Tous les verbes à affaiblissement et à alternance s'affaiblissent au gérondif.

pedir → pidiendo
dormir → durmiendo

Si le **i** de **-iendo** se trouve en début de mot ou entre deux voyelles, il se transforme en **y**.

ir → yendo   caer → cayendo

→ *Pour la combinaison du gérondif avec des pronoms, voir 11.4. L'enclise.*

3. Les emplois du gérondif

Le gérondif correspond au participe présent français. Comme lui, il exprime la manière.

Lucía siempre friega los platos cantando.
Lucía fait toujours la vaisselle en chantant.

Le gérondif entre également dans la construction de certaines périphrases verbales.

→ *Voir 27. Les périphrases verbales*

27. Les périphrases verbales

1. *Ir a* + infinitif

→ p. 30

Pour exprimer qu'une action va se dérouler dans un futur proche.

Vamos a cambiar la situación de los gitanos.
Nous allons changer la situation des gitans.

2. *Soler* + infinitif

Pour exprimer la durée d'une action.

En España, los niños suelen pasar bastante tiempo con sus abuelos.
En Espagne, les enfants ont l'habitude de passer pas mal de temps avec leurs grands-parents.

3. *Estar* + gérondif

→ p. 22, 84

Pour exprimer qu'une action est en train de se dérouler.

Los chicos están hablando en la calle. Les garçons sont en train de discuter dans la rue.

4. *Seguir* + gérondif

→ p. 83

Pour exprimer la continuité d'une action.

Los alcoyanos siguen llevando los trajes de moros o de cristianos el día de la fiesta. Les habitants d'Alcoy continuent de porter les tenues des maures ou des chrétiens le jour de la fête.

→ *Voir 11.5. L'enclise*

28. L'expresion de l'obligation

pp. 112, 138

1. L'obligation impersonnelle

(no) hay que + infinitif

Hay que modificar el modelo de turismo de masas.
Il faut modifier le modèle de tourisme de masse.

L'obligation impersonnelle correspond à « il faut + infinitif » en français.

2. L'obligation personnelle

deber / tener que + infinitif

Debemos reflexionar sobre nuestro papel como turistas.
Nous devons réfléchir à notre rôle en tant que touristes.

Tienes que ser respetuoso con los vecinos.
Il faut que tu sois respectueux envers les voisins.

L'obligation personnelle correspond au verbe « devoir », ou encore à « il faut que je, tu, il... » en français.

29. La traduction de « devenir »

pp. 47, 101

1. *Convertirse en / transformarse en / llegar a ser*

On utilise ces structures pour parler d'une transformation progressive.

Maradona se ha convertido en un personaje polémico.

La fábrica se ha transformado en un centro cultural.

Escobar llegó a ser el mayor narcotraficante del mundo.

2. *Volverse*

On utilise **volverse** pour parler d'un changement involontaire et souvent irrémédiable.

Cuando tuvo poder se volvió autoritario.

3. *Ponerse* + état d'esprit / *de moda*

On utilise **ponerse** pour parler d'un changement d'état d'esprit, ou pour indiquer que quelque chose est devenu à la mode.

La serie *Narcos* me pone muy nerviosa.

Pablo Escobar se ha puesto de moda.

30. La traduction de « il y a »

1. Hay (verbe *haber*)

Pour indiquer l'existence d'un élément ou d'une personne, on utilise **hay** au présent, et le verbe **haber** conjugué à la 3e personne du singulier aux autres temps.

Actualmente hay personas mayores que son muy activas.

Hace unos años en las tiendas no había productos ecológicos.

2. *Hacer* + période de temps (+ *que* + verbe)

Pour situer un événement passé dans le temps en se référant au moment présent, on utilise le verbe **hacer** conjugué au temps souhaité et suivi d'une période de temps.

Hace diez años que tengo esta falda.

Ayer me encontré a Mateo, hacía dos años que no lo veía.

Voir 33.4 La durée

31. La traduction de « on » → p. 101

1. *Se* + 3[e] personne

On emploie cette construction pour parler d'un fait général.

- **se** + **3e personne du singulier** + **nom singulier, adverbe, quantifieur**

  En Argentina se considera el fútbol casi como una religión.

- **se** + **3e personne du pluriel** + **nom pluriel**

  El Cinco de Mayo se venden muchas piñatas.

> ! Souvent, la construction **se** + 3[e] personne peut aussi se traduire par la voix passive en français.
>
> En Argentina se considera el fútbol casi como una religión.
> En Argentine, le football est souvent considéré comme une religion.

2. Verbe conjugué à la 3e personne du pluriel

Cette construction s'emploie surtout dans la langue parlée, lorsque le locuteur s'exclut de l'action.

Dicen que los gitanos no son de fiar, pero es un prejuicio.

3. Verbe conjugué à la 1re personne du pluriel

Avec cette construction, le locuteur s'inclut dans l'action.

En Argentina comemos mucha carne.

4. *Uno / una* + 3[e] personne du singulier

Avec cette construction, le locuteur s'inclut dans l'action.
Dans ce cas, « on » est en fait un « je » déguisé.

uno / una + **3e personne du singulier**

En Madrid, uno nunca mira el cielo.

> ! **Uno / Una** s'utilise également quand le verbe est réfléchi, parce qu'il est alors impossible d'utiliser **se**.
>
> Uno no se cansa nunca de viajar por América Latina.
> On ne se lasse jamais de voyager en Amérique latine.

32. *Ser et estar* → p. 22, 93, 94

1. *Ser*

On emploie **ser** pour identifier, classer ou encore pour exprimer des caractéristiques propres ou essentielles :

- Devant un prénom, pour présenter quelqu'un :
  Este es Juan. Voici Juan.
- Devant un nom, pour indiquer des relations personnelles, des professions... :
  Es un amigo, es editor. C'est un ami, il est éditeur.
- Devant un nombre, une date ou une heure :
  Somos diez. / Son las nueve. / Hoy es 2 de mayo.
  On est dix. / Il est 9h. /Aujourd'hui, on est le 2 mai.
- Devant un verbe à l'infinitif :
  Lo mejor de viajar es conocer gente. Ce qu'il y a de mieux dans les voyages, c'est de rencontrer des gens.
- Devant un adjectif décrivant le caractère :
  Ana es muy tímida, pero también es muy divertida.
  Ana est très timide, mais elle est aussi très drôle.
- Devant un adjectif décrivant les caractéristiques propres d'un élément (taille, forme, matière...) :
  Esta falda es muy bonita, ¿dónde la has comprado?
  Cette jupe est très jolie, où l'as-tu achetée ?

2. *Estar*

Estar s'emploie pour parler d'une situation ou d'un état :

- Pour situer, localiser :
  Están en la calle. Elles sont dans la rue.
- Pour indiquer la posture corporelle :
  Están sentados en el suelo. Ils sont assis par terre.
  Estoy todo el día de pie en la tienda. Je passe toute la journée debout au magasin.
- Devant un participe passé, pour décrire l'état d'un objet, d'une personne ou d'un animal :
  Esta silla está rota. / La puerta está abierta.
  Cette chaise est cassée. / La porte est ouverte.
  El gato está dormido. / Estoy muy cansado.
  Le chat est endormi. / Je suis très fatigué.
- Devant un adjectif décrivant un état d'esprit :
  Hoy estoy contenta y no sé por qué.
  Aujourd'hui, je suis contente et je ne sais pas pourquoi.
- Avec **bien** et **mal** :
  Estoy muy bien.
  Je vais très bien.

33. L'expression de la durée

pp. 47, 66

1. *Desde* + date ou événement

El Encuentro Internacional del Mariachi se celebra desde el año 1993. On fête la Rencontre Internationale du Mariachi depuis 1933.

Laura esperaba su fiesta de quinceañera desde los seis años. Laura attendait sa fête des quinze ans depuis l'âge de six ans.

2. *Desde que* + verbe

Laura esperaba su fiesta de quinceañera desde que tenía seis años. Laura attendait sa fête des quinze ans depuis qu'elle avait six ans.

3. *Desde hace* + quantité de temps

El Encuentro Internacional del Mariachi se celebra desde hace 25 años. On fête la Rencontre Internationale du Mariachi depuis 25 ans.

4. *Hace* + période de temps + *que* + verbe

Hace años que no me visto de princesa. Cela fait des années que je ne me déguise plus en princesse.

→ *Voir 30.2. La traduction de* « il y a »

5. *Desde... hasta*

Desde 1993 hasta 2018 se ha celebrado el Encuentro Internacional del Mariachi en Guadalajara. On a fêté la Rencontre Internationale du Mariachi à Guadalajara de 1933 à 2018.

Desde que tenía seis años hasta que cumplió quince soñó con su fiesta de quinceañera. Elle a rêvé de sa fête des quinze ans de l'âge de six ans jusqu'à son quinzième anniversaire.

34. Les subordonnées relatives

p. 148

1. *Que*

La película que vimos es muy aburrida. Le film que nous avons vu est très ennuyeux.

¿El chico que lleva gafas es tu hermano? Le garçon qui porte des lunettes est ton frère ?

2. Préposition + *el / la / los / las + que*

Han creado una pared con la que se puede interactuar. On a créé un mur avec lequel on peut interagir.

El 12 de octubre se conmemora el momento en el que la primera expedición llegó a América. Le 12 octobre, on comémore le moment où la première expédition est arrivée en Amérique.

Esas son las chicas de las que te hablé. Ce sont les filles dont je t'ai parlé.

3. *Donde*

El Eixample es el barrio donde se construyó la Sagrada Familia. L'Eixample est le quartier où la Sagrada Familia a été construite.

4. Préposition + *donde*

Santa María del Mar es la iglesia de donde venimos. L'église d'où nous venons est Santa María del Mar.

5. *Quien(es)*

Ferran Puig i Gibert, quien fundó la fábrica, la llamó El vapor de fil. Ferran Puig i Gibert, qui a fondé l'usine, l'a appelée El vapor de fil.

Los barceloneses, quienes han asistido a la evolución de la Sagrada Familia, la consideran un símbolo de la ciudad. Les Barcelonais, qui ont assisté à l'évolution de la Sagrada Familia, la considèrent comme un symbole de leur ville.

6. Préposition + *quien(es)*

Los taínos son los primeros americanos con quienes se encontraron los navegantes. Les taïnos sont les premiers Américains que les navigateurs ont rencontrés.

> ! Dans les subordonnées relatives, il est beaucoup plus fréquent d'employer **que** que **quien(es)** pour renvoyer à une ou plusieurs personnes.
>
> Ferran Puig i Gibert, que fundó la fábrica, la llamó El vapor de fil.
>
> Los taínos son los primeros americanos con los que se encontraron los navegantes.

35. Les connecteurs logiques

pp. 65, 48, 155

1. L'expression de l'addition

y / no + ni..., ni...

En casa tenemos un gato y una tortuga.
En Amantaní no hay hoteles, ni restaurantes, ni se espera que haya.

2. L'expression de la cause

- por / a causa de + nom

El oficio de pintor de letras podría desaparecer por la impresión digital.
Casi medio millón de personas tuvo que exiliarse a causa de la guerra.

- a causa de (que) / porque / ya que + verbe conjugué

Casi medio millón de personas tuvo que exiliarse a causa de que eran perseguidas.
La música latinoamericana fusiona estilos porque ha recibido muchas influencias diferentes.
Montaron el festival en Valparaíso ya que allí hay una fuerte tradición de arte urbano.

- como + cause / conséquence

Como en Valparaíso hay tradición de arte urbano, los organizadores lo eligieron para el festival.
~~Los organizadores eligieron Valparaíso para el festival como allí hay tradición de arte urbano.~~

3. L'expression de la conséquence

por eso / así que + verbe conjugué

Ayer casi no pude dormir, por eso hoy estoy muy cansada.
Hay huelga de trenes, así que tenemos que cambiar los billetes.

4. L'expression de l'opposition et de la concession

- pero / sin embargo / en cambio / mientras que

Me gusta mucho leer, pero no leo ficción.
Casi no me conocía, (y) sin embargo, confió en mí.
En Otavalo, el Inti Raymi es una fiesta ancestral, mientras que en Sachsayuamán se hace un ritual inca recuperado recientemente.
En Francia, normalmente, cenamos a las ocho. En cambio, en España, solíamos cenar a las nueve y media.

- no + verbe conjugué , sino + nom, adjectif, adverbe / sino que + verbe conjugué

Aquel no es Miguel, sino Fernando.
Las autoridades no han derribado las fábricas, sino que las han convertido en centros de arte.

- no solo..., sino que (también / además) + verbe conjugué

Los muralistas no solo se expresan como artistas, sino que también convierten las ciudades en lugares más habitables.

- a pesar de + nom, adjectif, adverbe

El partido se jugó a pesar de la lluvia.
En el partido de ida hubo incidentes. A pesar de todo, el partido de vuelta se jugó con normalidad.

35. Les connecteurs logiques

4. L'expression de l'opposition et de la concession

- **aunque** / **a pesar de que** + **verbe à l'indicatif**

Si **aunque** et **a pesar de (que)** introduisent des faits certains dont on veut informer son interlocuteur(trice), le verbe doit se conjuguer à l'indicatif.

Aunque se identifica al Caribe con el realismo mágico, autores de otros países latinoamericanos han escrito novelas de este tipo.

Aunque hace mal tiempo, saldremos de excursión.

- **aunque** / **a pesar de que** + **verbe au subjonctif**

Si **aunque** et **a pesar de (que)** introduisent des faits que l'interlocuteur(trice) connaît déjà ou qui sont hypothétiques, le verbe doit se conjuguer au subjonctif.

Aunque se identifique al Caribe con el realismo mágico, autores de otros países latinoamericanos han escrito novelas de este tipo.

Aunque haga mal tiempo, saldremos de excursión.

> ! **Aunque** et **a pesar de que** + indicatif se traduisent par « bien que » + subjonctif en français. **Aunque** et **a pesar de que** + subjonctif se traduisent par « même si » + indicatif en français.

36. L'expression de la simultanéité

1. *Cuando*

Cuando uno escribe sobre sus experiencias, los textos son más creíbles. Quand on écrit à partir de ses expériences, les textes sont plus crédibles.

Cuando García Márquez empezó a escribir *Cien años de soledad* tenía 38 años. Quand García Márquez a commencé à écrire *Cent ans de solitude*, il avait 38 ans.

2. *Al* + infinitif

Siempre tengo frío al meterme en la cama. J'ai toujours froid quand je me mets au lit.

Al despertar vio que Remedios ya no estaba. Quand il se réveilla, il vit que Remedios n'était plus là.

3. *Mientras*

No me gusta escuchar música mientras leo. Je n'aime pas écouter de la musique pendant que je lis.

Mientras las mujeres doblaban las sábanas, Remedios, la bella, empezó a elevarse hacia el cielo. Pendant que les femmes pliaient les draps, Remedios, la belle, commença à s'élever vers le ciel.

37. *Ya (no) / todavía (no)* pp. 111, 112

todavía = aún (encore / toujours)
ya (déjà)
todavía no = aún no (pas encore)
ya no (ne ... plus)

Todavía hay mucha gente que hace trabajos pesados.

Todavía no se ha conseguido la inmortalidad.

Ya existen robots capaces de hacer muchas tareas domésticas.

Algunos oficios tradicionales ya no existen.

38. Les prépositions

pp. 48, 101, 137, 155

1. A

Pour exprimer le mouvement vers un lieu :

El sábado vamos a la montaña. Samedi, nous allons à la montagne.

> Si la préposition **a** est suivie de l'article **el**, il y a contraction en **al**.
>
> Alguien traicionó al narcotraficante Pablo Escobar. Quelqu'un a trahi le trafiquant de drogue Pablo Escobar.

> La préposition **a** est obligatoire devant un COD de personne.
>
> Pablo Escobar ayudaba a los pobres. Pablo Escobar aidait les pauvres.

2. Con

- Pour exprimer l'accompagnement : Visitaré España con mi familia. Je visiterai l'Espagne avec ma famille.
- Pour indiquer la forme : Una casa con forma de barco. Une maison en forme de bateau.
- Pour exprimer le goût : Un helado con sabor a fresa. Une glace à la fraise.
- Pour parler de nourriture : Espaguetis con tomate. Des spaghettis à la tomate.

3. De

- Pour indiquer le lieu d'où l'on vient : Vengo de la panadería. Je viens de la boulangerie.
- Pour indiquer l'appartenance : Es el coche de mi tía. C'est la voiture de ma tante.
- Pour parler de la matière : Es una mesa de madera. C'est une table en bois.

> Si la préposition **de** est suivie de l'article **el**, il y a contraction en **del**.
>
> Vienen del oeste del país.

4. En

- Pour indiquer le lieu où se trouve un être ou une chose : Estamos en la playa. Nous sommes à la plage.
- Pour indiquer une situation dans le temps : Estamos en mayo. Nous sommes en mai.
- Pour parler d'un moyen de locomotion : Voy al instituto en bus. Je vais au lycée en bus.

5. Para

- Pour exprimer un but : Luchamos para mejorar nuestro país. = Luchamos con el fin de mejorar nuestro país. Nous luttons pour améliorer notre pays.
- Pour donner un point de vue : Para ella es normal. Pour elle, c'est normal.
- Pour exprimer un délai : El trabajo es para el miércoles. Le travail est pour mercredi.

6. Por

- Pour exprimer la cause : Luchamos por nuestro país. Nous luttons pour notre pays.
- Pour indiquer le lieu par lequel on passe : Pasó por muchos pueblos de Castilla. Je suis passée par de nombreux villages de Castille.
- Pour donner une indication temporelle : Por la tarde, tengo entrenamiento de fútbol. L'après-midi, j'ai entraînement de football.
- Pour parler d'un échange : Te cambio el pollo por el pescado. Je t'échange le poulet contre le poisson.
- Pour indiquer une distribution : El gasto medio por turista es bastante alto. La dépense moyenne par touriste est assez élevée.
- Pour désigner un agent : Los datos difundidos por la encuesta dicen que cada vez vienen más turistas. Les informations diffusées par l'enquête indiquent que de plus en plus de touristes viennent.

7. Sin

Pour exprimer l'absence, le manque : En el futuro sobreviviremos sin comida. Dans le futur, on survivra sans nourriture.

Español › Francés

ABRÉVIATIONS : *adj* adjectif • *adv* adverbe • *Am* Amérique • *conj* conjonction *loc* locution • *n* nom • *nm* nom masculin • *nf* nom féminin • *pl* pluriel • *prép* préposition • *pron* pronom • *sg* singulier • *v* verbe • *v irrég* verbe irrégulier

A

a favor *loc* pour
a la moda *loc* à la mode, tendance
abandonar *v* abandonner
abierto(a) *adj* ouvert(e)
abogado(a) *n* avocat(e)
abrazar *v irrég* prendre dans ses bras
abrazarse *v irrég* s'embrasser
abrigo *nm* manteau
absorber *v* absorber
 ~ la lluvia absorber la pluie
abuelo(a) *n* grand-père (grand-mère)
acabar *v* finir
acera *nf* trottoir
acompañante *n* aidant(e)
acordarse [ue] **de** *v irrég* se souvenir de
acordeón *nm* accordéon
acoso escolar hacèlement scolaire
acostumbrarse *v* s'habituer
activo(a) *adj* actif(ive)
actor (actriz) *n* acteur (actrice)
actual *adj* actuel(le)
actuar *v irrég* agir, jouer
además *adv* en plus
admirar a (alguien) *v* admirer (qqn)
adoración adoration
 ~ divina *nf* adoration divine
afiche *nm* affiche
afición *nf* passion
aficionado(a) *n* supporter(trice)
 ~ a passionné(e) de
afrontar *v* affronter
 ~ la realidad affronter la réalité
agradable *adj* agréable
ahorrar *v* économiser
 ~ energía économiser de l'énergie
ahorro *nm* épargne
aire *nm* air
 ~ libre air libre, extérieur
albiceleste *adj* référence à l'équipe de football argentine portant les couleurs blanches et bleu ciel
alegre *adj* joyeux(euse)
alegría *nf* joie
alentar [ie] *v irrég* encourager
alguien *pron* quelqu'un
algún (alguna) *adj* un(e)
aliento *nm* souffle
almacén *nm* entrepôt
alojarse *v* se loger
alquilar *v* louer
 ~ un piso louer un appartement
amar *v* aimer
ambiental *adj* environnemental(e)
ambiente *nm* ambiance
amigo(a) *n* ami(e)
amo(a) de casa *n* homme / femme au foyer
amor *nm* amour
 ~ ciego amour aveugle
 ~ incondicional amour inconditionnel
amuleto *nm* porte-bonheur
analfabeto(a) *adj* analphabète
anciano(a) *n* vieil homme (vieille femme)
andar *v irrég* marcher
 ~ en bici faire du vélo
animal *nm* animal
 ~ autóctono animal autochtone
 ~ en cautividad animal en captivité
 ~ en libertad animal en liberté
 ~ exótico animal exotique
animar *v* encourager, inciter
anotar *v* noter
ansioso(a) *adj* nerveux(euse)
antes *adv* avant
antiestrés *adj* anti-stress
antiguo(a) *adj* ancien(ne) ; démodé(e)
anuncio *nm* publicité
añadir *v* ajouter
año *nm* an, année
aparato *nm* appareil
 ~ electrónico appareil électronique
aparcar *v irrég* se garer
apasionadamente *adv* passionnément
aplicación informática application informatique
aportar *v* apporter
apoyar *v* soutenir
apoyo *nm* soutien
aprender *v* apprendre
aprovechar *v* profiter
apuntar *v* noter
apuntarse a *v* s'inscrire à
árbol *nm* arbre
arpa *n* harpe
arpista *n* harpiste
arquitectura *nf* architecture
arruga *nf* ride
artes *nfpl* arts
 ~ gráficas arts graphiques
 ~ plásticas arts plastiques
asamblea ciudadana assemblée de citoyens
asociación *nf* association
aspecto *nm* aspect
 ~ juvenil aspect juvénile
asustado(a) *adj* effrayé(e)
atacar *v irrég* attaquer
ataque *nm* attaque
 ~ aéreo attaque aérienne
atleta *n* athlète
audiovisual *adj* audiovisuel(le)
aumentar *v* augmenter
aumento *nm* augmentation
 ~ de los precios *nm* augmentation des prix
autobús *nm* bus
autóctono(a) *adj* autochtone
autoestima *nf* amour-propre
avergonzado(a) *adj* honteux(euse), gêné(e)
avión *nm* avion
ayudar *v* aider
ayuntamiento *nm* mairie
azul *nm* bleu

B

bailaor(a) *n* danseur(euse) de flamenco
bailar *v* danser
 ~ en pareja danser en couple
bailarín(ina) *n* danseur(euse)
baile *nm* danse
 ~ popular danse populaire
balón *nm* ballon
banda *nf* bande
 ~ de músicos groupe de musiciens
bandera *nf* drapeau
bando *nm* camp
bar *nm* bar
 ~ de la playa bar de la plage
barato(a) *adj* bon marché, économique
barba *nf* barbe
barco *nm* bateau
barras bravas *Am* hooligans
barrio *nm* quartier
basura *nf* ordures, déchets
 ~ electrónica *nf* déchet électronique
bautizar *v irrég* baptiser
beca *nf* bourse
belleza *nf* beauté
bici(cleta) *nf* vélo
bien *adv* bien
bienestar *nm* bien-être
bienvenida *nf* bienvenue
biodiversidad *nf* biodiversité
blanco *nm* blanc
bocadillo *nm* sandwich
bocata *nm* sandwich

bolsa *nf* sac
~ **de plástico** sac en plastique
~ **de tela** sac en toile
bolsillo *nm* poche
bombardear *v* bombarder
bombardeo *nm* bombardement
borrador *nm* brouillon
bosque *nm* bois, forêt
brazo *nm* bras
bueno(a) *adj* bon(ne)
bullying *nm* harcèlement scolaire
burlarse de *v* se moquer de
buscar *v irrég* chercher
~ **el lado bueno de las cosas** voir le bon côté des choses
~ **trabajo** chercher du travail

C

cábala *nf* superstition, prédiction
cabreado(a) *adj* énervé(e)
cadena *nf* chaîne
caducar *v irrég* expirer
cajero(a) *n* caissier(ère)
cálido(a) *adj* chaud(e)
caligrafía *nf* calligraphie
calle *nf* rue
calma *nf* calme
calor *nm* chaleur
calvo(a) *adj* chauve
cama *nf* lit
camarero(a) *n* serveur(euse)
cambiar *v* changer
~ **la mentalidad** changer la mentalité
cambio climático changement climatique
camiseta *nf* maillot, T-shirt
campaña *nf* campagne
campeón(ona) *n* champion(onne)
cana *nf* cheveu blanc
cancha *nf* terrain (de sport)
canción *nf* chanson
canguro *n* baby-sitter
cansarse *v* se fatiguer
cantante *n* chanteur(euse)
cantar *v* chanter
cante flamenco chant gitan andalou
caña de azúcar canne à sucre
capataz *n* chef d'exploitation
capaz *adj* capable
~ **de** capable de
cara *nf* visage, figure
carabela *nf* caravelle
carácter *nm* caractère
caro(a) *adj* cher (chère)
carrera *nf* course
~ **universitaria** études universitaires
carrito *nm* caddie
cartel *nm* affiche
casa *nf* maison
desde ~ depuis chez soi
en ~ chez soi
mi ~ chez moi
casarse *v* se marier
~ **joven** se marier jeune
casi *adv* presque
católico(a) *adj* catholique
cautividad *nf* captivité
celebración *nf* célébration
celebrar *v* célébrer
centro *nm* centre
chaqueta *nf* veste
chatarra *nf* ferraille
chicha *nf* cumbia péruvienne
chillante *adj* vif (vive) ; flashy
chillón(a) *adj* flashy
chiringuito *nm* bar de plage
chocar *v irrég* heurter, percuter
cholo(a) *adj* métis(isse) (amérindien et européen)
ciegamente *adv* aveuglément
ciego(a) *adj* aveugle
cinturón *nm* ceinture
circuito *nm* circuit, parcours
~ **turístico** circuit touristique
ciudad *nf* ville
ciudadano(a) *n* citadin(e) ; citoyen(ne)
cívico(a) *adj* civique
clásico *nm* derby
clásico(a) *adj* classique
clasificar *v irrég* classer
clavar *v* planter
~ **una cruz** planter une croix
cobarde *adj* lâche
cobrar *v* toucher (de l'argent)
coche *nm* voiture
cocina *nf* cuisine
coger *v irrég* prendre
~ **el autobús** prendre le bus
colectivo *nm* collectif
colegio *nm* collège
colonización *nm* colonisation
colonizado(a) *adj* colonisé(e)
colonizador(a) *n* colonisateur(trice)
colonizar *v irrég* coloniser
color *nm* couleur
~ **cálido** couleur chaude
~ **flúor** couleur fluorescente
~ **frío** couleur froide
columpio *nm* balançoire
combatir *v* combattre
comer *v* manger
~ **fuera** manger dehors
~ **sano** manger sainement
~ **variado** manger varié
comercial *adj* commercial
comercio *nm* commerce
~ **de proximidad** commerce de proximité
pequeño ~ petit commerce
cometer *v* commettre
~ **un delito grave** commettre un délit grave
cómic *nm* bande dessinée
comida *nf* plat, nourriture
como cualquiera comme tout le monde
compartir *v* partager
~ **gastos** partager les frais
competencia *nf* compétence
competición *nf* compétition
~ **deportiva** compétition sportive
competir [i] *v irrég* concourir, être en compétition
cómplice *n* complice
compra *nf* courses
comprar *v* acheter
comprobar [ue] *v irrég* vérifier
comprometerse *v* s'engager
compromiso *nm* accord, engagement
comunidad *nf* communauté
con *prép* avec
concienciado(a) *adj* sensibilisé(e)
concienciar *v* faire prendre conscience
concierto *nm* concert
condimento *nm* condiment
confiado(a) *adj* naïf (naïve), crédule
conformista *adj* conformiste
conga *nf* conga
conmemoración *nf* commémoration
conmemorar *v* commémorer
conocer *v irrég* connaître
~ **las técnicas** connaître les techniques
conocimiento *nm* connaissance
conquista *nf* conquête
conquistar *v* conquérir
consciente de *adj* conscient(e) de
conseguir [i] *v irrég* obtenir ; réussir
conservación *nf* conservation
~ **de la biodiversidad** préservation de la biodiversité
conservar *v* conserver
construir *v irrég* construir
~ **comunidad** construire la communauté
consumidor(a) *n* consommateur(trice)
consumir *v* consommer
consumismo *nm* surconsommation
consumo *nm* consommation
~ **colaborativo** consommation collaborative
contaminación *nf* pollution
contaminar *v* polluer
contento(a) *adj* content(e)
contestar *v* répondre
contratar *v* embaucher
contrato *nm* contrat
~ **fijo** CDI
~ **temporal** CDD
contrincante *n* adversaire

convertir [ie] *v irrég* convertir
~ **al cristianismo** convertir au christianisme
convertirse [ie] **en** *v irrég* devenir
correr *v* courir
cortar *v* couper
~ **caña de azúcar** couper la canne à sucre
costar [ue] *v irrég* coûter ; avoir du mal
~ **(mucho / poco) dinero** coûter (beaucoup / peu) d'argent
costumbre *nf* coutume
creador(a) *n* créateur(trice)
~ **de entornos virtuales** créateur(trice) d'environnements virtuels
crear *v irrég* créer
creativo(a) *adj* créatif(ive)
crecer *v irrég* grandir
crisis *nf* crise
criticar *v irrég* critiquer
crueldad *nf* cruauté
cruz *nf* croix
cuartos de final quarts de finale
cuidado *nm* attention, soin
cuidador(a) *n* soigneur(euse)
cuidar de (alguien) *v* s'occuper de (qqn)
cultivar *v* cultiver
cultivo *nm* culture
culto *nm* culte
cultura *nf* culture
~ **general** culture générale
cumbia *nf* cumbia
cumplir *v* atteindre
~ **un sueño** réaliser un rêve
curioso(a) *adj* curieux(euse)
curso *nm* cours

D

dado *nm* dé
danza *nf* danse
daño *nm* dommage, dégât
dar *v irrég* donner
~ **ganas de** donner envie de
~ **permiso para** donner l'autorisation pour
~ **suerte** porter chance
~ **un concierto** donner un concert
~ **vergüenza** être gêné(e)
darse bien / mal *loc* être bon(ne) / mauvais(e) en / à
darse cuenta *loc* se rendre compte
de fiar digne de confiance
de maravilla *loc* très bien
de moda *loc* tendance
de nuevo *loc* à nouveau
de segunda mano *loc* d'occasion
dedicar *v irrég* consacrer
~ **horas a** consacrer des heures à
dedicarse a *v irrég* travailler dans, faire (profession)
~ **la chatarra** collecter de la ferraille
~ **la venta ambulante** être dans la vente ambulante
~ **pedir limosna** vivre d'aumônes
deducir *v irrég* déduire
defender [ie] *v irrég* défendre
defensa *nf* défense
defensor(a) *n* défenseur(euse)
dejar *v* laisser, permettre, quitter
~ **de** arrêter de
delito *nm* délit
demostrar [ue] *v irrég* démontrer
~ **su valor** montrer sa valeur
denuncia *nf* dénonciation
denunciar *v* porter plainte
deporte *nm* sport
~ **electrónico** sport électronique
deportista *n* sportif(ive)
deportivo(a) *adj* sportif(ive) ; de sport
derby *nm* derby
derrumbarse (un edificio) *v* s'écrouler
desaparecer *v irrég* disparaître
desaparecido(a) *adj* disparu(e)
desarrollar *v* développer
desayunar *v* prendre le petit déjeuner
descampado *nm* terrain vague
desconfiado(a) *adj* méfiant(e)
descubierto(a) *adj* découvert(e)
descubridor(a) *n* découvreur(euse)
descubrimiento *nm* découverte
descubrir *v* découvrir
desechar *v* jeter
desecho *nm* déchet
desigual *adj* injuste
despedirse [i] **de** *v irrég* dire au revoir à
despeinado(a) *adj* décoiffé(e)
desperdicio *nm* déchet
despertar [ie] *v irrég* réveiller
~ **el interés** susciter l'intérêt
después *adv* après
destacar *v irrég* souligner, se distinguer
destrucción *nf* destruction
destructor(a) *n* destructeur(trice)
destruir *v irrég* détruire
devoción *nf* dévotion
devolver [ue] *v irrég* rendre
día *nm* jour
dibujante *n* dessinateur(trice)
dibujar *v* dessiner
diferenciarse *v* se distinguer
~ **de los demás** se distinguer des autres
diferente *adj* différent(e)
difundir *v* diffuser
dinero *nm* argent
discriminación *nf* discrimination
discriminar *v* discriminer
discutir(se) *v* se disputer
diseñador(a) *n* designer
diseñar *v* concevoir
diseño *nm* design
disfraz *nm* déguisement
disfrutar *v* profiter
~ **del ambiente** profiter de l'ambiance
disminución *nf* diminution
disminuir *v irrég* diminuer
disparar *v* tirer
dispuesto(a) *adj* prêt(e)
diversidad *nf* diversité
dividir *v* diviser, partager
~ **los gastos** *v* diviser / partager les frais
divino(a) *adj* divin(e)
doble *nm* double
doler [ue] *v irrég* avoir / faire mal
~ **las piernas** avoir mal aux jambes
~ **las rodillas** avoir mal aux genoux
drogadicción *nf* toxicomanie
dron *nm* drone
duda *nf* doute
duplicar(se) *v irrég* doubler
duradero(a) *adj* durable

E

echar *v* expulser
~ **de menos a alguien** s'ennuyer de qqn, manquer
ecológico(a) *adj* écologique
económico(a) *adj* économique
edificio *nm* bâtiment
educación *nf* éducation
~ **ambiental** éducation environnementale
educado(a) *adj* poli(e)
educar *v irrég* éduquer
eficiente *adj* efficace
electrodoméstico *nm* appareil électroménager
~ **de bajo consumo** appareil électroménager basse consommation
elegante *adj* élégant(e)
elegir [i] *v irrég* choisir
emanciparse *v* s'émanciper
emoción *nf* émotion
emocionado(a) *adj* ému(e)
emocionarse *v* émouvoir
empeorar *v* empirer
empresa *nf* entreprise
en blanco y negro en noir et blanc
en color en couleur
en contra de *loc* contre
en pareja en couple
en perfecto estado *loc* en parfait état
encanto *nm* charme

encontrar [ue] *v irrég* trouver
~ **trabajo** trouver du travail
encuentro *nm* rencontre
energía *nf* énergie
enfadado(a) *adj* fâché(e)
enfado *nm* colère
enfermedad *nf* maladie
enfrentarse *v* s'opposer, s'affronter
enfrente *prép* en face
ensayar *v* répéter (théâtre)
enseñar *v* apprendre, enseigner
ensoñarse [ue] *Am v irrég* rêver de
entorno *nm* environnement
entrenar *v* s'entraîner
entrevistar *v* interviewer, interroger
entusiasmo *nm* enthousiasme
~ **incomparable** enthousiasme incomparable
envase *nm* emballage
envidia *nf* jalousie
equipo *nm* équipe
escapar de *v* échapper à
escarabajo *nm* scarabée
escenificar *v irrég* mettre en scène
esclavitud *nf* esclavage
esclavizar *v irrég* réduire en esclavage
esclavo(a) *n* esclave
escoger *v irrég* choisir
escribir *v* écrire
escuchar *v* écouter
esforzarse [ue] **por** *v irrég* s'efforcer de
esfuerzo *nm* effort
espacio *nm* espace
~ **público** espace public
~ **verde** espace vert
espectáculo *nm* spectacle
~ **audiovisual** spectacle audiovisuel
estación *nf* gare
estacionar *v* se garer
estafador(a) *n* escroc
estar *v irrég* être
~ **de vacaciones** être en vacances
~ **harto(a)** en avoir marre
estereotipo *nm* stéréotype
estilo *nm* style
~ **chillante** style flashy
~ **de música urbana** style de musique urbaine
~ **musical** style musical
~ **popular** style populaire
estrés *nm* stress
estudiante *n* étudiant(e)
estudiar *v* faire des études
~ **en la universidad** étudier à l'université
~ **para ser médico(a)** étudier pour devenir médecin
~ **psicología** faire des études de psychologie
estupendamente *adv* merveilleusement
euforia *nf* euphorie
eufórico(a) *adj* euphorique
evento *nm* événement
exagerado(a) *adj* exagéré(e)
éxito *nm* succès
exótico(a) exotique
expectativa *nf* attente
experiencia *nf* expérience
~ **profesional** expérience professionnelle
experto(a) *adj* expert(e)
exponer *v irrég* exposer
expresarse *v* s'exprimer

F

fábrica *nf* usine
fácil *adj* facile
falda *nf* jupe
familia *nf* famille
fanático(a) *adj* fanatique
farmacéutico(a) *n* pharmacien(enne)
fatigante *adj* fatigant(e)
favorecer *v irrég* favoriser
felicidad *nf* joie
feo(a) *adj* laid(e)
festival *nm* festival
festivo(a) *adj* festif(ive)
ficha *nf* pièce, pion
fiesta *nf* fête
fijarse en *v* faire attention à
final *nf* finale
firmar *v* signer
flamenco *nm* flamenco
flauta *nf* flûte
flexible *adj* flexible
folclore *nm* folklore
fomentar *v* encourager
formación *nf* formation
formal *adj* habillé(e)
formar parte de faire partie de
~ **un colectivo** faire partie d'un collectif
fortaleza *nf* vigueur
foto *nf* photo
fracaso *nm* échec
frío(a) *adj* froid(e)
fruta *nf* fruit
fuera *adv* dehors
fusión *nf* fusion
fútbol *nm* football

G

gafas *nfpl* lunettes
~ **de sol** lunettes de soleil
gaita *nf* cornemuse
galleta *nf* biscuit
ganador(a) *n* vainqueur(e)
ganar *v* gagner
~ **una medalla** gagner une médaille
ganarse la vida gagner sa vie
ganas *nfpl* envie
gastar *v* dépenser
~ **dinero** dépenser de l'argent
gasto *nm* dépense
~ **medio** dépense moyenne
gastronómico(a) *adj* gastronomique
generación *nf* génération
generar *v* générer
~ **residuos** produire des déchets
género *nm* genre, style
~ **musical** genre musical
genial *adj* génial(e)
gente *nfsg* gens
gimnasio *nm* salle de sport
gol *nm* but
golpear *v* frapper
gorra *nf* casquette
gorro *n* chapeau
gozar *v irrég* profiter
gozo *nm* plaisir
grabar *v* filmer, enregistrer
gran superficie grande surface
grave *adj* grave
grueso(a) *adj* épais(se)
grupo *nm* groupe
~ **de música** groupe de musique
guardar *v* garder
guerra *nf* guerre
guitarra *nf* guitare
~ **eléctrica** guitare électrique
gustar *v* plaire

H

habilidad *nf* aptitude, don
hablar *v* parler
hacer *v irrég* faire
~ **amigos** se faire des amis
~ **buena / mala cara** faire bonne / mauvaise figure
~ **culpable** faire porter la responsbilité à
~ **cursos** suivre des cours
~ **deporte** faire du sport
~ **ejercicio** faire de l'exercice
~ **fotos** prendre des photos
~ **la cama** faire le lit
~ **la compra** faire les courses
~ **parte de** faire partie de
~ **prácticas** faire un stage
~ **responsable** faire porter la responsbilité à
~ **travesuras** faire des bêtises
~ **un taller** suivre un atelier / cours
~ **una hipótesis** faire une hypothèse
~ **una lista** faire une liste
~ **una ruta turística** faire une visite touristique

hacerse *v irrég* devenir
~ **daño** se faire mal
~ **mayor / viejo(a)** vieillir
~ **un selfi** prendre un selfie
hambre *nf* faim
hambriento(a) *adj* affamé(e)
hasta *prép* jusqu'à
helicóptero *nm* hélicoptère
hermosura *nf* beauté
herramienta *nf* outil
hip hop *nm* hip-hop
hipermercado *nm* hypermarché
homenaje *nm* hommage
honrar a *v* honorer
horario *nm* emploi du temps
hostelería *nf* hôtellerie
huayno *nm* genre musical et danse populaire typique du Pérou
huerta *nf* potager
huerto *nm* potager
~ **urbano** potager urbain
huir *v irrég* fuir
humildad *nf* humilité

I

idea *nf* idée
idear *v* imaginer
identidad *nf* identité
identificarse con *v irrég* s'identifier à
iglesia *nf* église
igualdad *nf* égalité
imitar *v* imiter
~ **un estilo** un style
imperfecto(a) *adj* imparfait(e)
impopular *adj* impopulaire
inauguración *nf* inauguration
incidente *nm* incident
~ **violento** incident violent
incomparable *adj* incomparable
incomprendido(a) *adj* incompris(e)
incondicional *adj* inconditionnel(le)
incondicionalmente *adv* inconditionnellement
inconformista *adj* non-conformiste
inconveniente *adj* inconvénient
inculto(a) *adj* inculte
independizarse *v irrég* s'émanciper
indígena *n* indigène
indio(a) *n* natif(ive) américain(e)
influencia *nf* influence
informal *adj* décontracté(e)
informático(a) *n* informaticien(ne)
ingeniero(a) *n* ingénieur(e)
iniciativa *nf* initiative
injusto(a) *adj* injuste
inquieto(a) *adj* curieux(euse)
inscribirse en *v* s'inscrire à
inseguridad *nf* insécurité
insertar *v* insérer
inspirarse en *v* s'inspirer de
instalación *nf* installation
instalaciones deportivas équipements sportifs
instituto *nm* lycée ; collège
instrumento *nm* instrument
insultar *v* insulter
intentar *v* essayer de
interactivo(a) *adj* interactif(ive)
intercambiar *v* échanger
interesarse por *v* s'intéresser à
interpretar *v* interpréter
invadir *v* envahir
~ **los espacios públicos** envahir les espaces publics
invasión *nf* invasion
investigar *v irrég* rechercher
involucrarse en *v* s'impliquer dans
ir *v irrég* aller
~ **a la moda** être à la mode / tendance
~ **a la playa** aller à la plage
~ **a la universidad** aller à l'université
~ **al gimnasio** aller à la salle de sport
~ **cargado(a)** être chargé(e)
~ **de compras** faire les boutiques
~ **de paseo** faire une balade
isla *nf* île

J

jardinero(a) *n* jardinier(ère)
jefe(a) *n* chef
~ **de seguridad informática** responsable de sécurité informatique
joven *n* jeune homme (jeune fille)
jubilado(a) *n* retraité(e)
jugador(a) *n* joueur(euse)
jugar [ue] *v irrég* jouer
~ **a las cartas** jouer aux cartes
~ **a un videojuego** jouer à un jeu vidéo
~ **al fútbol** jouer au foot(ball)
junto(a) *adj* ensemble
justo(a) *adj* juste
juvenil *adj* juvénile, jeune
juventud *nf* jeunesse

L

lado *nm* côté
ladrón(ona) *n* voleur(euse)
lápiz *nm* crayon
látigo *nm* fouet
leer *v irrég* lire
leído(a) *adj* lu(e)
lengua *nf* langue
letra *nf* lettre ; typographie
levantarse *v* se lever
~ **temprano** se lever tôt
liberarse de *v* se libérer
libertad *nf* liberté
libro *nm* livre
licenciatura *nf* licence ; maîtrise
limosna *nf* aumône
limpiar *v* nettoyer
~ **el aire** assainir l'air
limpio(a) *adj* propre
llamar *v* appeler
~ **la atención** attirer l'attention
llegada *nf* arrivée
llegar *v irrég* arriver
llevar *v* porter
~ **a (alguien) a la estación** emmener (qqn) à la gare
~ **barba** avoir de la barbe
~ **dos libros leídos** avoir lu deux livres
~ **maquillaje** être maquillé(e)
~ **ropa llamativa** être habillé(e) très flashy
~ **un abrigo** porter un manteau
~ **un año en una ciudad** habiter dans une ville depuis un an
~ **un peinado** avoir une coiffure
~ **una vida sedentaria** mener une vie sédentaire
~ **velo** porter un foulard
llevarse bien / mal s'entendre bien / mal
llorar *v* pleurer
lluvia *nf* pluie
loco(a) *adj* fou (folle)
locura *nf* folie
lógica *nf* logique
lograr *v* réussir ; obtenir
logro *nm* réussite
lucha libre lutte libre
luchador(a) *n* lutteur(euse)
luchar por / contra *v* lutter pour / contre
lucir *v irrég* porter fièrement
lugar *nm* lieu
~ **masificado** lieu surchargé

M

madrugar *v irrég* se lever tôt
mafia *nf* mafia
mal *adv* mal, mauvais
malcriar *v irrég* gâter
maleducado(a) *adj* impoli(e)
maleta *nf* valise
manchar *v* tacher
mandamiento *nm* commandement
mano *nf* main
máquina *nf* machine
marginación *nf* marginalisation
marginar *v* marginaliser
marinera *nf* marinera, rythme et danse péruvienne

más de *loc* plus de
mascota *nf* animal domestique
máster *nm* master
matemáticas *nfpl* mathématiques
mayor *adj* âgé(e)
mayoría *nf* plupart
mecánico(a) *n* mécanicien(enne)
medalla *nf* médaille
médico(a) *n* médecin
medio ambiente environnement
mejorar *v* améliorer
melodía *nf* mélodie
memoria *nf* mémoire
menos de *loc* moins de
mentalidad *nf* mentalité
mercado *nm* marché
mercería *nf* mercerie
mérito *nm* mérite
mestizo(a) *adj* métis(isse)
mezcla *nf* mélange
mezclar *v* mélanger
mimar *v* gâter
mitad *nf* moitié
mochila *nf* sac à dos
moda *nf* mode
modernizar *v irrég* moderniser
moderno(a) *adj* moderne
molar *v* être super / kiffant
molestar *v* déranger
monarquía *nf* monarchie
mono(a) *adj* mignon(ne)
montar *v* monter
~ **una empresa** monter une entreprise
~ **una fiesta** organiser une fête
monumento *nm* monument
morir [ue] *v irrég* mourir
mostrar [ue] *v irrég* montrer
motivo *nm* motif
mover [ue] *v irrég* bouger
~ **la ficha** déplacer la pièce ou le pion
moverse [ue] *v irrég* bouger
mueble *nm* meuble
Mundial *nm* coupe du monde
mural *nm* fresque
museo *nm* musée
música *nf* musique
~ **acústica** musique acoustique
~ **electrónica** musique électronique
~ **psicodélica** musique psychédélique
~ **tropical** musique tropicale
músico *n* musicien(ne)
musulmán(ana) *adj* musulman(e)

N

nacional *adj* national(e)
nativo(a) *n* natif(ive)
naturaleza *nf* nature
navegación *nf* navigation
navegante *n* navigateur(trice)
navegar *v* naviguer
negro *nm* noir
nervioso(a) *adj* nerveux(euse)
nieto(a) *n* petit-fils (petite-fille)
noche *nf* soir
nómada *adj* nomade
nomadismo *nm* nomadisme
nuevo(a) *adj* nouveau (nouvelle)
nunca *adv* jamais

O

objetivo *nm* objectif
objeto *nm* objet
ocio *nm* loisirs
ocultar *v* cacher
oferta *nf* offre
~ **cultural** offre culturelle
oficio *nm* métier
olvidar *v* oublier
opinar *v* donner son avis
oposición *nf* concours
organizar *v irrég* organiser
~ **un evento** organiser un événement
orgullo *nm* fierté
orgulloso(a) de *adj* fier(ère) de
original *adj* original(e)
otra vez *loc* encore

P

pacífico(a) *adj* pacifique
padres *nmpl* parents
padrino *nm* parrain
paella *nf* paella
pájaro *nm* oiseau
palmera *nf* palmier
pancarta *nf* pancarte
~ **de protesta** pancarte de protestation
pañuelo *nm* mouchoir
para toda la vida pour toute la vie
paro *nm* chômage
parque *nm* parc
parte *nf* partie
una cuarta ~ un quart
tres cuartas ~**s** les trois quarts
participación ciudadana engagement citoyen
participar en *v* participer à
~ **un proyecto** participer à un projet
partido *nm* match
pasarlo bien s'amuser
pasárselo bien s'amuser
pasear *v* se promener
pasivo(a) *adj* passif(ive)
pecado *nm* péché
pedir [i] *v irrég* demander
~ **permiso a / para** demander l'autorisation à / de / pour
pegar *v irrég* frapper
peligroso(a) *adj* dangereux(euse)
pelota *nf* ballon
peluquero(a) *n* coiffeur(euse)
pena *nf* tristesse
pensar [ie] *v irrég* penser
perdedor(a) *n* perdant(e)
perder [ie] *v irrég* perdre
perderse [ie] *v irrég* se perdre
perfecto(a) *adj* parfait(e)
periferia *nf* banlieue
periodismo *nm* journalisme
perjudicar a *v irrég* porter préjudice à
persecución *nf* persécution
perseguir [i] *v irrég* persécuter
persona *nf* personne
~ **discapacitada** personne handicapée
~ **mayor** personne âgée
peso *nm* poids
~ **del sector turístico** importance du secteur touristique
pierna *nf* jambe
pijama *nm* pyjama
piloto *n* pilote
~ **de avión** pilote d'avion
~ **de drones** pilote de drones
pintor(a) *n* peintre
pintura *nf* peinture
~ **mural** peinture murale
piso *nm* appartement
plan *nm* projet
planta *nf* plante
plástico *nm* plastique
playa *nf* plage
plaza *nf* place
población *nf* population
~ **civil** population civile
poblado de chabolas bidonville
policía *n* policier(ère)
poner *v irrég* mettre
~ **en valor** mettre en valeur
~ **un ejempo** donner un exemple
popular *adj* populaire
popularizarse *v irrég* populariser, rendre populaire
porque *conj* parce que
positivo(a) *adj* positif(ive)
practicar *v irrég* s'entraîner
prácticas *nfpl* stage
precio *nm* prix
~ **elevado** prix élevé
predicar *v irrég* prêcher
~ **la verdad** prêcher la verité
preocupado(a) por *adj* inquiet(ète) pour
preocuparse por *v* s'inquiéter pour

Lexique

preservar *v* préserver
~ **la tradición** préserver la tradition
~ **las costumbres** préserver les coutumes
proactivo(a) *adj* proactif(ive)
problema *nm* problème
~ **de memoria** problème de mémoire
~ **de salud** problème de santé
procurar *v* essayer
producción *nf* production
producir *v irrég* produire
producto *nm* produit
~ **de kilómetro cero** produit de proximité
~ **de temporada** produit de saison
~ **envasado** produit emballé
productor(a) *n* producteur(trice)
profesión *nf* profession
programador(a) *n* programmeur(euse)
progresar *v* progresser
promover [ue] *v irrég* promouvoir
proponer *v irrég* proposer
~ **una idea** une idée
proteger *v irrég* protéger
protesta *nf* protestation
proximidad *nf* proximité
proyecto *nm* projet
psicología *nf* psychologie
publicado(a) *adj* publié(e)
pueblo *nm* peuple
~ **indígena** peuple indigène
puerta *nf* porte
puntuar *v* noter

Q

quedarse en *v* rester à
quejarse *v* se plaindre
quieto(a) *adj* immobile

R

radical *adj* radical(e)
raíz *nf* racine
rampa *nf* rampe
raro(a) *adj* bizarre
razonar (una respuesta) *v* justifier
realidad *nf* réalité
~ **aumentada** réalité augmentée
rebelde *adj* rebelle
rechazar *v irrég* rejeter
rechazo *nm* rejet
recibir *v* recevoir
reciclar *v* recycler
recoger *v irrég* ramasser ; ranger
~ **frutas** ramasser des fruits
~ **la cocina** ranger la cuisine
reconocer *v irrég* reconnaître
reconocimiento *nm* reconnaissance
recopilar *v* compiler
recordar [ue] *v irrég* se souvenir, se rappeler
recuerdo *nm* souvenir
recurrir *v* avoir recours
redactar *v* rédiger
reducción *nf* réduction
reducir *v irrég* réduire
reencontrarse [ue] *v irrég* se retrouver
reencuentro *nm* retrouvailles
refugiado(a) *adj* réfugié(e)
refugio *nm* refuge
regalar *v* offrir
regalo *nm* cadeau
regar [ie] *v irrég* arroser
~ **las plantas** arroser les plantes
regresar *v* rentrer, revenir
reguetón *nm* reggaeton
reír [i] *v irrég* rire
reírse [i] **de** *v irrég* se moquer de
relacionar *v* associer
relacionarse *v* fréquenter, nouer des liens
~ **con los demás** fréquenter les autres
relajarse *v* se détendre
rendir [i] *v irrég* rendre
~ **culto** vouer un culte
~ **homenaje** rendre hommage
repartir *v* distribuer
repasar *v* réviser ; relire
representar *v* représenter ; jouer (théâtre)
represión *nf* répression
republicano(a) *adj* républicain(e)
requisito *nm* condition requise
residuo *nm* déchet
~ **electrónico** déchet électronique
resistencia *nf* résistance
resistir *v* résister
resolver [ue] *v irrég* résoudre
~ **problemas** résoudre des problèmes
respetar *v* respecter
respeto *nm* respect
~ **por el medio ambiente** respect de l'environnement
respetuoso(a) *adj* respectueux(euse)
resultar herido(a) être blessé(e)
resumir *v* résumer
reto *nm* défi
reunir *v irrég* rassembler, réunir
reutilizar *v irrég* réutiliser
revancha *nf* revanche
revisar *v* vérifier
rey (reina) *n* roi (reine)
ritmo *nm* rythme
rival *n* rival(e)
rivalidad *nf* rivalité
robótica *nf* robotique
rock *nm* rock
rodilla *nf* genou
romper *v* casser
~ **con los estereotipos** casser les stéréotypes
~ **moldes** sortir des sentiers battus
ropa *nf* vêtements
roto(a) *adj* cassé(e)
ruido *nm* bruit
ruidoso(a) *adj* bruyant(e)
ruina *nf* ruine
ruta turística visite touristique

S

saber *v irrég* connaître, savoir
~ **de** s'y connaître en
sacar *v irrég* sortir
~ **partido de** profiter de
sacerdote *nm* prêtre
salario *nm* salaire
salir *v irrég* sortir
~ **a correr** aller courir
~ **a la calle** aller dehors, sortir dans la rue
~ **a pasear** se promener
salsa *nf* salsa
salud *nf* santé
sano(a) *adj* sain(e)
sector *nm* secteur
~ **turístico** secteur touristique
sedentario(a) *adj* sédentaire
seguir [i] *v irrég* continuer
seguro(a) *adj* sûr(e)
selección *nf* équipe nationale, sélection
sencillo(a) *adj* simple
sentado(a) *adj* assis(e)
sentir [ie] *v irrég* sentir
~ **alegría** être content(e)
~ **enfado** être fâché(e)
~ **vergüenza** avoir honte
sentirse [ie] *v irrég* se sentir
~ **avergonzado(a)** se sentir honteux(euse) / gêné(e)
~ **diferente** se sentir différent(e)
~ **orgulloso(a) de** se sentir fier(ère) de
señalar *v* indiquer, marquer
separar *v* séparer
ser *v irrég* être
servidumbre *nf* servitude
silencio *nm* silence
símbolo *nm* symbole
sin *prép* sans
sinceramente *adv* sincèrement
sincero(a) *adj* sincère
sobreprotegido(a) *adj* surprotégé(e)
soldado *nm* soldat
solo(a) *adj* seul(e)
solución *nf* solution
sonido *nm* son
~ **afroperuano** son afro-péruvien
soñador(a) *adj* rêveur(euse)
soñar [ue] **con** *v irrég* rêver de
sostenible *adj* durable
subir (a internet) *v* mettre en ligne
subrayar *v* souligner

sucio(a) *adj* sale
sueldo *nm* salaire
sueño *nm* sommeil ; rêve
suerte *nf* chance
sufrir *v* souffrir ; subir
~ **discriminación** faire l'objet de discrimination
supermercado *nm* supermarché
superstición *nf* superstition

T

talar *v* tailler
~ **un árbol** tailler un arbre
taller *nm* atelier, cours
~ **de robótica** cours de robotique
también *adv* aussi
tango *nm* tango
tapar *v* cacher
técnica *nf* technique
tecnoagricultor(a) *n* techno-agriculteur(trice)
tecnología *nf* technologie
tela *nf* toile
tema *nm* chanson
temprano *adv* tôt
tener [ie] *v irrég* avoir
~ **arrugas** avoir des rides
~ **buena / mala salud** être en bonne / mauvaise santé
~ **competencias** avoir des compétences
~ **dudas** avoir des doutes
~ **encanto** avoir du charme
~ **envidia de** être jaloux(ouse) de
~ **estudios** avoir fait des études
~ **ganas** avoir envie
~ **hambre** être affamé(e), avoir faim
~ **hijos** avoir des enfants
~ **mérito** être méritoire
~ **miedo a / de** avoir peur de
~ **sueño** avoir sommeil
~ **un aspecto** avoir un aspect
~ **un buen / mal sueldo** avoir un bon / mauvais salaire
~ **una carrera universitaria** avoir fait des études universitaires
~ **una licenciatura** avoir une licence
tercera edad troisième âge
terminar *v* terminer
terraza *nf* terrasse
tesoro *nm* trésor
tiempo *nm* temps
buen / mal ~ bon / mauvais temps
tirado(a) *adj* affalé(e)
tiranía *nf* tyrannie
tirar *v* jeter
~ **los dados** jeter les dés
título *nm* diplôme
tocar *v irrég* toucher
~ **el piano** jouer du piano
tocarle (a alguien) *v irrég* être au tour de (qqn)
tomar *v* prendre
~ **algo** prendre un verre
~ **en serio** prendre au sérieux
~ **nota** prendre des notes
tomarse *v* prendre
~ **la vida bien / mal** prendre la vie du bon / mauvais côté
~ **la vida con alegría** prendre la vie avec le sourire
trabajar travailler
~ **con máquinas** travailler avec des machines
~ **de / como cajero(a)** travailler comme caissier(ère)
~ **en un restaurante** travailler dans un restaurant
trabajo *nm* travail
~ **duro** travail pénible
tradición *nf* tradition
tradicional *adj* traditionnel(elle)
traductor(a) *n* traducteur(trice)
traer *v irrég* apporter
~ **recuerdos** rappeler des souvenirs
tráfico *nm* circulation
tranquilo(a) *adj* calme
transmisión oral transmission orale
transmitir *v* transmettre
~ **valores** transmettre des valeurs
transporte *nm* transport
~ **privado** transport privé
~ **público** transport public, en commun
travesura *nf* bêtise
triste *adj* triste
tristeza *nf* tristesse
triunfo *nm* réussite
tumbado(a) *adj* allongé(e)
turismo *nm* tourisme
~ **de masas** tourisme de masse
~ **de proximidad** tourisme de proximité
turista *n* touriste
turoperador *nm* tour-opérateur

U

unir *v* unir
universidad *nf* université
uno(a) mismo(a) soi-même
urbano(a) *adj* urbain(e)
usuario(a) *n* usager
utilizar *v irrég* utiliser

V

vacaciones *nfpl* vacances
valiente *adj* courageux(euse)
valor *nm* valeur
valorar *v* valoriser
vals *nm* valse
~ **criollo** valse créole
vaquero *nm* jean
~ **roto** jean déchiré
vecino(a) *n* voisin(e)
vegetación tropical végétation tropicale
vendedor(a) *n* vendeur(euse)
vender *v* vendre
~ **productos** vendre des produits
venta *nf* vente
~ **ambulante** vente ambulante
ventaja *nf* avantage
verdadero(a) *adj* vrai(e)
verdura *nf* légume
vergüenza *nf* honte
vestir [i] *v irrég* porter
~ **bien / mal** être bien / mal habillé(e)
viaje *nm* voyage
víctima *nf* victime
victoria *nf* victoire
vida *nf* vie
vídeo *nm* vidéo
videobloguero(a) *n* vidéo-blogueur(euse)
videojuego *nm* jeu vidéo
viejo(a) *adj* vieux (vieille)
vigilar *v* surveiller
violencia *nf* violence
violento(a) *adj* violent(e)
violín *nm* violon
violinista *n* violoniste
visitar *v* visiter
~ **monumentos** visiter des monuments
vivir *v* vivre
~ **en un poblado de chabolas** vivre dans un bidonville
vivo(a) *adj* vif (vive)
volver [ue] **a** *v irrég* faire qqch à nouveau
volverse [ue] *v irrég* devenir
~ **loco(a)** devenir fou (folle)

Y

yayo(a) *n* papi (mamie)
yo *pron* je, moi

Z

zapatilla *nf* chaussure
~ **deportiva** chaussure de sport
zona *nf* zone
~ **peatonal** zone piétonne
~ **verde** espace vert
zoológico *nm* zoo

Français › Espagnol

A

à la mode a la moda
à nouveau de nuevo
abandonner abandonar
absorber absorber
~ la pluie absorber la lluvia
accord compromiso
accordéon acordeón
acheter comprar
acteur (actrice) actor (actriz)
actif(ive) activo(a)
actuel(le) actual
admirer (qqn) admirar a (alguien)
adoration adoración
~ divine adoración divina
adversaire contrincante
affalé(e) tirado(a)
affamé(e) hambriento(a)
affiche afiche
affronter (s') afrontar, enfrentarse
~ la réalité afrontar la realidad
âgé(e) mayor
agir actuar
agréable agradable
aidant(e) acompañante
aider ayudar
aimer amar
air aire
~ libre aire libre
ajouter añadir
aller ir
~ à la plage ir a la playa
~ à la salle de sport ir al gimnasio
~ à l'université ir a la universidad
~ courir salir a correr
~ dehors salir a la calle
allongé(e) tumbado(a)
ambiance ambiente *nm*
améliorer mejorar
ami(e) amigo(a)
amour amor
~ aveugle amor ciego
~ inconditionnel amor incondicional
amour-propre autoestima
amuser (s') pasarlo / pasárselo bien
an año
analphabète analfabeto(a)
ancien(ne) antiguo(a)
animal animal
~ autochtone animal autóctono
~ domestique mascota
~ en captivité animal en cautividad
~ en liberté animal en libertad
~ exotique animal exótico
année año
anti-stress antiestrés
appareil aparato
~ électroménager electrodoméstico
~ électroménager basse consommation electrodoméstico de bajo consumo
~ électronique aparato electrónico
appartement piso
appeler llamar
application informatique aplicación informática
apporter aportar, traer
apprendre aprender, enseñar
après después
aptitude habilidad
arbre árbol
architecture arquitectura
argent dinero
arrêter de dejar de
arrivée llegada
arriver llegar
arroser regar [ie]
~ les plantes regar las plantas
arts artes
~ graphiques artes gráficas
~ plastiques artes plásticas
aspect aspecto
~ juvénile aspecto juvenil
assainir l'air limpiar el aire
assemblée des citoyens asamblea ciudadana
assis(e) sentado(a)
association asociación
associer relacionar
atelier taller
athlète atleta
attaque ataque
~ aérienne ataque aéreo *nm*
attaquer atacar
atteindre alcanzar
attente expectativa
attention cuidado
attirer l'attention llamar la atención
audiovisuel(le) audiovisual
augmentation aumento
~ des prix aumento de los precios
augmenter aumentar
aumône limosna
aussi también
autochtone autóctono(a)
avant antes
avantage ventaja *nf*
avec con
aveugle ciego(a)
aveuglément ciegamente
avion avión
avocat(e) abogado(a)
avoir tener [ie]
~ de la barbe llevar barba
~ des compétences tener competencias
~ des doutes tener dudas
~ des enfants tener hijos
~ des rides tener arrugas
~ du charme tener encanto
~ du mal costar [ue]
en ~ marre estar harto(a)
~ envie tener ganas
~ fait des études tener estudios
~ fait des études universitaires tener una carrera universitaria
~ honte sentir vergüenza
~ lu deux livres llevar dos libros leídos
~ mal doler [ue]
~ mal aux genoux doler las rodillas
~ mal aux jambes doler las piernas
~ peur de tener miedo a / de
~ recours recurrir
~ sommeil tener sueño
~ un aspect tener un aspecto
~ un bon / mauvais salaire tener un buen / mal sueldo
~ une coiffure llevar un peinado
~ une licence tener una licenciatura

B

baby-sitter canguro
balançoire columpio *nm*
ballon balón, pelota *nf*
bande dessinée cómic *nm*
banlieue periferia
baptiser bautizar
bar bar
~ de plage bar de playa, chiringuito
barbe barba
bateau barco
bâtiment edificio
beauté belleza, hermosura
bêtise travesura
bidonville poblado de chabolas
bien bien
bien-être bienestar
bienvenue bienvenida
biodiversité biodiversidad
biscuit galleta *nf*
bizarre raro(a)
blanc blanco
bleu azul
bois bosque
bombardement bombardeo
bombarder bombardear

bon(ne) bueno(a)
bon marché barato(a)
bouger moverse [ue], mover [ue]
bourse beca
bras brazo
brouillon borrador
bruit ruido
bruyant(e) ruidoso(a)
bus autobús
but gol

C

cacher (dissimuler) oculta ; **(masquer)** tapar
caddie carrito
cadeau regalo
caissier(ère) cajero(a)
calligraphie caligrafía
calme tranquilo(a), calma
camp bando
campagne campaña
canne à sucre caña de azúcar
capable (de) capaz (de)
captivité cautividad
caractère carácter
caravelle carabela
casquette gorra
cassé(e) roto(a)
casser romper
~ **les stéréotypes** romper con los estereotipos
catholique católico(a)
CDD contrato temporal
CDI contrato fijo
ceinture cinturón *nm*
célébration celebración
célébrer celebrar
centre centro
chaîne cadena
chaleur calor *nm*
champion(onne) campeón(ona)
chance suerte
changement climatique cambio climático
changer cambiar
~ **la mentalité** cambiar la mentalidad
chanson canción
chanter cantar
chanteur(euse) cantante
chapeau gorro
charme encanto
chaud(e) cálido(a)
chaussure zapato *nm*
~ **de sport** zapatilla deportiva
chauve calvo(a)
chef jefe(a)
~ **d'exploitation** capataz
cher (chère) caro(a)
chercher buscar
~ **du travail** buscar trabajo
cheveu blanc cana *nf*
chez moi mi casa
chez soi en casa
depuis ~ **soi** desde casa
choisir elegir [i], escoger
chômage paro
circuit circuito
~ **touristique** circuito turístico
circulation tráfico *nm*
citadin(e) ciudadano(a)
civique cívico(a)
classer clasificar
classique clásico(a)
coiffeur(euse) peluquero(a)
colère enfado *nm*
collecter de la ferraille dedicarse a la chatarra
collectif colectivo
collège colegio
colonisateur(trice) colonizador(a)
colonisation colonización
colonisé(e) colonizado(a)
coloniser colonizar
combattre combatir
commandement mandamiento
comme tout le monde como cualquiera
commémoration conmemoración
commémorer conmemorar
commerce comercio
~ **de proximité** comercio de proximidad
petit ~ pequeño comercio
commercial(e) comercial
commettre cometer
~ **un délit grave** cometer un delito grave
communauté comunidad
compétence competencia
compétition competición
être en ~ competir [i]
~ **sportive** competición deportiva
compiler recopilar
complice cómplice
concert concierto
concevoir diseñar
concourir competir [i]
concours oposición *nf*
condiment condimento
condition requise requisito *nm*
conformiste conformista
conga conga
connaissance conocimiento *nm*
connaître conocer, saber
~ **les techniques** conocer las técnicas
s'y ~ **en** saber de
conquérir conquistar
conquête conquista
consacrer dedicar
~ **des heures à** dedicar horas a
conscient(e) de consciente de
conservation conservación
conserver conservar
consommateur(trice) consumidor(a)
consommation consumo *nm*
~ **collaborative** consumo colaborativo
consommer consumir
construire construir
~ **la communauté** construir comunidad
content(e) contento(a)
continuer seguir [i]
contrat contrato
contre en contra de
convertir convertir [ie]
~ **au christianisme** convertir al cristianismo
cornemuse gaita
côté lado
couleur color *nm*
~ **chaude** color cálido
~ **fluorescente** color flúor
~ **froide** color frío
coupe du monde Mundial *nm*
couper cortar
~ **la canne à sucre** cortar caña de azúcar
courageux(euse) valiente
courir correr
cours curso, taller
~ **de robotique** curso de robótica
course carrera
courses compra *sg*
coûter costar [ue]
~ **(beaucoup / peu) d'argent** costar (mucho / poco) dinero
coutume costumbre
crayon lápiz
créateur(trice) creador(a)
~ **d'environnements virtuels** creador(a) de entornos virtuales
créatif(ive creativo(a)
créer crear
crise crisis
critiquer criticar
croix cruz
cruauté crueldad
cuisine cocina
culte culto
cultiver cultivar
culture (savoir) cultura ; **(agriculture)** cultivo
culture générale cultura general
cumbia cumbia
cumbia péruvienne chicha

Lexique

curieux(euse) curioso(a) ; **(avide de connaissance)** inquieto(a)

D

d'occasion de segunda mano
dangereux(euse) peligroso(a)
danse baile *nm*, danza
 ~ **populaire** baile popular
danser bailar
 ~ **en couple** bailar en pareja
danseur(euse) bailarín(ina)
 ~ **de flamenco** bailaor(a)
dé dado
déchet desperdicio, desecho, basura *nf*, residuo
 ~ **électronique** basura electrónica, residuo electrónico
décoiffé(e) despeinado(a)
décontracté(e) informal
découvert(e) descubierto(a)
découverte descubrimiento *nm*
découvreur(euse) descubridor(a)
découvrir descubrir
déduire deducir
défendre defender [ie]
défense defensa
défenseur(euse) defensor(a)
défi reto
déguisement disfraz
dehors fuera
délit delito
demander pedir [i]
 ~ **l'autorisation de** pedir permiso para
démodé(e) (vêtement) pasado(a) de moda ; **(technique, théorie)** anticuado(a), antiguo(a)
dénonciation denuncia
dépense gasto *nm*
dépenser gastar
 ~ **de l'argent** gastar dinero
déplacer desplazar
 ~ **la pièce ou le pion** mover [ue] la ficha
déranger molestar
derby clásico, derby
design diseño
designer diseñador(a)
dessinateur(trice) dibujante
dessiner dibujar
destructeur(trice) destructor(a)
destruction destrucción
détendre (se) relajarse
détruire destruir
développer desarrollar
devenir convertirse [ie] en, volverse [ue]
 ~ **fou (folle)** volverse loco(a)
dévotion devoción
différent(e) diferente
diffuser difundir
digne de confiance de fiar
diminuer disminuir
diminution disminución
diplôme título
dire au revoir à despedirse [i] de
discrimination discriminación
discriminer discriminar
disparaître desaparecer
disparu(e) desaparecido(a)
disputer (se) discutir
distinguer (se) destacar, diferenciarse
 ~ **des autres** diferenciarse de los demás
distribuer repartir
diversité diversidad
divin(e) divino(a)
diviser dividir
dommage daño
don habilidad *nf*
donner dar
 ~ **envie de** dar ganas de
 ~ **l'autorisation de** dar permiso para
 ~ **son avis** opinar
 ~ **un concert** dar un concierto
 ~ **un exemple** poner un ejemplo
double doble
doubler duplicar(se)
doute duda *nf*
drapeau bandera *nf*
drone dron
durable duradero(a), sostenible

E

échanger intercambiar
échapper à escapar de
échec fracaso
école colegio
écologique ecológico(a)
économique económico(a), barato(a)
économiser ahorrar
 ~ **de l'énergie** ahorrar energía
écouter escuchar
écrire escribir
écrouler (s') derrumbarse (un edificio)
éducation educación
 ~ **environnementale** educación ambiental
éduquer educar
efficace eficiente
efforcer de (s') esforzarse [ue] por
effort esfuerzo
effrayé(e) asustado(a)
égalité igualdad
église iglesia
élégant(e) elegante
émanciper (s') emanciparse, independizarse
emballage envase
embaucher contratar
embrasser (s') abrazarse
emmener (qqn) à la gare llevar a (alguien) a la estación
émotion emoción
émouvoir (attendrir) emocionar ; **(troubler)** conmover [ue]
empirer empeorar
emploi du temps horario
ému(e) emocionado(a)
en couleur en color
en couple en pareja
en face enfrente
en noir et blanc en blanco y negro
en parfait état en perfecto estado
en plus además
encore otra vez
encourager (personne) animar, alentar [ie] ; **(activité)** fomentar
énergie energía
énervé(e) cabreado(a)
engagement citoyen participación ciudadana *nf*
engager (s') comprometerse
ennuyer (s') de qqn echar de menos a alguien
enregistrer grabar
enseigner enseñar
ensemble juntos (juntas)
entendre bien / mal (s') llevarse bien / mal
enthousiasme entusiasmo
entraîner (s') (sport) entrenar ; **(se préparer)** practicar
entrepôt almacén
entreprise empresa
envahir invadir
 ~ **les espaces publics** invadir los espacios públicos
envie ganas *pl*
environnement (entourage) entorno ; **(nature)** medio ambiente
environnementale ambiental
épais(aisse) grueso(a)
épargne ahorro *nm*
équipe equipo *nm*
 ~ **nationale** selección
équipements sportifs instalaciones deportivas *nf*
esclavage esclavitud *nf*
esclave esclavo(a)
escroc estafador(a)
espace espacio
 ~ **public** espacio público
 ~ **vert** espacio verde / zona verde *nf*
essayer procurar
 ~ **de** intentar
être ser, estar

~ **à la mode / tendance** estar de moda
~ **affamé(e)** tener hambre
~ **au tour de (qqn)** tocarle (a alguien)
~ **bien / mal habillé(e)** vestir [i] bien / mal
~ **blessé(e)** resultar herido(a)
~ **bon(ne) / mauvais(e) en / à** darse bien / mal (algo a alguien)
~ **chargé(e)** ir cargado(a)
~ **dans la vente ambulante** dedicarse a la a venta ambulante
~ **content(e)** sentir [i] alegría
~ **en bonne / mauvaise santé** tener [ie] buena / mala salud
~ **en vacances** estar de vacaciones
~ **fâché(e)** sentir [i] enfado
~ **gêné(e)** dar vergüenza
~ **habillé(e) très flashy** llevar ropa llamativa
~ **jaloux(ouse) de** tener [ie] envidia de
~ **maquillé(e)** llevar maquillaje
~ **méritoire** tener [ie] mérito
~ **super / kiffant** molar
études universitaires carrera universitaria *sg*
étudiant(e) estudiante
étudier estudiar
~ **à l'université** estudiar en la universidad
~ **pour devenir médecin** estudiar para ser médico(a)
euphorie euforia
euphorique eufórico(a)
événement evento
exagéré(e) exagerado(a)
exotique exótico(a)
expérience experiencia
~ **professionnelle** experiencia profesional
expert(e) experto(a)
expirer caducar
exprimer (s') expresarse
exposer exponer
expulser echar

F

fâché(e) enfadado(a)
facile fácil
faim hambre *nm*
faire hacer
~ **attention à** fijarse en
~ **bonne / mauvaise figure** hacer buena / mala cara
~ **(profession)** dedicarse a
~ **de l'exercice** hacer ejercicio
~ **des bêtises** hacer travesuras
~ **des études de** estudiar
~ **des études de psychologie** estudiar psicología
~ **du sport** hacer deporte
~ **du vélo** andar en bici
~ **le lit** hacer la cama
~ **les boutiques** ir de compras
~ **les courses** hacer la compra
~ **l'objet de discrimination** sufrir discriminación
~ **mal** doler [ue]
~ **partie de** formar parte de
~ **porter la responsabilité à** hacer culpable / responsable
~ **prendre conscience** concienciar
~ **qqch à nouveau** volver [ue] a
se ~ des amis hacer amigos
se ~ mal hacerse daño
~ **un stage** hacer prácticas
~ **une balade** ir de paseo
~ **une hypothèse** hacer una hipótesis
~ **une liste** hacer una lista
~ **un circuit touristique** hacer una ruta turística
famille familia
fanatique fanático(a)
fatigant(e) fatigante
fatiguer (se) cansarse
favoriser favorecer
femme / homme au foyer amo(a) de casa
ferraille chatarra
festif(ive) festivo(a)
festival festival
fête fiesta
fier(ère) de orgulloso(a) de
fierté orgullo *nm*
figure cara
filmer grabar
finale final
finir acabar
flamenco flamenco
flashy chillón(ona), chillante
flexible flexible
flûte flauta
folklore folclore
folie locura
football fútbol
forêt bosque *nm*
formation formación
fou (folle) loco(a)
fouet látigo
frapper golpear, pegar
fréquenter relacionarse (con)
~ **les autres** relacionarse con los demás
fresque mural *nm*
froid(e) frío(a)
fruit fruta *nf*
fuir huir
fusion fusión

G

gagner ganar
~ **sa vie** ganarse la vida
~ **une médaille** ganar una medalla
garder guardar
gare estación
garer (se) aparcar, estacionar
gastronomique gastronómico(a)
gâter malcriar, mimar
génération generación
générer generar
génial genial
genou rodilla *nf*
genre género
~ **musical** género musical
gens gente *sg*
grand-père (grand-mère) abuelo(a)
grande surface gran superficie
grandir crecer
grave grave
groupe grupo *nm*, banda *nf*
~ **de musique** grupo de música
guerre guerra
guitare guitarra
~ **électrique** guitarra eléctrica

H

habillé(e) formal
habiter vivir, residir
~ **dans une ville depuis un an** llevar un año en una ciudad
habituer (s') acostumbrarse
harcèlement scolaire acoso escolar, bullying
harpe arpa
harpiste arpista
hélicoptère helicóptero
heurter chocar
hip-hop hip hop
hommage homenaje
honorer honrar a
honte vergüenza
honteux(euse) avergonzado(a)
hooligans barras bravas
hôtellerie hostelería
humilité humildad
hypermarché hipermercado

I

idée idea
identifier (s') à identificarse con
identité identidad
île isla
imaginer (généralement) imaginar ; **(trouver)** idear
imiter imitar
~ **un style** imitar un estilo
immobile quieto(a)

Lexique

imparfait(e) imperfecto(a)
impliquer (s') involucrarse en
impoli(e) maleducado(a)
impopulaire impopular
inauguration inauguración
incident incidente
~ **violent** incidente violento
inciter animar
incomparable incomparable
incompris(e) incomprendido(a)
inconditionnel(elle) incondicional
inconditionnellement incondicionalmente
inconvénient inconveniente
inculte inculto(a)
indigène indígena
indiquer señalar
inégal(e) injusto(a)
influence influencia
informaticien(enne) informático(a)
ingénieur(e) ingeniero(a)
initiative iniciativa
injuste injusto(a)
inquiet(ète) pour preocupado(a) por
inquiéter (s') pour preocuparse por
inscrire (s') à apuntarse a, inscribirse en
insécurité inseguridad
insérer insertar
inspirer (s') de inspirarse en
installation instalación
instrument instrumento
insulter insultar
interactif(ive) interactivo(a)
intéresser (s') à interesarse por
interpréter interpretar
interviewer entrevistar
invasion invasión

J

jalousie envidia
jamais nunca
jambe pierna
jardinier(ère) jardinero(a)
je yo
jean vaquero
~ **déchiré** vaquero roto
jeter (en l'air) tirar ; **(se débarrasser de)** desechar
~ **les dés** tirar los dados
jeu vidéo videojuego
jeune joven
s'habiller ~ vestirse juvenil
jeune homme (jeune fille) joven
jeunesse juventud
joie felicidad, alegría
jouer jugar [ue], actuar, representar
~ **à un jeu vidéo** jugar a un videojuego
~ **au foot(ball)** jugar al fútbol
~ **aux cartes** jugar a las cartas
~ **d'un instrument** tocar un instrumento
joueur(euse) jugador(a)
jour día
journalisme periodismo
joyeux(euse) alegre
juvénile juvenil
jupe falda
jusqu'à hasta
juste justo(a)
justifier justificar, razonar
juvénile juvenil

L

lâche cobarde
laid(e) feo(a)
laisser dejar
langue lengua
légume verdura *nm*
lettre (caractère) letra ; **(courrier)** carta
lever (se) levantarse
~ **tôt** levantarse temprano, madrugar
libérer (se) liberarse de
liberté libertad
licence licenciatura
lieu lugar
~ **surchargé** lugar masificado
lire leer
lit cama *nf*
livre libro
loger (se) alojarse
logique lógica
loisirs ocio *sg*
louer alquilar
~ **un appartement** alquilar un piso
lu(e) leído(a)
lunettes gafas
~ **de soleil** gafas de sol
lutte libre lucha libre
lutter pour / contre luchar por / contra
lutteur(euse) luchador(a)
lycée instituto

M

machine máquina
mafia mafia
maillot camiseta *nf*
main mano
mairie ayuntamiento *nm*
maison casa
mal mal
maladie enfermedad
manger comer
~ **dehors** comer fuera
~ **sainement** comer sano
~ **varié** comer variado
manquer à quelqu'un (temps, outil) faltar a alguien ; **(ami, famille)** echar de menos a alguien
manteau abrigo
marché mercado
marcher andar
marginalisation marginación
marginaliser marginar
marier (se) casarse
~ **jeune** casarse joven
marinera marinera
marquer señalar
master máster
match partido
mathématiques matemáticas
mauvais(e) malo(a)
mécanicien(ne) mecánico(a)
médaille medalla
médecin médico(a)
méfiant(e) desconfiado(a)
mélange mezcla *nf*
mélanger mezclar
mélodie melodía
mémoire memoria
mener une vie sédentaire llevar una vida sedentaria
mentalité mentalidad
mercerie mercería
mérite mérito
merveilleusement estupendamente
métier oficio
métis(isse) mestizo(a)
métis(isse) (amérindien et européen) cholo(a)
mettre poner
~ **en ligne** subir (a internet)
~ **en scène** escenificar
~ **en valeur** poner en valor
meuble mueble
mignon(ne) lindo(a)
mode moda
moderne moderno(a)
moderniser modernizar
moi yo
moins de menos de
moitié mitad
monarchie monarquía
monter (vers un lieu plus élevé) subir ; **(organiser, créer)** montar
~ **une entreprise** montar una empresa
montrer mostrar [ue],
~ **sa valeur** mostrar su valor
monument monumento
moquer (se) de burlarse de, reírse [i] de

motif motivo
mouchoir pañuelo
mourir morir [ue]
musée museo
musicien(enne) músico
musique música
~ **acoustique** música acústica
~ **électronique** música electrónica
~ **psychédélique** música psicodélica
~ **tropicale** música tropical
musulman(e) musulmán(ana)

N

naïf (naïve) confiado(a)
natif(ive) nativo(a)
~ **américain(e)** indio(a)
national(e) nacional
nature naturaleza
navigateur(trice) navegante
navigation navegación
naviguer navegar
nerveux(euse) nervioso(a), ansioso(a)
nettoyer limpiar
noir negro
nomade nómada
nomadisme nomadismo
non-conformiste inconformista
noter anotar, apuntar, puntuar
nouer des liens relacionarse
nourriture comida
nouveau(elle) nuevo(a)

O

objectif objetivo
objet objeto
obtenir conseguir [i], lograr
occuper (s') de (qqn) cuidar de (alguien)
offre oferta
~ **culturelle** oferta cultural
offrir regalar
oiseau pájaro
opposer enfrentarse
ordures basura *sg*
organiser organizar
~ **un événement** organizar un evento
~ **une fête** montar una fiesta
original(e) original
oublier olvidar
outil herramienta *nf*
ouvert(e) abierto(a)

P

pacifique pacífico(a)
paella paella
palmier palmera *nf*
pancarte pancarta
~ **de protestation** pancarta de protesta
papi (mamie) yayo(a)
parc parque
parce que porque
parcours circuito
parents padres
parfait(e) perfecto(a)
parler hablar
parrain padrino
partager compartir, dividir
~ **les frais** compartir / dividir gastos
participer à participar en
~ **un projet** participar en un proyecto
partie parte
passif(ive) pasivo(a)
passion afición
passionné(e) de aficionado a
passionnément apasionadamente
péché pecado
peintre pintor(a)
peinture pintura
~ **murale** pintura mural
penser à pensar [ie] en
percuter chocar
perdant(e) perdedor(a)
perdre (se) perder(se) [ie]
permettre dejar, permitir
persécuter perseguir [i]
persécution persecución
personne persona
~ **âgée** persona mayor
~ **handicapée** persona discapacitada
petit-fils (petite-fille) nieto(a)
peuple pueblo
~ **indigène** pueblo indígena
pharmacien(enne) farmacéutico(a)
photo(graphie) foto(grafía)
pièce ficha
pilote piloto
~ **d'avion** piloto de avión
~ **de drones** piloto de drones
pion ficha *nf*
place plaza
plage playa
plaindre (se) quejarse
plaire gustar
plaisir gozo
plante planta
planter clavar
~ **une croix** clavar una cruz
plastique plástico
plat (mets) plato ; **(récipient)** fuente *nf*
pleurer llorar
pluie lluvia
plupart mayoría
plus de más de
poche bolsillo *nm*
poids peso
poli(e) educado(a)
policier(ère) policía
polluer contaminar
pollution contaminación
populaire popular
populariser popularizarse
population población
~ **civile** población civil
porte puerta
porte-bonheur amuleto
porter llevar, vestir [i]
~ **chance** dar suerte
~ **fièrement** lucir
~ **plainte** denunciar
~ **préjudice** perjudicar a
~ **un foulard** llevar velo
~ **un manteau** llevar un abrigo
positif(ive) positivo(a)
potager huerta, huerto
~ **urbain** huerto urbano
pour a favor
pour toute la vie para toda la vida
prêcher predicar
prendre coger, tomar(se)
~ **au sérieux** tomar en serio
~ **dans ses bras** abrazar
~ **des notes** tomar nota
~ **des photos** hacer fotos
~ **la vie avec le sourire** tomarse la vida con alegría
~ **la vie du bon / mauvais côté** tomarse la vida bien / mal
~ **le bus** coger el autobús
~ **le petit déjeuner** desayunar
~ **un selfie** hacerse un selfi
~ **un verre** tomar algo
préservation de la biodiversité conservación de la biodiversidad
préserver preservar
~ **la tradition** preservar la tradición
~ **préserver les coutumes** preservar las costumbres
presque casi
prêt(e) dispuesto(a)
prêtre sacerdote
prix precio
~ **élevé** precio elevado
proactif(ive) proactivo(a)
problème problema
~ **de mémoire** problema de memoria
~ **de santé** problema de salud
producteur(trice) productor(a)
production producción
produire producir
~ **des déchets** generar residuos
produit producto
~ **de proximité** producto de kilómetro cero

Lexique

~ **de saison** producto de temporada
~ **emballé** producto envasado
profession profesión
profiter disfrutar, gozar
~ **de** aprovechar, sacar partido de
~ **de l'ambiance** disfrutar del ambiente
programmeur(euse) programador(a)
progresser progresar
projet plan, proyecto
promener (se) pasear, salir a pasear
promouvoir promover [ue]
proposer proponer
propre limpio(a)
protéger proteger
protestation protesta
proximité proximidad
psychologie psicología
publicité anuncio *nm*
publié(e) publicado(a)
pyjama pijama

Q

quartier barrio
quart cuarto
les trois quarts tres cuartas partes
quarts de finale cuartos de final
un ~ una cuarta parte
quelqu'un alguien
quitter dejar ; **(abandonner)** abandonar
~ **une course** abandonar una carrera

R

racine raíz
radical(e) radical
ramasser recoger
~ **des fruits** recoger frutas
rampe rampa
ranger recoger, ordenar
~ **la cuisine** recoger la cocina
rappeler (se) recordar [ue]
~ **des souvenirs** traer recuerdos
rassembler reunir
réalité realidad
~ **augmentée** realidad aumentada
réaliser un rêve cumplir un sueño
rebelle rebelde
recevoir recibir
rechercher investigar
reconnaissance reconocimiento *nm*
reconnaître reconocer
recycler reciclar
rédiger redactar
réduction reducción
réduire reducir
~ **en esclavage** esclavizar
refuge refugio
réfugié(e) refugiado(a)
reggaeton reguetón
rejet rechazo
rejeter rechazar
relire repasar, releer
rencontre encuentro
rendre devolver [ue], rendir [i]
~ **hommage** rendir homenaje
~ **populaire** popularizar(se)
se ~ compte de darse cuenta de
rentrer regresar
répéter (théâtre) ensayar
répondre contestar, responder
représenter representar
répression represión
républicain(e) republicano(a)
résistance resistencia
résister resistir
résoudre resolver [ue]
~ **des problèmes** resolver problemas
respect respeto
~ **de l'environnement** respeto por el medio ambiente
respecter respetar
respectueux(euse) respetuoso(a)
responsable de sécurité informatique jefe de seguridad informática
rester à / en / dans quedarse en
résumer resumir
retraité(e) jubilado(a)
retrouvailles reencuentro
retrouver (se) reencontrarse [ue]
réunir reunir
réussir lograr, conseguir [i]
réussite logro, triunfo
réutiliser reutilizar
revanche revancha
rêve sueño
réveiller despertar [ie]
revenir regresar
rêver de soñar [ue] con,
rêveur(euse) soñador(a)
réviser repasar
ride arruga
rire reír [i]
rival(e) rival
rivalité rivalidad
robotique robótica
rock rock
roi (reine) rey (reina)
rompre les schémas traditionnels romper los moldes
rue calle
ruine ruina
rythme ritmo

S

sac bolsa *nf*
~ **à dos** mochila
~ **en plastique** bolsa de plástico
~ **en toile** bolsa de tela
sain(e) sano(a)
salaire salario, sueldo
sale sucio(a)
salle de sport gimnasio *nm*
salsa salsa
sandwich bocadillo, bocata *nf*
sans sin
santé salud
savoir saber
scarabée escarabajo
secteur sector
secteur touristique sector turístico
sédentaire sedentario(a)
sensibilisé(e) concienciado(a)
sentir sentir [ie]
se ~ sentirse
se ~ différent(e) sentirse diferente
se ~ fier (fière) de sentirse orgulloso(a) de
se ~ honteux(euse) sentirse avergonzado(a)
séparer separar
serveur(euse) camarero(a)
servitude servidumbre
seul(e) solo(a)
signer firmar
silence silencio
simple sencillo(a)
sincère sincero(a)
sincèrement sinceramente
soi-même uno(a) mismo(a)
soigneur(euse) cuidador(a)
soir noche *nf*
soldat soldado
solution solución
sommeil sueño
son sonido
~ **afro-péruvien** sonido afroperuano
sortir (quitter un lieu) salir ; **(mettre hors de qqch)** sacar
~ **dans la rue** salir a la calle
souffle aliento
souffrir sufrir
souligner destacar, subrayar
soutenir apoyar
soutien apoyo
souvenir recuerdo
souvenir (se) recordar [ue]
~ **de** acordarse [ue] de
spectacle espectáculo
~ **audiovisuel** espectáculo audiovisual

sport deporte
~ **électronique** deporte electrónico
sportif(ive) (généralement) deportivo(a) ; **(personne)** deportista
stage prácticas *pl*
stéréotype estereotipo
stress estrés
style estilo, género
~ **de musique urbaine** estilo de música urbana
~ **flashy** estilo chillante
~ **musical** estilo musical
~ **populaire** estilo popular
subir sufrir
succès éxito
suivre seguir [i]
~ **des cours** hacer cursos
~ **un atelier / cours** hacer un taller / un curso
supermarché supermercado
superstition superstición, cábala
supporter(trice) aficionado(a)
sûr(e) seguro(a)
surconsommation consumismo *nf*
surprotégé(e) sobreprotegido(a)
surveiller vigilar
susciter l'intérêt despertar [ie] el interés
symbole símbolo

T

T-shirt camiseta
tacher manchar
tailler talar
~ **un arbre** talar un árbol
tango tango
technique técnica
techno-agriculteur(trice) tecnoagricultor(a)
technologie tecnología
temps tiempo
bon / mauvais ~ buen / mal tiempo
tendance de moda
terminer terminar
terrain terreno
~ **(de sport)** cancha *nf*
~ **vague** descampado
terrasse terraza
tirer disparar
toile tela
tôt temprano
toucher tocar
~ **de l'argent** cobrar
tour-opérateur turoperador
tourisme turismo
~ **de masse** turismo de masas
~ **de proximité** turismo de proximidad
touriste turista
toxicomanie drogadicción
tradition tradición
traditionnel(elle) tradicional
traducteur(trice) traductor(a)
transmettre transmitir
~ **des valeurs** transmitir valores
transmission orale transmisión oral
transport transporte
~ **en commun** transporte público
~ **privé** transporte privado
~ **public** transporte público
travail trabajo
~ **pénible** trabajo duro
travailler trabajar
~ **avec des machines** trabajar con máquinas
~ **comme caissier(ère)** trabajar de / como cajero(a)
~ **dans** dedicarse a
~ **dans un restaurant** trabajar en un restaurante
très bien de maravilla
trésor tesoro
triste triste
tristesse pena, tristeza
troisième âge tercera edad *nf*
trottoir acera *nf*
trouver encontrar [ue]
~ **du travail** encontrar trabajo
typographie tipografía
tyrannie tiranía

U

un(e) un(a), algún(una)
unir unir
université universidad
urbain(e) urbano(a)
usager usuario(a)
usine fábrica
utiliser utilizar

V

vacances vacaciones
vainqueur(e) ganador(a)
valeur valor *nm*
valise maleta
valoriser valorar
valse vals *nm*
~ **créole** vals criollo
végétation tropicale vegetación tropical
vélo bici(cleta) *nf*
vendeur(euse) vendedor(a)
vendre vender
~ **des produits** vender productos
vente venta
~ **ambulante** venta ambulante
vérifier comprobar [ue], revisar
veste chaqueta
vêtements ropa *nfsg*
victime víctima
victoire victoria
vidéo vídeo *nm*
vidéo-blogueur(euse) videobloguero(a)
vie vida
viellir hacerse mayor / viejo(a)
vieux (vieille) viejo(a)
vieux monsieur (vieille dame) anciano(a)
vif (vive) vivo(a)
vigueur fortaleza
ville ciudad
violence violencia
violent(e) violento(a)
violoniste violinista
violon violín
visage cara *nf*
visite touristique ruta turística
visiter visitar
~ **des monuments** visitar monumentos
vivre vivir
~ **dans un bidonville** vivir en un poblado de chabolas
~ **d'aumônes** pedir [i] limosna
voir ver
~ **le bon côté des choses** buscar el lado bueno de las cosas
voisin(e) vecino(a)
voiture coche *nm*
voleur(euse) ladrón(ona)
vouer un culte rendir [i] culto
voyage viaje
vrai(e) verdadero(a)

Z

zone zona
~ **piétonne** zona peatonal
zoo zoológico

Conjugaisons

Infinitif *(Infinitivo)*	**Présent de l'indicatif** *(Presente de indicativo)*		**Présent du subjonctif** *(Presente de subjuntivo)*		**Impératif** *(Imperativo)*	**Imparfait de l'indicatif** *(Imperfecto de indicativo)*	
Les verbes réguliers							
Hablar *(Parler)*	hablo hablas habla	hablamos habláis hablan	hable hables hable	hablemos habléis hablen	habla **(tú)** hablad **(vosotros)**	hablaba hablabas hablaba	hablábamos hablabais hablaban
Aprender *(Apprendre)*	aprendo aprendes aprende	aprendemos aprendéis aprenden	aprenda aprendas aprenda	aprendamos aprendáis aprendan	aprende **(tú)** aprended **(vosotros)**	aprendía aprendías aprendía	aprendíamos aprendíais aprendían
Vivir *(Vivre)*	vivo vives vive	vivimos vivís viven	viva vivas viva	vivamos viváis vivan	vive **(tú)** vivid **(vosotros)**	vivía vivías vivía	vivíamos vivíais vivían
Les verbes à diphtongue: *E → IE*; *O → UE*							
Pensar *(Penser)*	pienso piensas piensa	pensamos pensáis piensan	piense pienses piense	pensemos penséis piensen	piensa **(tú)** pensad **(vosotros)**	pensaba pensabas pensaba	pensábamos pensabais pensaban
Entender *(Comprendre)*	entiendo entiendes entiende	entendemos entendéis entienden	entienda entiendas entienda	entendamos entendáis entiendan	entiende **(tú)** entended **(vosotros)**	entendía entendías entendía	entendíamos entendíais entendían
Mover *(Bouger)*	muevo mueves mueve	movemos movéis mueven	mueva muevas mueva	movamos mováis muevan	mueve **(tú)** moved **(vosotros)**	movía movías movía	movíamos movíais movían
Contar *(Raconter)*	cuento cuentas cuenta	contamos contáis cuentan	cuente cuentes cuente	contemos contéis cuenten	cuenta **(tú)** contad **(vosotros)**	contaba contabas contaba	contábamos contabais contaban
Les verbes à affaiblissement : *E → I*							
Pedir *(Demander)*	pido pides pide	pedimos pedís piden	pida pidas pida	pidamos pidáis pidan	pide **(tú)** pedid **(vosotros)**	pedía pedías pedía	pedíamos pedíais pedían
Les verbes à alternance: *E → IE* et *I*; *O → UE* et *U*							
Sentir *(Sentir, ressentir)*	siento sientes siente	sentimos sentís sienten	sienta sientas sienta	sintamos sintáis sientan	siente **(tú)** sentid **(vosotros)**	sentía sentías sentía	sentíamos sentíais sentían
Dormir *(Dormir)*	duermo duermes duerme	dormimos dormís duermen	duerma duermas duerma	durmamos durmáis duerman	duerme **(tú)** dormid **(vosotros)**	dormía dormías dormía	dormíamos dormíais dormían
Les verbes en *-ACER / -ECER / -OCER / -UCIR* de type *conocer* : *C → ZC*							
Aparecer *(Apparaître)*	aparezco apareces aparece	aparecemos aparecéis aparecen	aparezca aparezcas aparezca	aparezcamos aparezcáis aparezcan	aparece **(tú)** apareced **(vosotros)**	aparecía aparecías aparecía	aparecíamos aparecíais aparecían
Les verbes en *-DUCIR* de type *conducir* : *C → ZC*; *C → J*							
Conducir *(Conduire)*	conduzco conduces conduce	conducimos conducís conducen	conduzca conduzcas conduzca	conduzcamos conduzcáis conduzcan	conduce **(tú)** conducid **(vosotros)**	conducía conducías conducía	conducíamos conducíais conducían

Futur (Futuro)		Conditionnel (Condicional)		Passé simple (Pretérito indefinido)		Imparfait du subjonctif (Imperfecto de subjuntivo)		Gérondif et participe passé (Gerundio y participio)
hablaré hablarás hablará	hablaremos hablaréis hablarán	hablaría hablarías hablaría	hablaríamos hablaríais hablarían	hablé hablaste habló	hablamos hablasteis hablaron	hablara hablaras hablara	habláramos hablarais hablaran	**g.** hablando **p.p.** hablado
aprenderé aprenderás aprenderá	aprenderemos aprenderéis aprenderán	aprendería aprenderías aprendería	aprenderíamos aprenderíais aprenderían	aprendí aprendiste aprendió	aprendimos aprendisteis aprendieron	aprendiera aprendieras aprendiera	aprendiéramos aprendierais aprendieran	**g.** aprendiendo **p.p.** aprendido
viviré vivirás vivirá	viviremos viviréis vivirán	viviría vivirías viviría	viviríamos viviríais vivirían	viví viviste vivió	vivimos vivisteis vivieron	viviera vivieras viviera	viviéramos vivierais vivieran	**g.** viviendo **p.p.** vivido
pensaré pensarás pensará	pensaremos pensaréis pensarán	pensaría pensarías pensaría	pensaríamos pensaríais pensarían	pensé pensaste pensó	pensamos pensasteis pensaron	pensara pensaras pensara	pensáramos pensarais pensaran	**g.** pensando **p.p.** pensado
entenderé entenderás entenderá	entenderemos entenderéis entenderán	entendería entenderías entendería	entenderíamos entenderíais entenderían	entendí entendiste entendió	entendimos entendisteis entendieron	entendiera entendieras entendiera	entendiéramos entendiérais entendieran	**g.** entendiendo **p.p.** entendido
moveré moverás moverá	moveremos moveréis moverán	movería moverías movería	moveríamos moveríais moverían	moví moviste movió	movimos movisteis movieron	moviera movieras moviera	moviéramos movierais movieran	**g.** moviendo **p.p.** movido
contaré contarás contará	contaremos contaréis contarán	contaría contarías contaría	contaríamos contaríais contarían	conté contaste contó	contamos contasteis contaron	contara contaras contara	contáramos contarais contaran	**g.** contando **p.p.** contado
pediré pedirás pedirá	pediremos pediréis pedirán	pediría pedirías pediría	pediríamos pediríais pedirían	pedí pediste pidió	pedimos pedisteis pidieron	pidiera pidieras pidiera	pidiéramos pidierais pidieran	**g.** pidiendo **p.p.** pedido
sentiré sentirás sentirá	sentiremos sentiréis sentirán	sentiría sentirías sentiría	sentiríamos sentiríais sentirían	sentí sentiste sintió	sentimos sentisteis sintieron	sintiera sintieras sintiera	sintiéramos sintierais sintieran	**g.** sintiendo **p.p.** sentido
dormiré dormirás dormirá	dormiremos dormiréis dormirán	dormiría dormirías dormiría	dormiríamos dormiríais dormirían	dormí dormiste durmió	dormimos dormisteis durmieron	durmiera durmieras durmiera	durmiéramos durmierais durmieran	**g.** durmiendo **p.p.** dormido
apareceré aparecerás aparecerá	apareceremos apareceréis aparecerán	aparecería aparecerías aparecería	apareceríamos apareceríais aparecerían	aparecí apareciste apareció	aparecimos aparecisteis aparecieron	apareciera aparecieras apareciera	apareciéramos aparecierais aparecieran	**g.** apareciendo **p.p.** aparecido
conduciré conducirás conducirá	conduciremos conduciréis conducirán	conduciría conducirías conduciría	conduciríamos conduciríais conducirían	conduje condujiste condujo	condujimos condujisteis condujeron	condujera condujeras condujera	condujéramos condujerais condujeran	**g.** conduciendo **p.p.** conducido

Infinitif *(Infinitivo)*	Présent de l'indicatif *(Presente de indicativo)*		Présent du subjonctif *(Presente de subjuntivo)*		Impératif *(Imperativo)*	Imparfait de l'indicatif *(Imperfecto de indicativo)*	

Certains verbes irréguliers

Infinitif	Présent de l'indicatif		Présent du subjonctif		Impératif	Imparfait de l'indicatif	
Andar *(Marcher)*	ando andas anda	andamos andáis andan	ande andes ande	andemos andéis anden	anda **(tú)** andad **(vosotros)**	andaba andabas andaba	andábamos andabais andaban
Caer *(Tomber)*	caigo caes cae	caemos caéis caen	caiga caigas caiga	caigamos caigáis caigan	cae **(tú)** caed **(vosotros)**	caía caías caía	caíamos caíais caían
Dar *(Donner)*	doy das da	damos dais dan	dé des dé	demos deis den	da **(tú)** dad **(vosotros)**	daba dabas daba	dábamos dabais daban
Decir *(Dire)*	digo dices dice	decimos decís dicen	diga digas diga	digamos digáis digan	di **(tú)** decid **(vosotros)**	decía decías decía	decíamos decíais decían
Estar *(Être)*	estoy estás está	estamos estáis están	esté estés esté	estemos estéis estén	está **(tú)** estad **(vosotros)**	estaba estabas estaba	estábamos estabais estaban
Haber *(Auxiliaire)*	he has ha	hemos habéis han	haya hayas haya	hayamos hayáis hayan		había habías había	habíamos habíais habían
Hacer *(Faire)*	hago haces hace	hacemos hacéis hacen	haga hagas haga	hagamos hagáis hagan	haz **(tú)** haced **(vosotros)**	hacía hacías hacía	hacíamos hacíais hacían
Ir *(Aller)*	voy vas va	vamos vais van	vaya vayas vaya	vayamos vayáis vayan	ve **(tú)** id **(vosotros)**	iba ibas iba	íbamos ibais iban
Oír *(Entendre)*	oigo oyes oye	oímos oís oyen	oiga oigas oiga	oigamos oigáis oigan	oye **(tú)** oíd **(vosotros)**	oía oías oía	oíamos oíais oían
Poder *(Pouvoir)*	puedo puedes puede	podemos podéis pueden	pueda puedas pueda	podamos podáis puedan	puede **(tú)** poded **(vosotros)**	podía podías podía	podíamos podíais podían
Poner *(Mettre, poser)*	pongo pones pone	ponemos ponéis ponen	ponga pongas ponga	pongamos pongáis pongan	pon **(tú)** poned **(vosotros)**	ponía ponías ponía	poníamos poníais ponían
Querer *(Vouloir, aimer)*	quiero quieres quiere	queremos queréis quieren	quiera quieras quiera	queramos queráis quieran	quiere **(tú)** quered **(vosotros)**	quería querías quería	queríamos queríais querían
Saber *(Savoir)*	sé sabes sabe	sabemos sabéis saben	sepa sepas sepa	sepamos sepáis sepan	sabe **(tú)** sabed **(vosotros)**	sabía sabías sabía	sabíamos sabíais sabían
Salir *(Sortir, partir)*	salgo sales sale	salimos salís salen	salga salgas salga	salgamos salgáis salgan	sal **(tú)** salid **(vosotros)**	salía salías salía	salíamos salíais salían
Ser *(Être)*	soy eres es	somos sois son	sea seas sea	seamos seáis sean	sé **(tú)** sed **(vosotros)**	era eras era	éramos erais eran
Tener *(Avoir, posséder)*	tengo tienes tiene	tenemos tenéis tienen	tenga tengas tenga	tengamos tengáis tengan	ten **(tú)** tened **(vosotros)**	tenía tenías tenía	teníamos teníais tenían
Traer *(Apporter)*	traigo traes trae	traemos traéis traen	traiga traigas traiga	traigamos traigáis traigan	trae **(tú)** traed **(vosotros)**	traía traías traía	traíamos traíais traían
Venir *(Venir)*	vengo vienes viene	venimos venís vienen	venga vengas venga	vengamos vengáis vengan	ven **(tú)** venid **(vosotros)**	venía venías venía	veníamos veníais venían
Ver *(Voir)*	veo ves ve	vemos veis ven	vea veas vea	veamos veáis vean	ve **(tú)** ved **(vosotros)**	veía veías veía	veíamos veíais veían

Futur *(Futuro)*		**Conditionnel** *(Condicional)*		**Passé simple** *(Pretérito indefinido)*		**Imparfait du subjonctif** *(Imperfecto de subjuntivo)*		**Gérondif et participe passé** *(Gerundio y participio)*
andaré andarás andará	andaremos andaréis andarán	andaría andarías andaría	andaríamos andaríais andarían	anduve anduviste anduvo	anduvimos anduvisteis anduvieron	anduviera anduvieras anduviera	anduviéramos anduviérais anduvieran	**g.** andando **p.p.** andado
caeré caerás caerá	caeremos caeréis caerán	caería caerías caería	caeríamos caeríais caerían	caí caíste cayó	caímos caísteis cayeron	cayera cayeras cayera	cayéramos cayerais cayeran	**g.** cayendo **p.p.** caído
daré darás dará	daremos daréis darán	daría darías daría	daríamos daríais darían	di diste dio	dimos disteis dieron	diera dieras diera	diéramos dierais dieran	**g.** dando **p.p.** dado
diré dirás dirá	diremos diréis dirán	diría dirías diría	diríamos diríais dirían	dije dijiste dijo	dijimos dijisteis dijeron	dijera dijeras dijera	dijéramos dijerais dijeran	**g.** diciendo **p.p.** dicho
estaré estarás estará	estaremos estaréis estarán	estaría estarías estaría	estaríamos estaríais estarían	estuve estuviste estuvo	estuvimos estuvisteis estuvieron	estuviera estuvieras estuviera	estuviéramos estuvierais estuvieran	**g.** estando **p.p.** estado
habré habrás habrá	habremos habréis habrán	habría habrías habría	habríamos habríais habrían	hube hubiste hubo	hubimos hubisteis hubieron	hubiera hubieras hubiera	hubiéramos hubierais hubieran	**g.** habiendo **p.p.** habido
haré harás hará	haremos haréis harán	haría harías haría	haríamos haríais harían	hice hiciste hizo	hicimos hicisteis hicieron	hiciera hicieras hiciera	hiciéramos hicierais hicieran	**g.** haciendo **p.p.** hecho
iré irás irá	iremos iréis irán	iría irías iría	iríamos iríais irían	fui fuiste fue	fuimos fuisteis fueron	fuera fueras fuera	fuéramos fuerais fueran	**g.** yendo **p.p.** ido
oiré oirás oirá	oiremos oiréis oirán	oiría oirías oiría	oiríamos oiríais oirían	oí oíste oyó	oímos oísteis oyeron	oyera oyeras oyera	oyéramos oyerais oyeran	**g.** oyendo **p.p.** oído
podré podrás podrá	podremos podréis podrán	podría podrías podría	podríamos podríais podrían	pude pudiste pudo	pudimos pudisteis pudieron	pudiera pudieras pudiera	pudiéramos pudierais pudieran	**g.** pudiendo **p.p.** podido
pondré pondrás pondrá	pondremos pondréis pondrán	pondría pondrías pondría	pondríamos pondríais pondrían	puse pusiste puso	pusimos pusisteis pusieron	pusiera pusieras pusiera	pusiéramos pusierais pusieran	**g.** poniendo **p.p.** puesto
querré querrás querrá	querremos querréis querrán	querría querrías querría	querríamos querríais querrían	quise quisiste quiso	quisimos quisisteis quisieron	quisiera quisieras quisiera	quisiéramos quisierais quisieran	**g.** queriendo **p.p.** querido
sabré sabrás sabrá	sabremos sabréis sabrán	sabría sabrías sabría	sabríamos sabríais sabrían	supe supiste supo	supimos supisteis supieron	supiera supieras supiera	supiéramos supierais supieran	**g.** sabiendo **p.p.** sabido
saldré saldrás saldrá	saldremos saldréis saldrán	saldría saldrías saldría	saldríamos saldríais saldrían	salí saliste salió	salimos salisteis salieron	saliera salieras saliera	saliéramos salierais salieran	**g.** saliendo **p.p.** salido
seré serás será	seremos seréis serán	sería serías sería	seríamos seríais serían	fui fuiste fue	fuimos fuisteis fueron	fuera fueras fuera	fuéramos fuerais fueran	**g.** siendo **p.p.** sido
tendré tendrás tendrá	tendremos tendréis tendrán	tendría tendrías tendría	tendríamos tendríais tendrían	tuve tuviste tuvo	tuvimos tuvisteis tuvieron	tuviera tuvieras tuviera	tuviéramos tuvierais tuvieran	**g.** teniendo **p.p.** tenido
traeré traerás traerá	traeremos traeréis traerán	traería traerías traería	traeríamos traeríais traerían	traje trajiste trajo	trajimos trajisteis trajeron	trajera trajeras trajera	trajéramos trajerais trajeran	**g.** trayendo **p.p.** traído
vendré vendrás vendrá	vendremos vendréis vendrán	vendría vendrías vendría	vendríamos vendríais vendrían	vine viniste vino	vinimos vinisteis vinieron	viniera vinieras viniera	viniéramos vinierais vinieran	**g.** viniendo **p.p.** venido
veré verás verá	veremos veréis verán	vería verías vería	veríamos veríais verían	vi viste vio	vimos visteis vieron	viera vieras viera	viéramos vierais vieran	**g.** viendo **p.p.** visto

Crédits iconographiques

Couverture Matthias Enter/Adobe Stock, querbeet_iStock; p. 16 Tracy Decourcy/Dreamstime.com, Andreykuzmin/Dreamstime.com, Isselee/Dreamstime.com, Martijn Mulder/Dreamstime.com, Hurricanehank/Dreamstime.com ; **U1** p. 18 DeAplaneta ; p. 19 Telefónica Audiovisual Digital SLU, Beta Film GMBH y NRK, DeAplaneta ; p. 20 La Despensa ; p. 21 CASTELAO PICTURES, S.L., Used by courtesy of Filmax. ; p. 22 NEPOMUKIE, La Psico Woman y Sintoniza Audiovisuales para Pikara Magazine ; p. 23 F8studio/AdobeStock ; p. 25 Ljupco/Dreamstime.com, Petrroudny/Dreamstime.com, calvindexter/iStock.com, Chalermchai Thaisamrong/Dreamstime.com ; **U2** p. 26 Luis Miguel Zapata Luna para *Revista Cultural Amarí* 5: www.aramirevista.com ; p. 27 Rafa Arjones, SAFIN HAMED/Colaborador/Getty Images ; p. 28 Telemadrid ; p. 29 Marina Kaysen (D. R.), p. 30 Vídeo de la campaña #GitanasEnEstéreo, lanzada por la Fundación Secretariado Gitano en 2018, Cartel de la Campaña El Tatuaje que Más Duele, lanzada por la Fundación Secretariado Gitano en 2016, MM/Adobe Stock ; p. 31 MM/Adobe Stock, Wavebreakmedia/iStock.com ; p. 33 avebreakmedia/iStock.com; **Más documentos para disfrutar** p. 34 Carlos David/Adobe Stock, bnenin/Adobe Stock, Andy-pix/Adobe Stock ; **U3** p. 36 El Septeto Santiaguero, Baila Habana ; p. 37 Evelio García Mata ; p. 38 Ben Cox, Vince Bucci/AFP/Getty Images/Getty Images/Getty Images ; p. 39 Lembi Buchanan/Dreamstime.com ; p. 40 WENN Rights Ltd/Alamy ; p. 41 GrashAlex/iStock.com, Markus Gann/Dreamstime.com, PanjarongU/iStock.com, Phaiboon Rattanaburee/Dreamstime.com ; p. 43 Michael Bush/Dreamstime.com, Exopixel/Dreamstime.com ; **U4** p. 44 *El picaro del Arpa*. Mural en el exterior Centro Cultural España Lima, 2014, Proyecto de gráfica popular "A mí qué Chicha 2" Ruta Mare - Yefferson Huamán ; p. 45 Elliot Tupac y Daniel Cortes "Decertor" ; p. 46 Manuel Alzamora ; p. 47 Cumbia All Stars, National Geographic (D. R.) ; p. 48 Carga Máxima, Carga Máxima ; p. 49 Vladimir Fedorov/Dreamstime.com, Ermess/Dreamstime.com ; p. 51 Dengue Dengue Dengue (D. R.); **Más documentos para disfrutar** p. 52 Mohamad Faizal Ramli/Dreamstime.com ; p. 52 Kobby Dagan/Dreamstime.com, proyecto mARTadero/El Decertor/Flickr ; **U5** p. 54 Dragoia Media ; p. 55 Marina Capdevila ; p. 56 *Estamos todas bien* de Ana Penyas Copyright de la ilustración Ana Penyas, 2017 Copyright de la edición en castellano Ediciones Salamandra, 2017 ; p. 57 #NoCaduco Campaña 2018 www.mYmO.es. ; p. 58 Adolfo Domínguez ; p. 59 Cecilie Arcurs, Weerapat Kiatdumrong/Dreamstime.com ; p. 61 shironosov/iStockphoto ; **U6** p. 62 Diego Sánchez Cordero ; VladimirVladimirov/iStock.com ; p. 63 Mercè Arderiu, Iakov Filimonov/123RF ; p. 64 DiegoLymonchi ; p. 65 Beatrizoteror/Dreamstime.com ; p. 66 Telemadrid ; p. 67 SerrNovik/iStock.com ; p. 69 Ambro10/Dreamstime.com; **Más documentos para disfrutar** p. 70 Dragoia Media, Brasilnut/Dreamstime.com, Jose R. Aguirre/Getty Images, CASTELAO PRODUCTIONS/Album ; **U7** p. 72 Redes para la Ciencia (D. R.) ; p. 73 Mercadona, ASGECO ; p. 74 Beatriz Santacruz/Compromiso Empresarial ; p. 75 Telesur, phiksos/iStock.com ; p. 76 David Molina/Dreamstime.com ; p. 77 Carla Zagni/Dreamstime.com, Pleprakaymas/Dreamstime.com ; p. 79 Wavebreakmedia/iStock.com ; **U8** p. 80 Gobierno de la Ciudad Autónoma de Buenos Aires/Creative Commons, Gobierno de la Ciudad Autónoma de Buenos Aires/Creative Commons ; p. 81 Foro Río de la Plata ; p. 82 Guillermo/AdobeStock, Red/Acción, levkr/iStock.com ; p. 83 Gobierno de la Ciudad Autónoma de Buenos Aires/Creative Commons, Sin Zoo Argentina ; p. 84 INTA ; p. 85 Koydream/Dreamstime.com, bodnarphoto/AdobeStock, crazybboy/AdobeStock; **Más documentos para disfrutar** p. 88 Imanol Ossa, Ester Partegàs, Gobierno de la Ciudad Autónoma de Buenos Aires/Creative Commons, Lukas Gojda/Dreamstime.com ; **U9** p. 90 ODESUR ; p. 91 Consulado General de Bolivia en Buenos Aires (D. R.), Radio Huancavilca (D. R.), CDESUR ; p. 92 Ministerio de Comunicación de Bolivia, Strenghtofframe/Dreamstime.com ; p. 93 Alicia del Águila ; p. 94 Eduardo Leal ; p. 95 OSTI_L/iStock.com, JohanBollen/Dreamstime.com ; p. 97 track5/iStock.com ; **U10** p. 98 Asociación de Fútbol Argentina (D. R.), Racing Club de Avellaneda ; p. 99 JUAN MABROMATA/AFP/Getty Images ; p. 100 *Vice* en español (D. R.), RT (de las imágenes de archivo): La villa deportiva, Villa Carlos Paz - Córdoba - Argentina. ; p. 101 Liniers ; p. 102 *Revista Lee+* ; p. 103 Dinorah Alejandra Arizpe Valdés/Dreamstime.com, Tomasz Trojanowski/AdobeStock, Eric Kitayama/Dreamstime.com ; p. 105 Roman Borodaev/Dreamstime.com, Punyafamily/Dreamstime.com; **Más documentos para disfrutar** p. 106 Retrovisor Colectivo Audiovisual, Tramihoang/Dreamstime.com, Mimagephotography/Dreamstime.com, JUAN MABROMATA/AFP/Getty Images, Alexmenderson/Dreamstime.com ; **U11** p. 108 Revista Muy Interesante ; p. 109 KaPe Schmidt/Getty Images, Georgijevic/iStock.com, Zomi/Getty Images, Devrimb/iStock.com ; p. 110 Manuel Bartual, Fred Lammie ; p. 112 Conmasfuturo.com ; p. 113 coddy/iStock.com ; p. 115 DGLimages/iStock.com ; **U12** p. 116 Ayuntamiento de Guadix ; p. 117 Universidad de La Rioja, Ayuntamiento de Palencia ; p. 118 Amor Domínguez *La Nueva España*, www.lne.es ; p. 119 Ferran Martín ; p. 120 Paco Roca, Astiberri ; p. 121 Kooslin/Dreamstime.com, Leung Cho Pan/Dreamstime.com ; p. 123 by nicholas/iStock.com; **U13** p. 126 Constanza Arends ; p. 127 Junta de Extremadura, Ayuntamiento de Aguascalientes (D. R.) ; p. 128 David Sewell/Dreamstime.com, Augustin Florian/Dreamstime.com ; p. 129 Dream! Alcalá (D. R.), Raul Hernandez Balbuena/Dreamstime.com, Cristina Morales de la Rosa ; p. 130 Corporación Casa Mía, I Love Rampas ; p. 131 Ian Allenden/Dreamstime.com, rangizzz/Adobe Stock ; p. 133 Lightfieldstudiosprod/Dreamstime.com ; **U14** p. 134 newsfocus1/iStock.comphoto, 22tomtom/Dreamstime.com ; p. 135 jacek kadaj/iStock.comphoto ; p. 136 La Vanguardia, reproducido bajo autorización de CEDRO ; p. 137 Miquel Ferreres ; p. 138 Miguel Montaner y Requena Office, p. 139 Shunga Shanga/Dreamstime.com ; p. 139 Palabra/Dreamstime.com, p. 141 Michał Rojek/Dreamstime.com; **Más documentos para disfrutar** p. 142 José Manuel Romero/Flickr, Palabra/Dreamstime.com ; **U15** p. 144 Alexsalcedo/Dreamstime.com, 2019 Banco de México Diego Rivera Frida Kahlo Museums Trust, Mexico, D.F./Adagp, Paris ; p. 145 Depiction of Taíno encountering Christopher Columbus, engraving, ca. 1594, by Theodor de Bry/CC ; p. 146 Universal Images Group/Universal History Archive/UIG/Album ; p. 147 Morena Films ; p. 148 Metrópoli Abierta, Federación de Asociaciones de Inmigrantes (FAIN) ; p. 149 3dsculptor/AdobeStock, Alexsalcedo/Dreamstime.com ; p. 151 *Historia de Iberia Vieja* (D. R.) ; **U16** p. 152 Avery Architectural & Fine Arts Library, Columbia University ; p. 153 Dupuis, 2016 by Jaime Martín. All rights reserved. 2016, Norma Editorial por la edición en castellano, , 2015, Fernando Vicente, por la Ilustración. Licencia otorgada por Penguin Random House Grupo Editorial, S.A.U. ; p. 154 Espasa Libros, Grupo Planeta, Photo12/Ann Ronan Picture Library/Alamy ; p. 155 María José Ferrada y Ana Penyas, Libros del Zorro Rojo ; p. 156 Herederos de Paco de Ribera (D. R.) ; p. 157 SergeKa/iStock.com, María José Ferrada y Ana Penyas, Libros del Zorro Rojo ; p. 159 bodnarphoto/AdobeStock; **Más documentos para disfrutar** p. 160 Bertrand GRONDIN/Wikimedia Commons ; **Banco de actividades** p. 163 Elena Frolova/Dreamstime.com, p. 164 Agcuesta/Dreamstime.com, Bborriss/Dreamstime.com, Uatp1/Dreamstime.com, Igor Sokolov/Dreamstime.com, Jaroslaw Grudzinski/Dreamstime.com, Mikhail Olykainen/Dreamstime.com ; p. 165 ArtFamily/AdobeStock ; p. 168 Stangot/Dreamstime.com, Nenitorx/Dreamstime.com, Ellesi/Dreamstime.com, Iakov Filimonov/Dreamstime.com ; p. 170 Diegomartincoppola/Dreamstime.com, Ana Carolina Reina/Dreamstime.com, Owensmith/Dreamstime.com ; p. 171 Katarzyna Bialasiewicz/Dreamstime.com, Vadymvdrobot/Dreamstime.com, bowie15/iStock.com, Goinyk Volodymyr/Dreamstime.com ; p. 173 Suriel Ramirez Zaldivar/Dreamstime.com : **Dossier de méthodologie** p. 177 DictDigital, p. 178 malerapaso/iStock.com, p. 179 MaskaRad/istock.com, p. 180 Christopher Oliver/iStock.com, p. 182 Ljupco/Dreamstime.com

Crédits textes

U1 p. 21 *El niño que no quiso llorar,* José Antonio Jiménez-Barbero. Ediciones Dokusou (2019) ; **U2** p. 28 Clara de la Flor, Difusión ; p. 29 Ana Iris Simón, *Vice* ; **U3** p. 38 Warner/Chappell Music Spain, S.A., Universal Music ; p. 39 Pedro Juan Gutiérrez, Anagrama (D. R.) ; p. 40 El Día (D. R.) ; **U4** p. 46 José María Arguedas, Cátedra (D. R.) ; p. 47 Carlos Dávalos, *El País* ; p. 48 *Revista Cocktail* ; **U5** p. 56 *Quiéreme siempre*, Nuria Gago Editorial Planeta S.A. 2018 ; p. 57 Isabel Vicente, *Diario Información* ; **U6** p. 65 soria-goig.com (D. R.) ; p. 66 Carmen Colomina Molina, 4ª ganadora del V Certamen Literario "Mi niet@ y yo" "Mi abuel@ y yo" ; **U7** p. 76 AECOSAN Agencia española de Consumo, Seguridad Alimentaria y Nutrición ; **U8** p. 82 Agustina López, Red/Acción ; **U9** p. 92 David, Juan & Bernal Suárez, Juan (2014) *Deporte: política identitaria y subalternidad. Etnografía Virtual* ; p. 93 Alicia del Águila ; p. 94 Juan Pablo Meneses, Debate (D. R.) ; **U10** p. 101 Roberto Fontanarrosa, 2013, Editorial Planeta ; p. 102 Diego Armando Maradona, 2000, Editorial Planeta ; **U11** p. 109 Sergio Parra, revista *Muy Interesante* ; p. 111 Virginia Collera, *El País* ; p. 112 Albert Bosch ; **U12** p. 118 La Galera Editorial ; **U13** p. 128 Comunidad Educativa CEIP Cabo Mayor (D. R.) ; p. 130 JulietaPaci/*La Nación*-Argentina/GDA ; **U14** p. 136 www.metropoliabierta.com ; p. 137 Rosa Rovira Fontanals ; **U15** p. 146 Homero Aridjis, Edhasa ; p. 148 Julia González/*Público* ; **U16** p. 154 *Querido diario: hoy ha empezado la guerra*, Herederos de Pilar Duaygües, Espasa libros, 2017 ; p. 156 Copyright 2010 by Eduardo Galeano, From *BOCAS DEL TIEMPO*. Published by Siglo XXI Editores, Spain. By permission of Susan Bergholz

Éditions maison des langues